大明帝局

被閹割的王朝，
士大夫的奴化

MING
DYNASTY

程萬軍・著

目錄

目錄

目錄

序言

奇異的明朝士大夫，誰造就的

自十餘年前中國興起「說史熱」，明史便成為一門顯學。迄今為止，僅關於明朝衰敗的原因，恐不下百種說法。五花八門的明人、明事講座，圍聚了眾多「明粉」，其中不少人視明朝為理想社會，對夢回大明心馳神往。

他們喜愛明朝哪一點呢？很多「明粉」都對說史者描繪的明朝士人生活充滿豔羨。明朝士人過著體面的日子，且非常有氣節，不平則鳴，進諫起來一不怕苦，二不怕死，可歌可泣，壯懷激烈。

查看明史，這確是實情。以大明王朝的言官為例，他們知無不言，勇於面斥皇帝，死於廷杖也不畏懼，似乎是了不得的士人。

但是，筆者在讀明朝作品、看明代人物時，總感覺這個朝代的士人，與漢唐甚至兩宋比起來，有些不對勁。

序言

哪裡不對勁呢？

他們雖不怕死，卻從不敢造反。

他們看似活得體面，但在皇帝甚至皇帝的奴才——太監面前，卻沒有尊嚴。

他們的壯烈，大多透過犯諫的形式實現。那種犯諫，於今人而言，無異於討打、「犯賤」。

有人說明朝很硬氣，對外有骨氣，對內有正氣。但細品起來，這種硬似乎不是強硬，也非堅硬，而是僵硬。

史料顯示，大明王朝臣民普遍具有自我壓抑的陰柔人格。

「無論是他們的外貌氣質，還是他們內心的情感流露，看起來全像是溫柔的女子。他們彼此爭鬥時表現出來的，也只是婦道人家的慍怒，相互毆鬥時扯頭髮。很難把中國的男子看作是可以作戰打仗的人。」

這是明朝萬曆年間到達中國的義大利傳教士利瑪竇對中國男人的印象，他驚訝於中國男人都如此文弱，看起來都像女人。

他對明人的印象絕非空穴來風。《明史》為證，當時士大夫們打架也是這個樣子。隆慶五年，內閣發生內鬨。朝堂之上，大學士殷士儋揪住首輔高拱的衣領子，出言不遜，推來搡去，而滿堂之上，士大夫們沒人敢勸架，或者連勸架的力氣都沒有。再後的天啟年間，魏忠賢把持的內廷，隨便派幾個太監，就可以揍士大夫一頓，甚至將他們活活打死，大臣毫無還手之力，即便知道對方並未奉旨行事，在正當防衛範圍，對打起來也一敗塗地，大約也是心有餘而力不足。

這種衰相，在漢唐時代是無法想像的。所謂漢唐雄風，雄在哪裡？首先是士人的陽剛尚武。漢唐文人持劍，關鍵時刻甚至可以強行改變國家命運，諸如東漢末年三國前期的朝堂群雄們，「挾天子以令諸侯」，逐鹿中原。而明清時，全然不見了這股霸氣。他們談武色變，完全淪為「動口不動手」的文弱書生，智勇雙全的諸葛亮類士大夫的表率已近絕跡。文人士大夫的主流人群，向著另一個方向發展。那是什麼方向呢？

就是家臣化，其特點是：以君為國，把君主家的事視為國家大事的全部，沒有對整個族群命運的考量，更沒有政治文化革新使命的擔當，就個體而言，也失去了自我，喪失了創造力所必需的個性與野心。

回顧中國歷史，我們知道，隋朝開闢了活力十足的盛唐的端口，宋朝則使華夏文化更趨繁榮，這兩個王朝的建立者，都是握有重權的士人、前朝權臣，而自明朝始，後世封建王朝這樣的權臣就再也沒有出現。

明朝所有的皇帝寵臣，看似神通廣大，其實在皇帝面前極其卑微，都算不得權臣，因為沒有決策權可言。明朝中後期，皇帝的寵臣，大都是嚴嵩這樣的怪胎。得寵時，他們與皇帝並肩出入內宮，共進御膳；失寵時，他們失魂落魄，甚至流離失所，乞討要飯。從天堂到地獄，只憑皇帝的一句話。士大夫尚且掌握不了自己的命

序言

運，更休論左右國家民族命運。

就才華而言，嚴嵩也應該算是士人中的佼佼者，他是著名的詞人和書法家，在辭章和書法上的造詣一流。但是這個四十八歲才開始發跡的士人，靠的不是傳世之作，而是給皇帝拍馬屁、貢獻華而不實的奏章祝文——敬天「青詞」。

《明史．嚴嵩傳》給嚴嵩這種士人的定義是奸臣，還給嚴氏父子羅列了眾多罪名，無非是他操弄權術，殺了人。其實，稍有歷史常識的人都了解，那些嚴嵩父子整殺的人，都是嘉靖皇帝想殺、要殺的人，自始至終，不是嚴嵩父子弄權，而是嘉靖皇帝弄權。你可以說嚴嵩是個人品不好的奸臣，但卻不是什麼一手遮天的權奸，真正有資格叫權奸的，唯有當朝皇帝。

就明朝士人形象而言，嚴嵩顯然是個反面代表，而正面形象的人物又如何呢，他們是令人鼓舞的士人嗎？

以方孝孺為例。此人清流立世，氣貫長虹，係名垂青史的名士。

使方孝孺名垂青史的事跡是，他為保朱元璋長孫建文帝朱允炆的皇位，與造反奪位的朱元璋四子燕王朱棣爭權，終因拒絕起草登基詔書而悲壯「就義」——不但他本人被「磔於市」，而且株連八百餘人，被「滅十族」。

誰也不能輕視方孝孺的氣節，然而方孝孺的犧牲，是死得其所，還是悲中有哀？

方孝孺死前，曾作絕命詩一首：「天降亂離兮孰知其由，奸臣得計兮謀國用猶。忠臣發憤兮血淚交流，以此殉君兮抑又何求？嗚呼哀哉，庶不我尤！」

此絕命詩，道出了一個士大夫殉道的精神源泉，但這個道卻並非永恆真理，那裡既沒有自然科學，也沒有社會科學，只是皇家大院欽定的道德，與其說殉道，不如說殉君。方孝孺的死沒有換來大明王朝的絲毫進步，也未引發政治與社會半點變化。而就在方孝孺為君主家事慷慨赴死時，同時代的西方科學家哥白尼和布魯諾，卻做著一件堪稱偉大的事：他們「冒天下之大不韙」，公布了日心說與宇宙無限的觀點，與政教合一的中世紀教會鬥爭，並最終為追求科學真理而犧牲。他們成為人類偉大的啟蒙者，推動了國家乃至世界文明的進步。

相較之下，那些把精力、才華乃至生命全部投入皇帝大院中的方孝孺般的東方士人，只能是令人嘆息，並不鼓舞人心。

當然，綿延近三百載的大明王朝，士人前仆後繼，大多既不是嚴嵩這樣的奸人，也非方孝孺這樣的節士，而是如丁士美這般的「標準士人」。

丁士美是明嘉靖年間入仕的一個才子，在嘉靖三十八年高中狀元，深得嘉靖、隆慶、萬曆三朝皇帝讚許，可謂官場不倒翁，明官標準樣本。

但他在有生之年都做了什麼呢？

史料記載，江淮才子丁士美自幼聰明絕頂，以狀元身分入仕。在得知高中狀元

序言

的消息後，他馬上為當朝皇帝獻上了〈及第謝恩表〉，其語言風格如下：

奎曜天開，萬國仰文明之象；乾符聖握，一人操制作之權。荷大造以兼容，愧凡才之並錄。茲蓋伏遇皇帝陛下，道備君師，德侔天地。

這封〈及第謝恩表〉引自《明狀元圖考》，用的是標準「頌聖體」，引經據典，洋洋灑灑，卻無一點真知灼見。通篇就一個中心思想——拍皇帝馬屁。為了討皇帝開心，這個狀元指鹿為馬，睜著眼說瞎話，把史上以荒淫昏庸著稱的嘉靖皇帝，吹捧為德高望重的聖人。

丁士美從政近二十載，歷經三朝不倒，累官吏部侍郎，相當於中央組織部副部長，但卻沒有留下一篇可以傳世的作品，沒立下一件為後人銘記的政績。史籍記載，丁士美的詩章著作所存甚微，除了他的〈及第謝恩表〉，《中國歷代狀元詩．明朝卷》收錄有他的一首詩〈春日遊寶光寺〉，另外就是些官場酬文。此類詩章，基本是官樣文字、道德空話。

史書《明狀元圖考》稱讚丁士美「縝密端重，以道義自持，淹貫經史，正直忠厚，朝野共欽」。嘉靖皇帝稱其「品高德正」，賜書「責難陳善」。

「縝密端重」成為其安身立命兩大法寶。這四個字通俗點說，就是循規蹈矩，為皇帝做事規規矩矩，在皇帝面前恭恭敬敬，不越雷池半步。

一生不出格的丁士美，知天命之年死了父親，不敢違越祖制，老老實實返鄉丁憂守孝三年，其間心情壓抑，一病不起，終故鄉里，死時年僅五十六歲。

這種刻在模子裡的才子士人，竟是明朝中後期的主流。

當然，如果他們不這樣做，注定做不成幾朝重臣、大明官場的不倒翁。因為那是其時政治制度環境所致。

遍覽明朝歷史，終明兩百七十六年，只有像丁士美這樣「清、慎、獨」的大臣可以活下來，且能在官場長命。凡是有個性、主張權利的都做了刀下鬼。

顯然，自明朝起，華夏民族的菁英——士人階層嚴重退化，他們喪失了「活力」。

這是誰造就的呢？是誰構建了那種扼殺士人「造次」的環境？

熟悉明朝歷史的讀者知道，明朝有兩個祖皇帝——太祖朱元璋、成祖朱棣，他們是這個王朝政治的奠基人。在他們相繼執政的洪武、永樂年間，都有自己的寵臣，其中兩個寵臣分別是承上啟下的標誌性人物，一個是末代丞相，另一個是開山首輔。同時他們也代表著中國兩類傳統士大夫——權臣與狂士。但這兩人下場均不好，最終被定性為大明罪臣。熟悉歷史的讀者還應知道，一般寵臣的命運都是「主易寵遷」，是因換了主子倒運，即先帝的寵臣被後帝殺了立威。為什麼朱元璋父子當朝就殺寵臣？顯然，他們這樣做的目的，是想為他們一手創建的這個王朝立規矩。為此，他們費盡心機，各布了一盤很大的棋局。那麼，收官之後，隨著對那兩枚棋子的棄殺，為大明官場及政壇確立的是什麼基調與規矩呢？明朝「君尊臣卑」的政治格局、奇異士大夫之形成，以及近代中國士人之不堪，和大明二祖又到底是什麼關係？

這就是本書所要揭示的內容主旨。以下兩篇跌宕起伏的祖皇帝棋局，係筆者對明朝二祖皇帝有計畫地「馴化」士大夫之管中窺豹，也是踐行「講三度（溫度、深度、亮度）歷史，正現實三觀」原創原則的又一次新鮮嘗試。希望各位讀者掩卷之後，可以解開「奇異的明朝士大夫」成因的些許疑團，進而對中國士人「劫後變種」之痛進行痛定思痛。

程萬軍

上篇

洪武廢相局——末相胡惟庸之末路

他，資質平平，如果從士大夫的類別區分，他應該算是個權士。所謂權士，古語與「謀士」相通。而一旦賦予了「大夫」官級，擁有重權，「權士」就成了可與君主分享國家最高權力的丞相級士人，易為「權臣」。

他是中國最後的丞相，也是大明王朝最後的權臣。

以下這段中國末相沉浮小史，可以幫助我們揭開朱元璋殺相廢相的深層動機，從中我們可以看出中國末相是如何消亡的，看出太祖皇帝為本朝永絕權臣，下了一盤怎樣的棋。

第一章　朱門小史，一朝發跡

《明史．列傳》第一百九十六是〈奸臣〉，胡惟庸排第一，可謂明朝第一大奸。但其實，無論是胡惟庸自己還是朱元璋，起初對「胡惟庸」這個人的定位都是小人物。

為什麼這麼說呢？

翻看胡惟庸的歷史檔案，我們會發現一個有趣現象：這個人只有後半生，沒有前半生。公開的歷史資料很少講到他的身世，連生日都沒有記錄。所以胡惟庸的年齡始終是謎。這說明什麼呢？胡惟庸這個人沒有顯赫的家族出身，他是人到中年發跡後，才被史官留意記錄的。

那麼這個不起眼的胡惟庸，是怎樣從被歷史遺忘的角落走上歷史舞台的呢？

史書沒有此人的出生年月，但卻清清楚楚地註明了此人的籍貫，他的老家——濠州定遠縣。濠州，位於今天安徽省蚌埠、鳳陽一帶，定遠縣當然也歸其管轄。胡惟庸這個人沒有顯赫的家世，但卻有著顯赫的籍貫——他的老家比較有名。用過去的話來說，濠州屬於龍興之地。元朝末年，天下大亂，群雄並起，很多義軍教派都雲集在那裡，其中就包括朱元璋的明教紅巾軍。正是這支軍隊，後來從濠州打遍全國，成就大業。

所以，可以說胡惟庸出生在「革命根據地」，這個老家注定要給他帶來不平凡的經歷。縱觀

第一章　朱門小吏，一朝發跡

其後半生，他的好運和厄運果然都與這個籍貫有關。關於這一點，稍後的故事會展開。這裡，我們還是先從胡惟庸早年的身分說起。

那麼胡惟庸早年是做什麼的呢？一些野史和筆記小說曾偶然提到過胡惟庸早年的身分，主要有兩種說法：一說他是個私塾先生，等於是鄉間家庭教師；二說此人是個元朝小吏，大概也就相當於宋江之流的「押司」文書。不管是哪種角色，可以說他在舊朝混得並不好，於是當天下大亂，本鄉本土出現朱元璋這支起義軍後，胡惟庸也反了，投靠了朱元璋這支抗元武裝隊伍。

我們今天看胡惟庸的舉動，應該說，他也是個有想法有膽量的文人，參加反政府武裝可是殺頭之罪，你知道哪朵雲彩下有雨？朱元璋這支隊伍一定能成功？一旦失敗了，誰也活不了。可見，胡惟庸也有拚一拚的心理，不想一輩子混下去，參加起義軍，就是希望在亂世一搏，改變自身命運。

雖然胡惟庸腹中有點墨水，但在朱元璋手下，起初並沒有得到太多青睞。史料顯示，元至正十五年（西元一三五五年），胡惟庸投靠朱元璋這支部隊，得到了什麼職務呢？元帥府奏差。替上司跑跑腿，取點文件報紙什麼的，相當於現在的信差，絕對屬於小角色。

那麼，早期胡惟庸為何沒在朱元璋陣營顯山露水？

因為此時朱元璋正處在打天下階段，他最需要的是兩類人才：一是運籌帷幄的軍師謀士，像劉伯溫、朱升那樣，能夠提出高瞻遠矚的「高築牆、廣積糧、緩稱王」的偉大策略；二是衝鋒陷陣的將軍武士，像徐達、常遇春那樣，「一夫當關，萬夫莫開」。而這兩種人才，胡惟庸均不在其列。胡惟庸不懂軍事，不會打仗，朱元璋這支起義軍打了很多著名戰役，沒聽說哪一場是胡惟庸指揮的，甚至連參與都沒有。所以，這樣的胡惟庸是很難在早期朱元璋陣營冒出頭來的。《明史》輕描淡寫地記述了他的這段光陰：「胡惟庸，定遠人。歸太祖於和州，授元帥府奏差。」

隨後，「尋轉宣使，除寧國主簿，進知縣，遷吉安通判，擢湖廣僉事」。

沒有事跡，只有基層履歷。這說明，胡惟庸雖然早年即隨朱元璋起事，但僅僅是個小人物。在朱元璋身邊打雜幾年，官居四品以下，與明朝的開國功臣、王公侯伯一干人等，不在一個層次。

但是，凡是稱得上是奇葩人物的，一般運氣都不錯。胡惟庸也是這樣的人。本以為這輩子沒當大官命的胡惟庸，在投靠朱元璋的第十二個年頭，突然官運亨通，迅速從基層上調中央，不斷被委以重任。

《明史》接著記述，就有些分量了，「吳元年，召為太常少卿，進本寺卿」。胡惟庸由一個小小地方官員，一躍成為中央著重培養的高階官員。

為什麼會出現這種變化呢？

很多歷史小說將胡惟庸的發跡歸結到他的人脈發生了重大轉變。沉寂期間，胡惟庸結識到了一個大人物——朱元璋的心腹李善長。

李善長，西元一三一四年出生，濠州定遠人。《明史》記載，他「少讀書有智計，習法家言，策事多中」。這句話什麼意思呢？說李善長這個人，是個讀書人，而且善於出謀劃策，他的謀略十有八九能成功。

這介紹中，「習法家言」是一個關鍵字。說明李善長不是一位傳統的儒家士人，而是深受法家思想影響的士人。一般師從法家的人，主張嚴刑酷法，善為帝王「殺人刀」，大都能受到政治強人——君主的欣賞。

所以，李善長投靠朱元璋後，很快受到重用，成為左膀右臂。

李善長投奔朱元璋的時間比較早，朱元璋起兵時就跟過來，做朱元璋的掌書記，是朱元璋的第一筆桿子。坐了這個位子後，李善長充分發揮了他的強項：調護諸將，因材用人，使之各得其所。

所以，朱元璋對他不斷委以重任。朱元璋任太平興國翼大元帥，以李善長為元帥府都事。朱元璋任江南行中書省平章，以其為參議，軍機進退，賞罰章程，多由他裁決。後樞密院改為大都督府，李善長兼領大都督府司馬，升任行省參知政事。朱元璋自立為吳王，以李善長為右相國。

成了相國後的李善長，把他的強項延展於治國理政：嫻於辭令，明習故事，處理政務，裁決如流，將吏帖服，居民安堵；調兵轉餉無乏，恢復製錢，榷淮鹽，立茶法，開鐵冶，定魚稅，國用益饒，而民不困。

李善長在政治上的豐功偉績堪比大漢蕭何、大唐房玄齡。於是，自然被「明主」繼續封賞。

吳元年，即西元一三六七年，朱元璋論功封李善長為宣國公。吳改官制，尚左，故李善長由右相國改稱左相國，居百官之首。

史書記載，李善長和朱元璋的關係可謂相當親密，在朱元璋打天下還沒有建立明朝之時，李善長一直在其左右。李善長雖不是進士出身，也非元朝官員，更沒有劉伯溫那麼神機妙算，但他源源不斷地為朱元璋的前線軍馬籌集糧草、兵餉，在後方總理日常事務，制定典章賦稅，是一把好手。所以，朱元璋讓李善長與劉伯溫等裁定律令，做立法工作，顯然是將李善長作為大總管使用。後來朱元璋建立明朝，在封官之時，還特別強調，雖然李善長沒有前線戰場上的赫赫戰績，但坐鎮大後方功績卓著，在諸功臣中獨一無二。

可以說，李善長對明朝的建立、朱元璋的登基，居功至偉。

胡惟庸若攀上此人，就不愁沒有升官機會了。

說起中國人拉關係，血緣之外，就屬老鄉了。李善長與朱元璋、胡惟庸同為濠州人，不過他與胡惟庸還近一層，不僅同州而且同縣，都是定遠縣人，純老鄉。

於是，胡惟庸以攀老鄉為由靠近李善長。當然光靠嘴說是不行的，胡惟庸巴結也是上了重禮的，據說主要是送了黃金二百兩，也有說是送了三百兩黃金，總之是下了「血本」。這些黃金砸到老鄉跟前，李善長一看，這人不錯，懂得人情世故，於是就認下了這個老鄉，成為胡惟庸的伯樂。

史書《明太祖實錄》記載，吳元年，胡惟庸擢升為太常司少卿，再晉太常司卿，成為一名中央大員，確係經同鄉李善長推薦，「惟庸以黃金三百兩謝之」。而官方史料還有《昭示奸黨錄》旁

第一章　朱門小吏，一朝發跡

證錢謙益的《太祖實錄辨證》對此小結，稱：「按《昭示奸黨錄》所載招辭，有雲龍鳳年間，舉薦惟庸為太常司丞，以銀一千兩、金三百兩為謝者。此太師火者不花之招也。」這句話的意思是說，據李善長家奴不花後來舉報，老爺確實收了胡惟庸一千兩白銀、三百兩黃金，是為舉薦胡惟庸當太常司丞酬謝。

李善長與胡惟庸這對老鄉由此關係拉近，後來還結成了親戚，李善長弟弟李存義的兒子娶的是胡惟庸的姪女，這可以視為一種政治聯姻，有了李善長這個親家，胡惟庸當然不愁沒有人在皇帝面前替自己美言了，直至力薦升遷。

人脈變了，這確實是胡惟庸升遷的一個要因。

但筆者認為，這卻不是最重要的原因。

那麼，胡惟庸發跡的最重要原因是什麼呢？是時代變了。

常言道：「時來運轉。」胡惟庸的竄升也可謂「生逢其時」。

此時發生了兩個重大歷史轉折變化——改朝與換代。

我們知道，朱元璋這支起義軍，在西元一三六七年成了大事，完成了「驅逐胡虜，恢復中華」大業，元朝滅亡，次年大明王朝建立。朱元璋順理成章成了開國皇帝。

就在此後，胡惟庸時來運轉。不是他突然長本事了，也不是李善長的推薦之功，而是朱元璋的用人標準發生了變化。打天下之後要坐天下，改朝之後，便要換代，此時一個開國皇帝的歷史定律——「兔死狗烹」便要殘酷地顯現了。開國皇帝要殺功臣、殺戰友了。出身貧寒的朱元璋當然也沒擺脫這個歷史規律，開國後他最需要的人才，已經不是打天下的謀臣武將，而是能打掉這些功高蓋主的謀臣武將的心腹了。具體來說，就是擁有奴才的忠誠、酷吏的本領、沒什麼資歷的臣子。胡惟庸恰在此時入了朱元璋的法眼。

史料顯示，西元一三六五年，已經在基層奮鬥了十年的胡惟庸只做到七品芝麻官——寧國知縣。但自改朝換代的西元一三六八年起，原為知縣的胡惟庸獲得了「火箭式」提拔，由地方進入中央，洪武三年，進入中書省，任參知政事。

這裡我們要順便說下明朝建制。明初建制承襲元制，最高政府機構是中書省，中書省的最高行政長官是丞相。如果說中書省相當於現代國務院，那麼參知政事就是國務委員，丞相就是總理。大明丞相分左右，左丞節制右丞，左相為正，右相為副，左相為百官之首。

也就是說，用了不到五年時間，胡惟庸由一個地方官成為中央大員。

朱元璋在啟用胡惟庸前，曾向開國第一元勛劉伯溫徵詢：你看老胡這個人怎麼樣，我打算提拔他。劉伯溫說了一句著名評語——「譬之駕，懼其僨轅也。」你拿他當駕轅馬，恐怕是要翻車。後來胡惟庸事發，人言劉伯溫果然神算。但是我要說這是不明就裡，只知其一不知其二。難道朱元璋比劉伯溫眼力差？

朱元璋可被評價為暴君，但此人卻始終有個長處：在看人上非常準，堪稱用人大師，否則前期也不可能成就天下。當胡惟庸站在他面前，他一眼看出，這是個可利用之人，決定提拔他，用以打倒那些功高震主的開國功臣。

朱元璋為什麼認定胡惟庸是個可利用之人？因為他熟悉胡惟庸，這個人早年在身邊用過，辦事幹練，善解上意，因此對胡惟庸印象深刻。另外，胡惟庸非常符合朱元璋的用人特點。出身貧寒的朱元璋，從骨子裡喜歡循吏而不喜歡文人。所謂循吏，就是讀書未必多，辦事卻很精幹，也不受什麼儒家教化束縛的官吏。在他看來，循吏用起來得心應手，他們不會像文人大儒那樣「以道事君」。朱元璋的想法很實用主義，用人要看其是否「以君王之意判是非」。純文人難以掌控，朱元璋本人是一個沒讀書的人，不想用「本本主義」的學究。

實話實說，胡惟庸上位後，表現還是相當不錯的，史料顯示「惟庸亦自勵」，胡惟庸很敬業，工作態度積極努力。朱元璋對此很滿意。這個資歷較淺的助手，用起來順手，替朱元璋做了許多想做的事，確實不錯。以劉伯溫為首的開國元勛都看不上胡惟庸，但他們的話朱元璋聽不進去，朱元璋心裡明鏡一般，胡惟庸是自己用來對付滿朝功臣的，只要胡惟庸聽自己的，其人品如何，是沒有關係的。

至於駕轅馬可能會翻車，朱元璋毫不擔心。想翻車，別忘了車主是誰。筆者之前看過一部影片，講述一個馬車行老闆，專能馴烈馬，別的車主看到馬狂躁起來都驚慌失措，而他一鞭子就能把馬抽服了。朱元璋就是這樣的車主。他用胡惟庸，是想用其長處，至於其短處，完全在車主掌控之中。

那麼，朱元璋有沒有看錯胡惟庸？身為參知政事的胡惟庸，會怎樣進入相位？在朱元璋的棋局，胡惟庸究竟充當一枚什麼樣的棋子呢？我們不妨接著往下看。

第二章　御用神棍，助除楊憲退善長

了解歷史的人都知道，打天下時的朱元璋隊伍，主要靠兩大地方派支撐：以劉伯溫為首的浙東派，以李善長為首的淮西派。開國後，這兩派各自形成兩大黨爭集團——浙東集團和淮西集團。

而朱元璋是最見不得群臣結黨的皇帝，所以用過之後，必千方百計瓦解之。

首先，他要打一個拉一個。先利用淮西黨，打壓浙東黨。

從籍貫而論，胡惟庸、李善長這批人和朱元璋是一夥的，都是淮人，同屬淮西黨。所以在朱元璋弱化浙東集團時，胡惟庸派上了用場。

可以說，朱元璋沒有看錯胡惟庸。胡惟庸雖然沒有徐達那般橫刀立馬的武功，也沒有劉伯溫那般運籌帷幄的謀略，但卻有他人不及的一些特長。哪些特長呢？

《明史．奸臣》記載，自洪武三年起，胡惟庸「曲謹當上意，寵遇日盛」。這段史書記載，清楚說明了胡惟庸受寵的原因——迎合朱元璋。

他是怎麼迎合朱元璋的呢？主要就兩字——治人。

這不僅是他的特長，而且是他的主要政治作為。

第二章　御用神棍，助除楊憲退善長

用明代史學家王世貞的話說，胡惟庸這個人「陰刻險鷙，眾多畏之」。說胡惟庸就像兇猛的老鷹，群臣大都怕他。而筆者以為，用棍子比喻胡惟庸更為恰當。縱觀胡惟庸進中央後的主要「政績」，就是幫助朱元璋治人，作為朱元璋手裡的一根「棍子」，朱元璋想治誰，胡惟庸就打誰。

那麼，胡惟庸幫朱元璋治了哪些人，都是怎麼治的呢？

我們知道，胡惟庸是朱元璋任用的中書省最後一個大員，胡惟庸之前，朱元璋在中書省任用過四個大員。這四個人下場悲慘，或多或少都與胡惟庸有些關係。

關於這四個大員的遭遇以及與胡惟庸的關係，我們會在隨後的章集中一一展開。

這一集先說第一個被整死的中書省大員——中書右丞：楊憲。他的垮台、死亡，固然離不開朱元璋的棋局設計，但具體操作均與胡惟庸有著直接關係。

楊憲，西元一三二一年出生，太原陽曲（今山西太原人）。從小就跟隨做官的父親在江南生活，算是半個江南人士，所以政治派別上屬於浙東集團。元至正十六年（西元一三五六年），楊憲投奔朱元璋做幕僚，掌文書。因辦事幹練，加上又是朱元璋軍師劉伯溫的門生，為朱元璋所器重。

那麼，楊憲的哪方面才華令朱元璋欣賞呢？

史料對楊憲投奔朱元璋之前的成長經歷沒有任何交代，但卻清楚地記載了楊憲在朱元璋這裡找到工作後的「業績」。

楊憲的發跡，是因為檢校工作出色。

什麼是檢校？檢校，這幾乎是中國歷代都有的官職，本來是一種散官，是中央臨時派到地方的辦事員。但到了大明王朝，卻變了性質，成為特務的一種。

我們知道，為了加強對全國的控制，朱元璋很早就建立了遍布全國的特務網，這個特務網網羅了乞丐、和尚、道士、風塵女子等三教九流的情報特務人員，供朱元璋對內監視臣民，對外偵察敵情。漸漸這個特務網就發展成為一個專門的特務組織，即後來的檢校。這些檢校明為散官言官，實際上專門負責打探各地官員隱私，密報給皇帝。所謂出色的檢校，用今天的話說，就是個好特務。

大明王朝的檢校組織，很早就由楊憲等人接掌了。這些檢校大都具備一定吏才，而且沒有任何背景，所以做事不怕得罪人，唯君命是從，一心只替主子盡忠，因此深受皇帝信任。其實史書上所說的酷吏也包括這類人，他們是帝王的「探照燈」和「殺人刀」，當然也非常容易成為主子的「替罪羊」。

史料記載，洪武初年，楊憲正式擔任檢校官，歷官至御史臺中丞，與劉伯溫並肩。此時的檢校組織已具一定規模，後來延展為錦衣衛。朱元璋為了確保監察到位，不時提高其職權，令檢校「察聽在京大小衙門官吏不公不法及風聞之事，無不奏聞」。哪怕是道聽途說，也要上報皇帝，錯了也不用擔責。

史書描述，作為檢校的領導人物，楊憲「執法不阿」，真正表現出了對主子的忠心。對此朱元璋非常滿意，他曾高度肯定楊憲等人的工作出色：「有此數人，譬如惡犬則人怕。」意思是有了楊愛卿這些人，皇帝就像養了凶犬，誰敢不怕？

當然，朱元璋在委楊憲以重任前，也做了一番考察。在明朝開國的前一年，也就是西元一三六七年，打敗了敵手張士誠的朱元璋，將張士誠的地盤——原元朝江南行省改稱浙東行省，派外甥李文忠擔任行省右丞，總管軍務，楊憲名義上作為屬官隨行輔佐。臨出發前，朱元璋告誡楊憲說：李文忠是我外甥，他年紀還小，沒有什麼歷練，浙江方面的事務都由你做主。如果出了問題，我只拿你問罪。

由此可見，楊憲不光是李文忠的屬官，更是朱元璋不放心外甥掌管軍務而派出的督查檢校。果然，楊憲並沒有因為李文忠是朱元璋所寵愛的外甥而有所顧忌，不多久就向朱元璋報告說李文忠不聽他的話，任用一群儒士干預公事。那時浙江作為前敵占區，許多讀書人都在張士誠手下做過事，如今雖然歸到了朱元璋的地盤，但對這些人，朱元璋卻始終不大放心。一聽到楊憲的報告，他立刻派人把那群儒士押解進京，殺掉兩人，其餘幾人充軍發配。

李文忠待在浙東的時間並不長，楊憲在短時間內迅速掌握了李文忠手下官員的動向，並一一向朱元璋匯報，他可稱得上是個合格忠誠的情報人員。因此，考驗考察結束，明朝建國後楊憲被任命為檢校組織的負責人，相當於後來飛揚跋扈的錦衣衛都指揮使。

因為楊憲執行君令不惜力，還有更大的官等著他做。洪武二年九月，朱元璋任命楊憲為中書右丞。所謂中書右丞，並不是中書省右丞相，而是次於丞相的中書省二級官員，在參知政事之上。如果說丞相是總理，那麼左右丞即相當於副總理、總理助理，參知政事就是國務委員。

也就是說，楊憲做了李善長的副手。要這麼一個情報組織的頭頭做丞相助理，朱元璋顯然自有盤算，具有豐富情報工作經驗的楊憲，可以成為他安插在中書省的一枚有用的好釘子，以掣肘李善長的相權。

但是「釘子」也是有思維、有想法的，此時的李善長身體出了些毛病，處於半休半退狀態，楊憲等於當上了執行丞相。大權在握後，楊憲開始志得意滿。他專斷跋扈，結黨營私，恃寵而驕，引起了群臣的不滿。

楊憲執相後的所作所為，正中了劉伯溫預判。劉伯溫稱楊憲沒有做丞相的度量，而且為人「深刻意忌，有不足於心者，輒以計中傷之」，是個派系意識、權力欲望很強的人，為達目的不擇手段。這些預判，都在楊憲執相之後得到了驗證。

所以，無論如何，楊憲算不得好人，而是比較陰險的一個小人。

何以見得此人陰險？

舉一個例子——張昶之死。

張昶是元朝舊臣，官拜戶部尚書。朱元璋滅元後，招降張昶，任命其為參知政事，與楊憲共事。張昶學識淵博，閱歷豐富，才華遠在楊憲之上，所以引起了楊憲的危機感，意圖整治之。

常言道：不怕賊偷，就怕賊惦記。機會終於來了。

由於朱元璋實行嚴刑酷法治國，張昶不免有些懷舊，懷念寬鬆的元朝。楊憲看出了張昶的心思，於是就想方設法套他的話。他先是以甜言蜜語取得了張昶的信任，待張昶對自己放鬆警惕後，便引誘其發牢騷。結果，張昶把楊憲當成了知心朋友，對楊憲推心置腹地說道：「吾故

第二章　御用神棍，助除楊憲退善長

元臣也，勉留於此，意不能忘故君，而吾妻子又皆在北方，存亡不可知。」意思是我是元朝舊臣，勉強留在朱元璋這裡，還是忘不了舊君主。而且，我的妻兒老小都在北方，不知道死活，所以實在不想在這裡了。

很快，楊憲就將張昶的這番話添油加醋，密告朱元璋。於是張昶不能「忘故君」的心思就被朱元璋得知了，朱元璋當然不會放過不忠臣子，於是果斷誅殺張昶。之後還餘怒未消地聲稱要「碎其骨，投於水」。

楊憲就是這樣一個小人。早在朱元璋未稱帝時，楊憲就常常寫些歌功頌德的奏章，勸說朱元璋「行督責之政」，即對臣民來狠的。成了執行丞相之後，更是大肆排斥異己，不可一世，原先的舊吏通通斥去，而改用自己的親信。他在自己身邊聚集起了一個不可小覷的小集團，誰都不放在眼中，以為左丞相非自己莫屬。

自滿的楊憲向第一相位發起了衝擊，主動進攻李善長。他向朱元璋進言：「善長無宰相才。」李善長沒有大才，應退出左相之位。誰都能聽出這話外音，就是我楊憲才是群臣之首的人選。

但是，螳螂捕蟬，黃雀在後。朱元璋看出了楊憲的野心，一個帝王怎能被特務利用，於是敷衍楊憲：「善長雖無宰相才，與我同里，我自起兵，事我涉歷艱難，勤勞簿書，功亦多矣。我既為家主，善長當相我蓋用勛舊也，今後勿言。」

意思是：李善長雖然不濟，但好歹是最早跟我的部下，不能輕易廢掉，今後你不要再說這樣的話了。

楊憲排擠李善長的陰謀雖然沒有得逞，但是卻更加擴大了他與淮西集團的矛盾。已經成為淮西集團二號人物的胡惟庸，此時還沒有拜相，身為參知政事的他如芒刺在背，就向李善長進言，必須除掉楊憲：如果楊憲做了丞相頂替了您，我們這些淮人就做不得高官了。在胡惟庸的慫恿之下，李善長開始尋找反擊的絕佳機會。

在李善長、胡惟庸他們容不下楊憲的同時，朱元璋對楊憲的態度也發生了變化。於是，和李善長綁在一起的胡惟庸，抓住時機，向楊憲發起了攻擊。

這個楊憲也活該倒楣，他的一個「小辮子」被抓到了。史料記載楊憲有個外甥在科考中因抄襲當場被抓，楊憲為了遮醜親自審理此案，試圖大事化小、小事化了。不料，這個情報被胡惟庸得到了，他就聯合李善長舉發楊憲，朱元璋令胡惟庸審理此案。於是胡惟庸大顯身手，將楊憲的外甥一通用刑，皮鞭子沾涼水，老虎凳辣椒水，一個作弊者能有什麼堅強意志，結果很快招了：後臺是楊憲。胡惟庸上報皇上審理結果，建議嚴懲。

此外，胡惟庸還舉報了楊憲其他一系列罪行：其一，草菅人命。在審理事案時濫用酷刑，致使五名官員不堪折磨而死。其二，私吞財產查抄犯人家產時隱匿大量浮財據為己有，貪贓枉法。

胡惟庸的有力指控終於致楊憲於死地，接到報告後的朱元璋毫不含糊，他對野心勃勃的楊憲早已心生殺機，於是馬上宣判：判處楊憲死刑斬首棄市。

縱觀楊憲之死，表面上看，是淮西與浙東兩黨權力鬥爭的結果，其實深層原因，卻在朱元璋。楊憲的死活不僅是朱元璋對付丞相的大棋局所需，更是暴君與酷吏關係的典型縮影。

我們不妨做個反思，作為浙東派的大員，楊憲在浙東領袖劉伯溫眼裡，都不是當丞相的料，為什麼朱元璋還要用他？

不是皇帝出了昏招，而是必殺技。朱元璋讓楊憲執相，並非想驗證楊憲當丞相合不合適，而是要證明丞相制度不合適。關於這一點，之後的篇章，我們會慢慢展開講。

再有，作為大明王朝的資深特務，楊憲之死是皇帝朱元璋殺威立威後平息眾怒的必然結果。用酷吏，滅酷吏，一向是古代暴君弄權的伎倆。

縱覽歷史，你會發現總有這麼一群「大人物」，沒見他們打過什麼戰役，但卻顯貴一時，地位超過了開國元勛。比照戰功卓著的將軍，他們贏在哪裡呢？

譬如唐朝武周時期，有個游擊將軍索元禮，深受武則天賞識，狄仁傑、張東之等股肱之臣在索元禮面前也噤若寒蟬。而這個索將軍並非是一員帶兵打仗的戰將，也沒去過前線立過什麼軍功，他的主要工作就是打小報告，特長就是刑訊逼供。史料顯示，索元禮生性殘暴，不近人情。他發明了一種用於刑逼的特製鐵籠，籠內布滿鐵釘，若罪犯不按他的指控招供，便立即會被釘得腦漿四溢。遇到剛強的嫌犯，他還有更狠的招數：命人把犯人倒掛起來，再在頭髮上繫上重石，謂之「墜石」。如此慘無人道的毒辣招數，其結果便是一招十、十招百、百招千。據不完全統計，武周時期死於索元禮之手的冤魂多達千人。有感於告密起家所嘗到的巨大甜頭，索元禮總結成功經驗，與另一著名酷吏來俊臣合寫了一部《羅織經》，專門展示羅織罪名、屈打成招的黑心得。酷吏出書可謂奇葩，也展現了他們的才氣，但這才是什麼才？鬼才也！非人才也。

拿當時屢立戰功的魏元忠與索元禮對比，可能是對前者的一種侮辱，但在當時的武周時期，二人的地位卻倒置了。魏元忠是唐代著名政治家、軍事家，三朝元老，兩次出任宰相，並兼兵部尚書、副元帥等職，是比較有作為的一位士大夫。但就是這麼一位大家，卻在酷吏面前敗下陣來。在與游擊將軍的較量中，魏元忠四次被誣遭貶，從洛陽令一直貶到思州尉，昔日元帥，官級已在游擊將軍之下。

治人有術的索元禮，得到武則天數次召見和賞賜。為什麼武則天要重用酷吏？因為武氏以周代唐，就是篡逆。篡位初期要殺威立威，所以武則天要利用酷吏打擊政敵。而當政敵被殺、政局穩定之後，武則天對酷吏的態度便發生了變化，由重用變成了抑制。酷吏也很快走上了喪家犬的道路。史料顯示，武周政權剛剛穩定，武則天即貶殺酷吏，索元禮的好日子也就到了頭。

史書《朝野僉載》記述索元禮的最後結局：他「座贓賄」，列於獄中。官吏在審訊索元禮的時候，索元禮還嘴硬，死活不肯認罪，看過《羅織經》大作的審訊官絕對有招，「吏曰：取公鐵籠來！」於是「元禮服罪，死獄中」。

被武則天卸磨殺驢的索元禮，被下獄後還想抵賴抗拒，但是判官拿來了索將軍發明的刑具大鐵籠，索將軍立刻就崩潰了。這個昔日不可一世的整人王，終於嘗到了以其人之道還治其人之身的滋味。

小結中國酷吏史，可以發現這個規律：凡是酷吏興盛的年代，大都是極權統治最殘酷的時期。從武則天武周時期，到朱元璋洪武時期，都是明證。

第二章　御用神棍，助除楊憲退善長

話說回來，朱元璋手下的楊憲，與武則天手下的索元禮、來俊臣大同小異，實屬一類人物。他為朱元璋殺伐內鬥肝腦塗地，甘效犬馬之勞，乃至受各政治派別勢力排擠，以致「人不和」。為了照顧各派別情緒，加之此犬有些狂吠，妄想與主人同席共枕，所以朱元璋乾脆將其殺了，一來平息眾怒，二來以絕後患，這就是特務酷吏的下場。

總之，筆者對楊憲之死的結論是，罪名雖有些冤，但死得不冤，此人與胡惟庸一樣，以治人起家，亦可謂惡貫滿盈。

而胡惟庸在楊憲之死上，充當的是催命判官角色。

楊憲死後，浙東黨勢力大損，淮西黨看到了獨霸中書省的機會，但這不是李善長的機會，而是胡惟庸的機會。

胡惟庸助殺楊憲成功，接下來的使命，是繼續做皇帝的掃堂棍，勸退李善長。

很多人都以為胡惟庸和李善長是一夥的，但殊不知，胡惟庸也是朱元璋弱化李善長的一枚棋子。

我們知道，大明建國伊始，朱元璋就任命自己的心腹李善長為首任左丞相，但李善長沒做多久，只做了四年，就病退了。李善長病退時五十八歲，不是很老，得的也不是大病，後來歸鄉養了不到一年就好了，但卻再也沒回到丞相職位。

這和胡惟庸有關係。李善長在任左丞相時，胡惟庸是參知政事，地位僅次於丞相及左右丞。李善長退下來就有可能輪到胡惟庸接班。雖然李善長是胡惟庸的恩人伯樂，胡惟庸對李善長也是畢恭畢敬，但朱元璋卻有自己的盤算。

我們前面反覆交代過朱元璋集團兩大地方派——浙東派與淮西派。開國後，兩派不由自主黨爭，被朱元璋充分利用。在朱元璋弱化浙東集團時，胡惟庸、李善長發揮了重要作用。但當浙東集團勢弱，尤其是李善長獨攬相權時，朱元璋又不能容忍淮西黨及其黨首李善長獨大了。

明朝開國初期，即洪武三年，明太祖朱元璋大封功臣，對李善長高度評價：「善長雖無汗馬勞，然事朕久，給軍食，功甚大，宜進封大國。」李善長被授開國輔運推誠守正文臣、特進光祿大夫、左柱國、太師、中書左丞相，封韓國公，食祿年四千石。在朱元璋加封的開國六大國公中，「善長位第一」，統兵征戰的徐達次之。

身為韓國公，李善長還得到了朱元璋所賜的免死鐵券，上書朱元璋親筆題字，不亞於皇家功勞簿：

朕起自草萊，提三尺劍，率眾數千，居群雄肘腋間，未有定期，而善長來謁轅門，傾心協謀，從渡大江。於是定居建業，威聲所至，無不來附，不一二年間，集兵數十萬，東征西伐，日不暇給。爾獨守國，轉運糧儲，供給器仗，未嘗缺乏。況剸繁治劇，和輯軍民，無有怨謠之言。此上天以授朕，朕獨知之，其人人未必盡知也。昔者漢蕭何有饋餉之功，千載之下，人皆稱焉。比之於爾，蕭何未必過也。今天下一家，爾年已高，朕無以報爾，是用加爾爵祿，使爾子孫世世承襲。朕本疏愚，皆遵前代哲王之典禮，茲與爾誓，除謀逆不宥，某余若犯死罪，爾免二死，子免一死，以報爾勛。

但僅僅過了一年，朱元璋對李善長的態度就大變了。

當然這與李善長的做派也有一定關係。史書描述，李善長「外寬和，內多忮刻」，成了群臣之首後，他日益自專，只要有人稍微冒犯他的權威，就定罪貶黜。這就跟朱元璋的專制意志相衝突了。

朱元璋深知堡壘都是從內部攻破的道理。所以他想分化淮西黨，讓胡惟庸擠走李善長，避免二人綁在一起使淮西一黨獨大。如果胡惟庸想「自勵」，就專心為皇帝賣命好了。

朱元璋的設計得到了乖巧的胡惟庸的配合。李善長在左丞相這個職位上做得正起勁時，身體出了點小問題，大概也就是頭痛腦熱什麼的，朱元璋就不斷勸李善長，注意身體啊，不行就「病休」吧。胡惟庸也不停安慰伯樂：您放心病退吧，這裡有我呢，以後做什麼依然方便。

朱元璋與胡惟庸一唱一和，於是，最終目的達到。

洪武四年，李善長辭相歸居。洪武六年七月，朱元璋封胡惟庸為右相。這個昔日朱門小吏，正式從中書省的配角升為領銜主演。

成為右相後的胡惟庸深感使命重大。如何報答皇帝的信任呢？

在洪武大帝的指揮下，他這根「棍子」的擊打範圍勢必要擴大化了。

第三章　挑戰徐達：天子腳下無兄弟

徐達是個家喻戶曉的人物，西元一三三二年出生，濠州鍾離人，出身貧寒，和朱元璋既是同鄉又是朋友。朱元璋成事時，徐達是朱元璋的手下第一人，淮西二十四將之首，明軍首個大元帥。

開國前徐達任征虜大將軍，擊敗元朝的最後臨門一腳就是他幹的，是他率領北伐軍攻占了元大都。開國後，他被朱元璋任命為右丞相，但時間很短，不到兩年就退下來了，理由是調整工作職位。徐達從丞相職位退下來，與胡惟庸沒有直接關係，但胡惟庸也確實設計過徐達。

這是怎麼回事呢？

這話還得從朱元璋對徐達態度的變化說起。

在打天下階段，朱元璋對包括徐達在內的兄弟們充分展示了帶頭大哥的最優秀品格——仗義。

大家都知道朱元璋出身貧寒，是農民中的赤貧。他一沒讀書，二沒錢，所以要想在亂世中脫穎而出，只能拼IQ、EQ了。可以說，在這兩項上，他出類拔萃。朱元璋的高IQ展現在悟性上，一點就通；而他的高EQ，展現在人格魅力上。

多年以後，當上皇帝的朱元璋回憶起打天下的那些日子，認為自己贏在仁義。當時群雄並起，自己起事較晚，待他成氣候時，元軍已被前輩們消滅大半，而他的對手大都來自同類——義軍領袖。其中兩個對手最為強勁，一個叫張士誠，一個叫陳友諒。張士誠有錢，陳友諒有兵，他朱元璋什麼都沒有，但卻有信義：不好殺人，與兄弟「同心共濟」。

查考史實，這委實不虛。

我們知道，朱元璋一窮二白，起初也是跟著大哥混。天下大亂，他投靠了老家紅巾軍首領郭子興。初為親兵，後因英勇善戰，才能出眾，被大哥郭子興招為義婿，兄弟變成了翁婿，關係更近了。雖然受了重用，但朱元璋發現，郭子興思路狹窄，目光短淺，於是就打算獨創一番事業。西元一三五三年，二十五歲的朱元璋開始脫離郭子興，獨立創業。他率領二十四位濠州兄弟另起爐灶開闢新戰場，最終打下了自己的天下。

這二十四位濠州兄弟，可謂當初朱元璋打天下的全部本錢。為首者就是徐達。其他還有湯和、費聚、陸仲亨等。朱元璋首先與這些兄弟們同甘共苦，表現出了一個好大哥的優良品德。他慷慨大方，兄弟們缺什麼他就送什麼。而且，他平易近人，與兄弟們打成一片，不分彼此，這些兄弟跟他也不用講究什麼名分，只不過以他為首而已。遇有不同意見，還是可以據理力爭的。

比如，對兄弟之首、和他一起長大、小他四歲的徐達，朱元璋那是畢恭畢敬，待如親弟，甚至關心到他的生活情感問題。徐達嚴於律己，不貪女色，所以婚配較晚，而朱元璋就親自選了一位美女謝翠娥許配給徐達，這還不算，後來又把徐達的長女欽點嫁給了自己的四子朱棣，與兄弟結成了兒女親家。如此惺惺相惜，怎能不令徐達出生入死、肝膽相照呢？

在兄弟們面前，朱元璋除了施展恩義，還不時以身作則，告訴兄弟們應該怎樣對待帶頭大哥。當時郭子興被困濠州，因與諸將領不和，部將設計綁架了郭子興，很多人被嚇得不知所措。朱元璋挺身而出要去解救，兄弟們力勸他不要自投羅網，白白送死。朱元璋說：郭公有大恩於我，他今有難，我若不去搭救，還能算個人嗎？他施計平息了派系殘殺，救出郭子興，在兄弟們面前樹立了救主的豐碑。

可以說，在打天下階段，徐達得到的待遇，在朱元璋諸兄弟中是最好的。大明朝開國後，二十四兄弟中三人封公，二十一人封侯。其中徐達地位最高，封魏國公、中書右丞相、參軍國事、太子少傅。

和諸兄弟一樣，徐達本以為要跟著大哥朱元璋享福了，誰知好景不長，厄運很快降臨了。

成為洪武大帝後的朱元璋，不久便奉行開國皇帝變臉定律──兔死狗烹，開始有計劃、大規模地屠殺開國功臣。想當年他帶領二十四位兄弟打天下，兄弟們把他捧上皇帝寶座，還把他奉為天生「聖人」，推上神壇。但這個「聖人」上去就下不來了，他「成仙」了，那些兄弟們算什麼？常言道：一人得道，雞犬升天。此時得道的大哥，真的將兄弟當雞狗了，這些兄弟也確實要逐個升天了，不過他們是被大哥以一種最簡單粗暴的方式送上天的──屠殺。

史料顯示，登上皇位的朱元璋，對兄弟露出了猙獰的面目，開始找碴整治這些跟他出生入死的夥伴。他不再是那個情深義重的好大哥了。

作為朱元璋的第一戰友，徐達也明顯感覺到了大哥的變化與可怕，於是行事極為小心。史料記載，稱帝後的朱元璋經常召見徐達，設宴歡飲，表面上還是每每以「布衣兄弟」相稱，但實際上，卻端起了天子的架子。

徐達這邊總是謙虛謹慎，小心應對，不越君臣之尊卑秩序。

按照朝廷的禮儀制度，開國功臣徐達官至丞相，外出時應備有相當規模的威赫儀衛。但他堅持乘著普通的車馬出門，回到家中也過著儉樸的生活，從不奢侈浪費，或者歌舞宴請以誇耀自己顯達高貴。朱元璋有一次曾試探徐達，要將自己住過的房子送給徐達，徐達堅辭不受。因為徐達知道，朱元璋所說的房子，是朱元璋稱吳王時的吳王府。所以堅絕不肯接受。

但考驗還在繼續。明史記載，一次朱元璋與徐達飲酒，好酒量的徐達被刻意灌醉，居然蓋著皇上的被子倒頭睡著了。待到醒來，徐達大驚失色，「驚趨下階，俯伏呼死罪」。顯然，朱元璋是在有意試探徐達的忠誠。看到徐達的表現，朱元璋當然龍顏大悅，「表其坊曰『大功』」。不僅沒處罰，而且還不斷嘉獎。徐達是大將軍，可說是威風凜凜，但在朱元璋面前，他已到了「恭謹如不能言」的地步，似乎連話都不會說了，可見他知曉在皇帝身旁須陪多大的小心。

觀野史，甚至還有「勝棋樓」的故事傳世，表明徐達素無二心。據說徐達是個圍棋高手，有一次，朱元璋召見徐達下棋，並要求徐達不能讓棋，認真對弈。於是二人開下，這盤棋從早晨一直下到中午，仍然未分勝負。待到終盤之時，徐達突然不再落子。朱元璋錯愕：「將軍為何遲疑不前？」徐達乃跪倒在地，答曰：「請皇上細看全局。」朱元璋這才發現，棋盤上的黑子已被擺成「萬歲」二字。朱元璋大為高興，便將此樓以及莫愁湖花園一併賜予徐達。這就是「勝棋樓」的來歷。

眾所周知，大明開國之後，朱元璋對諸多功臣懷有強烈的戒心。當然，這裡也有功臣們自身的原因，那些從小與他一起長大的大臣們，成為故舊勛貴後不免有些居功自傲。但更重要的原因還是朱元璋變態的權力欲，權柄在手，豈容他人染指。朱元璋的接班人——太子朱標生性柔弱，頗有「唐虞之風」、「不嗜殺戮」。這便加劇了朱元璋的擔心，朱標將來鎮不住這些叔叔伯伯，我朱明江山豈不是要易手他人？因此，朱元璋自坐上皇位，就已暗下殺心要清理門戶，以保朱明政權堅如磐石。

後來，很多兄弟都被朱元璋清除掉了，但唯有徐達，朱元璋一直沒有下手，與其說他是顧念舊情，不如說他找不到徐達的毛病。徐達的表現太好了，讓他幾乎找不到藉口。

朱元璋曾評價徐達：「受命而出，成功而旋，不矜不伐，婦女無所愛，財寶無所取，中正無疵，昭明乎日月，大將軍一人而已。」這句話可謂對徐達的高度概括性評價，說徐達戰無不勝，不驕不躁，不好色不貪財，光明磊落，是頂天立地的男子漢，這樣的完人，無人可及。

當然，除了上述優點，對於洪武大帝朱元璋來說，他最想刺探的是：徐達會不會結黨營私。這對皇帝威脅最大。

儘管徐達在朱元璋面前畢恭畢敬，但不想還是被人盯上了。

這個人就是皇帝身邊的紅人胡惟庸。

胡惟庸與徐達的鬥爭，據說起由是這樣的：

徐達在朝中功高位顯，胡惟庸想利用他的聲望牟取私利，便與徐達拉攏關係，結為友好，但徐達從不與人走得太近，加上看不起胡惟庸的品行作為，所以沒有理會。

明史記載，胡惟庸「欲結好於達」，徐達不加理睬，胡惟庸便「賂達閽者福壽使圖達」，意思是買通徐達家人福壽刺探徐達生活起居，想投毒殺之。但福壽向徐達告發了胡惟庸，徐達非常氣憤，於是向朱元璋狀告胡惟庸：這個傢伙口是心非，當面說好話，背後下毒手，您也小心點吧。朱元璋聽了，沒有反應，胡惟庸未遭處罰。這說明什麼呢？徐達這種超重量級的開國元勛，沒有朱元璋的默許誰敢動他一根汗毛。

後來，這位開國第一武將雖然沒被胡惟庸害死，但還是沒逃出朱元璋的暗算。那就是民間的「賜蒸鵝」之說。相傳徐達生了毒瘡忌食發物，而朱元璋偏偏賜蒸鵝逼徐達吃，徐達含淚嚥下，結果毒發而死。對於民間傳說，不可全信，但也不可不信，總之胡惟庸敢挑戰徐達，誰給了他熊心豹膽，是不言而喻的。

史料記載，徐達死於洪武十八年（西元一三八五年），此時朱元璋已經把包括胡惟庸在內的丞相全除掉了，最後這位功勳卓著的徐右相也莫名其妙地去世了。朱元璋表現得非常悲痛，《明史》記載：「帝為輟朝，臨喪悲慟不已。追封中山王，謚武寧，贈三世皆王爵。賜葬鍾山之陰，御製神道碑文。配享太廟，肖像功臣廟，位皆第一。」

死後徐達得到了最高哀榮，被封了王。當然此時再怎麼封賞對朱元璋也沒有威脅了。比起痛心來，元勛徐達之死，可能給皇帝帶來的最大的收穫還是徹底放心。民間之所以將徐達之死歸結到朱元璋頭上，一是展現了徐達在民間享有很高威望，是中國百姓推崇的賢人文化的代表人物；二也是揣摩了暴君的用心，替朱元璋傳遞出這樣的殺士信號：沒野心？威望太高，我也不放心！天子腳下無偉人，切勿夢想再做兄弟。

第四章　治死劉基：大帝豈容士獨立

眾所周知，打天下時的朱元璋，幕僚群中據有左膀右臂，一個是領銜淮西派的李善長，另一個則是帶隊浙東派的劉伯溫。對於劉伯溫，朱元璋的態度是先揚後抑，打天下時，對劉伯溫以老師相待，極盡拉攏之能事，開國後卻翻臉打壓，甚至逼著劉伯溫寫歌功頌德的文章。迫於形勢，劉伯溫硬著頭皮也寫了〈乙卯歲早朝〉這樣的應酬文章，但君臣二人卻由此拉開了距離。

從士大夫的分類來講，劉伯溫是獨士，是個想擁有獨立人格的讀書人。這種讀書人，與想控制一切的暴君易起衝突。

劉伯溫，姓劉名基，字伯溫。他的本名不被人經常提及，而是以「字」享譽於史。不太熟知歷史的人，還以為劉基與劉伯溫是兩個人。顯然，伯溫這「字」比基那「名」更響亮。

西元一三一一年，劉伯溫出生於處州青田縣（現浙江文成縣）一個傳統耕讀之家，父親劉爚是縣學教諭，相當於縣城中學老師。作為教師子弟，劉伯溫從小就具有神童特徵。

史書描述，人們很少見劉伯溫執經誦讀，但他卻能將經書內容脫口而出。劉伯溫「默識無遺」、「習舉業，為文有奇氣」，說明他對讀書有過目不忘的本領。一次，他在元大都一書屋翻書，翻過一遍後竟然立即能背出來，店主人要將書送給他，他卻說：書已經在我的胸中了，要書何用？

元至順三年（西元一三三二年），二十一歲的劉基高中舉人，次年，參加會試和廷試，連中進士。元至元二年（西元一三三六年），元廷授劉進士高安縣丞官職。縣丞，說白了就是縣裡的「丞相」，地位在縣令之下，是協助縣令處理政務的小官，正八品。此後二十多年中，劉伯溫先後出任過江西行省掾史、江浙儒學副提舉、行省考試官、行省都事、行樞密經歷、行省郎中、處州路總管府判等官職。這些官職中，儒學副提舉是從七品，行省都事是正七品，處州路總管府判是正六品。人到中年才混到副局級，對於不世奇才劉伯溫來說，自然極為鬱憤。劉伯溫官場不順，跟他的性格有很大關係，史書描述他「疾惡如仇，與人往往不合」——說劉伯溫性格正直剛烈，官場人際關係比較緊張。你想，在賄賂公行的元末官場，這樣的性格豈能混出頭來？不屢受打擊才怪。

充滿抱負的劉伯溫無法施展才能，於是四十七歲時他決計棄官歸田，隱居在南田山下。這就為他在天下大亂時尋找明主，埋下了伏筆。

從投奔朱元璋的年頭來看，劉伯溫在明軍謀士群中算是比較晚的。他是在元至正十九年（西元一三五九年）來到朱元璋麾下。此時距離朱元璋一統天下還有不到十年，朱家軍已有些成大氣候之勢。同年十一月，朱元璋部隊攻占了處州（今浙江麗水），這是劉伯溫老家轄地，老家都被人占了，必須重新尋找安身立命之所。據說劉伯溫是和另外三個當地名士——葉琛、宋濂、章溢一起，被朱元璋的兵士一路護送到金陵（南京）去見朱元璋的。

《明史》記載了這四人與朱元璋見面的場景，場面很是溫馨。

朱元璋犒勞了四人，對他們畢恭畢敬，不恥下問：「我為天下屈四先生，今天下紛紛，何時定乎？」

這種禮賢下士的態度，雖然是「堯舜之君」的老套路，但名士們還是被打動了。

劉伯溫從此開始了為朱元璋運籌帷幄的人生新道路。

後來人們為了增添傳奇色彩，給二人的合作濃墨重彩，附會了不少神祕故事。

諸如，史籍中流傳的一個「西湖望雲」的故事，傳說劉伯溫早在投靠朱元璋之前就發現金陵有「天子氣」，所以決心「輔之」。跟定朱元璋後，劉伯溫神機妙算，料事如神，亞賽諸葛亮再世。其間，還有「鄱陽湖救主」的傳說更為神奇。說的是朱元璋與陳友諒雙方大戰，朱元璋正在旗艦上督戰，坐在他身旁的劉伯溫掐指一算，突感大事不好，突然一躍而起，拉著朱元璋說：「走，快走！」朱元璋不知就裡，也來不及細問，只得跟著劉伯溫迅速撤到另一艘戰船上。還沒坐定，只見一發砲彈「嗖」一聲落在先前的旗艦上，將之炸成碎片。朱元璋晚走一步，可能就被一炮轟死，所以心中非常感激劉伯溫的救命之恩。

這些民間史料對劉伯溫本事的描述，顯然是有些神化了。但總的來說，劉伯溫的本事確實不小。在朱元璋討伐天下過程中，作為主要謀士的劉伯溫，功勞堪稱甚大，就拿他在鄱陽湖大戰的表現來說，去掉誇張的渲染，還是有不少貢獻是有史可查的。

提及鄱陽湖之戰，應該算得上是朱元璋爭霸天下的最後一場大戰。西元一三六三年，元朝氣數將近，各路起義軍為爭天下火併。朱元璋與宿敵陳友諒決戰。當時，雙方都將自己的主力投入戰場，陳友諒甚至將家屬、馬匹、供給全部帶到了船上。據《明太祖實錄》記載，朱元璋投入兵力二十萬，陳友諒的軍隊是六十萬。陳友諒的軍事實力遠超過朱元璋，如果朱元璋此役失敗，就會失去問鼎皇位的機會。在這場關乎生死存亡的慘烈大戰中，劉伯溫始終與朱元璋同坐一條船上，須臾不離左右。交戰僵持的關鍵時刻，劉伯溫提出「移師湖口」之策，就是將戰艦全部移往湖口，封鎖鄱陽湖通向長江的水路通道，「關門打狗」，使鄱陽湖成為一只封住陳友諒軍隊的袋子。很明顯，陳友諒的巨艦在相對狹窄的湖口水面上遠遠比不上朱元璋的戰艦那樣靈活有用，所以，陳友諒始終未能攻破湖口。雙方相持很久，陳友諒軍的糧食已經吃完，而五百艘搶糧的船隻也被朱元璋派人燒了個乾淨。可以想見，缺少糧食的陳友諒軍隊最後突圍而出的窘迫。最後，陳友諒在激戰中頭中流矢，不治身亡。此戰朱元璋得勝的關鍵，是他毫無保留地採納了劉伯溫的計謀。此戰過後，朱元璋順風順水，三年而得天下。用「一戰定乾坤」形容此役，一點也不為過。一人而抵百萬師，劉伯溫運籌帷幄的才能，於此戰中發揮到了極致。

另外，把朱元璋捧上「神壇」，也有劉伯溫的一份功勞。

西元一三六七年十一月，朱元璋北伐大軍直擊元大都，勝利在望。手下勸進朱元璋登基，而這位大哥自然要謙讓一番。怎麼辦呢？請老天說話吧。當年夏曆十二月二十二日這一天，金陵陰霾密布，天降大雪，這天朱元璋祭祀天神、地神。朱元璋發布了祭文，翻譯成白話，大概就是這個意思：我現在擁有的土地有兩萬里廣，臣僚們都讓我做皇帝，我已經推讓再三了，現在沒有辦法只能做皇帝了。日期已經確定在明年的元月四日，一切都已經就備了。但是我不知道上天是否同意，如果不同意我就另推別人，如果同意，那麼新年正月初四給我一個風和日麗的好天氣。

而這個日子正是劉伯溫幫助敲定的。劉伯溫通曉天文，是著名的天文學家，他很清楚，二十二日南京突然降雪，再過十天惡劣天氣也會過去。到了新年元月初四（西元一三六八年一月二十三日），果然是一個風和日麗的好天氣，朱元璋再次祭拜天地。隨後來到新修好的太廟祭祖，再到新建成的奉天殿登基成為皇帝。為什麼叫「奉天殿」？意思就是奉天登基做皇帝，一切都是按照天命做的。

從此，朱元璋發出的詔令就叫做「奉天承運皇帝詔曰」。誰跟他過不去，就是「逆天」了。朱元璋敬天，總說：「所謂敬天者，不獨嚴而禮，當有其實」。敬天要嚴格規範，還要有實際內容，「天之所以命人主者，為蒸民之重。所以命者，命其必治者也。若以天人量之，則天道遠，人事邇」。上天都是愛百姓的，上天任命皇帝是管理百姓的。天離百姓很遠，但是我（朱元璋）離你們很近，所以敬天的實際內容就是要尊君。這樣朱元璋就把皇權提到至高無上的地位了。

朱元璋統一天下，劉伯溫和其他開國功臣一樣得到了封賞，被授為開國翊運守正文臣、資善大夫、上護軍，封誠意伯，食祿年兩百四十石。這個級別與食祿四千石的韓國公李善長比，相差近二十倍，並不怎麼高，可見朱元璋對劉伯溫的態度是有保留的，隱約感到劉先生似乎不會輕易被馴服為忠實奴才。《明史》稱劉伯溫「性剛嫉惡，與物多忤」，就是說他是具有剛烈性格的士大夫，這樣的士人很難屈就君主。

果然，受封後的劉伯溫不為榮華富貴所惑，奏請朱元璋賜他回家養老。回老家後，「唯飲酒弈棋，口不言功」，名為養老，其實是對暴君的一種消極抵抗。作為具有一定獨立意識的儒士，新朝的建立使劉伯溫自覺背負了一種新的使命，這就是「導君於正」，使新皇帝符合儒家的政治文化傳統。但他卻寸步難行，甚至感覺到了不祥之兆。因為在朱元璋這等君主手下再想暢所欲言，形同找死，乃至讚美得不起勁，都會出大事。

於是劉伯溫陪盡小心，想保留士大夫最後的尊嚴——沉默權。但朱元璋不允許他這麼做。天下安定，朱元璋已經從明主轉為暴君，還能容忍劉伯溫這樣的獨立士人嗎？

劉伯溫跟朱元璋征戰八年，他的大明時光比這更短，只有七年。在這七年時間裡，他先後幾次受封，又幾次受貶，反覆回鄉。

第一次被貶是因為求雨未遂。當時金陵從夏天到秋天一直沒有下雨，求雨也沒有效果，劉伯溫藉機指出了弊政，勸朱元璋，「今國威已立，宜少濟以寬大」，要朱元璋保存臣子的體面，不應動輒羞辱。古人認為天象由人事決定，劉伯溫借求雨的機會進諫，使朱元璋只好同意其請，可過了十來天仍未降雨，朱元璋立即報復，做出了「劉基還鄉為民」的處罰。

之後劉伯溫已經意識到伴君的危險性，此時同僚的傾軋也十分激烈，不同派系之間的權力鬥爭已到白熱化的程度，他對「聖意難測」有了更深的理解，對在暴君手下討生活充滿了憂懼，深知只有韜光養晦才是自我保全之道，所以更主動地希望歸隱山林。

憂讒畏譏的劉伯溫準備在家鄉終老，隱居之後的他，竭力洗盡鉛華，表現得像一個不識字的老農，也不和地方官吏來往。他知道，有一雙眼睛在盯著他的一舉一動。《明史》上這樣描述他的謹慎：「至是還隱山中，唯飲酒弈棋，口不言功。邑令求見不得，微服為野人謁基。基方濯足，令從子引入茆舍，炊黍飯令。令告曰：『某青田知縣也。』基驚起稱民，謝去，終不復見。」家鄉的父母官因為始終見不到劉伯溫，所以換上便服求見，正在洗腳的劉伯溫對上門的客人當然不好拒絕，生火做飯以待客，但當縣令以實相告時，劉伯溫馬上色變，自稱小民，便立即退避。

一般人認為，劉伯溫低調自持，是高風亮節。但劉伯溫的主公卻看出這是一種消極抵抗，朱元璋對不肯五體投地的老先生不滿了。

主人不滿，就該打手上場了。朱元璋的新幹將胡惟庸出場，要擊倒大明第一智囊。

於是，如此小心的劉伯溫還是出事了。

洪武五年，劉伯溫又受了一次整治。他無意間做了一件事，讓嗅覺靈敏的胡惟庸聞到味了。劉伯溫下鄉回老家，發現這地方治安不太好，於是回來奏請朝廷，建議在他家鄉附近一個叫談洋的地方弄個巡檢司，加強管轄。在這件事上，智者千慮的劉伯溫犯了大忌。

因為談洋在元末時曾被農民起義軍占領，是個起兵造反的好地方。胡惟庸見此，立刻就將這個難得的機會抓住了。他上書朱元璋，稱談洋一帶有帝王之氣，劉伯溫此舉別有用心。他是不是想把巡檢發展成自己的武裝，做大固強自己？

朱元璋對此事的態度值得仔細分析，「帝雖不罪基，然頗為所動，遂奪基祿」。朱元璋心「動」的是什麼呢？是他相信胡惟庸所說，劉伯溫真的為自己選了一塊有王氣的風水寶地，要搞武裝割據嗎？

不難想見，朱元璋的「頗為所動」根本就是裝出來的，他要騙的人恰恰就是進讒言的胡惟庸。朱元璋殺劉伯溫的決心已定，卻不想親自動手，免得背上罵名，眼見胡惟庸如此急不可耐地要置劉伯溫於死地，正好順水推舟，借刀殺人。

遭舉發的劉伯溫被朱元璋勒令回京向中央說明情況。劉伯溫又不能在家待下去了，他啟程進京謝罪。

面對朱元璋，劉伯溫「唯引疚自責而已」，他什麼辯解的話都不說，只承認錯了，朱元璋將其暫扣京城。不久，在一件小事上，朱元璋又給了劉伯溫一個下馬威。朝廷祭奠孔子，儀式結束後，祭祀用的肉分給重臣算是一種榮譽。劉伯溫沒有參加祭奠儀式，卻接受了肉。朱元璋說：劉伯溫是學聖人之道的嘛，怎能不參加祭奠卻享受祭品？學禮學到哪裡去了？下令停發其一個月俸祿。是否接受祭品是小事，停發一個月俸祿也是小事，皇帝行動中透露的訊息卻是意味深長的：他就是想讓劉伯溫沒面子。由此可見，這次入朝的劉伯溫處境之尷尬。此時的他，已記不清這是第幾次受整治了，只隱約感到在劫難逃。朱元璋既不治劉伯溫的罪，也不放他回家。劉伯溫「乃留京，不敢歸」，處境和心情都很惡劣，導致病情加重了。

當然，這還不算完。在朱元璋和胡惟庸眼裡，劉伯溫能掐會算，是一個永難馴服的人物，不徹底剷除還是不踏實，所以必置之死地而後快。不久，機會又來了。

史書記載，洪武八年，六十四歲的劉伯溫偶感風寒，朱元璋派胡惟庸帶了太醫去探望。太醫開了藥方，他照方抓藥服用後，病情不僅沒有減緩，反而進一步加劇。劉伯溫覺得大事不好，抱病見朱元璋說：胡大人帶著御醫來探病，給我開了藥，我吃了之後「有物積腹中如拳石」——好像生了一個大腫瘤。朱元璋聽後反應冷淡。劉伯溫見狀明白了大半，悻悻歸故里。不久便與世長辭。

劉伯溫跟隨朱元璋前後加起來十五年，在這不算長的時間裡，眼見一個「堯舜之君」變身「桀紂之君」，他無能為力。最後因為讚美得不起勁，欲獨善其身而反覆受貶，終至殞命。

關於劉伯溫之死，史上有諸多爭議，但總之朱元璋與胡惟庸難脫關係，不能排除此係君臣二人合作的「治人成功案例」之一。兩人相互利用，但還是朱元璋老奸巨猾，成為最後的勝利者。

比劉伯溫的死因更耐人尋味的是，朱元璋在劉伯溫死前表現出來的態度。

在劉伯溫還在朝的時候，朱元璋極盡冷落。朱元璋的大作《御製文集》刻成，他賜給了李善長、胡惟庸、宋濂三人，卻偏偏沒有給劉伯溫。劉伯溫病重被賜歸，朱元璋還頒發了一紙詔書，對二人君臣一場進行了一次總結，其中竟有責備劉伯溫當年不早早歸附的內容，並以此為據，表示自己當皇帝後，對劉伯溫的安排和處置都是符合「國之大體」的。對病者劉伯溫來說，得到這樣一份詔書，肯定不是件愉快的事，病情因此更加重了。

朱元璋和劉伯溫君臣二人，在身分認識上大概是有一些偏差的。劉伯溫雖被人們看成謀臣，但他更自居為儒士，然而讓他羞愧的是，朱元璋卻在更多場合把他當成術士。在一次關於誰是當今大儒的討論中，朱元璋就曾經輕蔑地說：像劉伯溫這樣的人哪配稱大儒？

朱元璋為什麼不願意承認劉伯溫為儒者？因為他認為儒者都應該是愚忠的，奉君如神，應該做一個唯皇帝馬首是瞻的家臣，而劉伯溫顯然不符合這個標準。

據說劉伯溫早已看穿了這一切，他臨終前曾留下遺命，告誡子孫不得為官。顯然，在現實的無情打擊下，劉伯溫獨立之士的大夢終告破滅。

劉伯溫死後，他的長子劉璉也沒有被胡惟庸放過。洪武十年，劉璉出為江西參政，竟被胡惟庸的黨羽逼得墜井而死。人言這是胡惟庸背著朱元璋幹的，其實明初這種殘酷的政治傾軋，正是朱元璋布局的結果，胡惟庸只是看主子眼色行事，沒有主子的暗示，他怎麼敢動劉伯溫這種超重量級的元勳？所以，可以說劉伯溫父子的死，與朱元璋有著直接的關係。劉伯溫所遭受的排擠與陷害，可以使人清楚地看到，在君權越來越趨於強化的情況下，國家政治會更加保守、沒落、腐朽，而士人想要在這種世道獨善其身，根本就是無法實現的幻想。

第五章　君前站立：胡相自降士人身段

洪武八年農曆四月十六，劉伯溫逝於鄉里。而這一年，胡惟庸正由右丞相向左丞相邁進，紅得發紫。兩年後，即洪武十年，胡惟庸登頂中書省，正式被朱元璋拜為左丞相，成為群臣之首。

從以上所列劉伯溫等事件，也可以看出，胡惟庸的強項就是治人。如果說朱元璋是個用人、治人的雙料大師，那麼胡惟庸無疑是「朱大師」門下第一「神棍」。

除了整人，胡惟庸還有什麼強項呢？

媚上。

做了丞相後的胡惟庸並沒有忘本，他挖空心思博取朱元璋的歡心。不僅在工作方面無條件配合上級，而且生活方面零距離。

洪武初年，胡惟庸可謂朱元璋的最佳「三陪」。

那麼具體說來，胡惟庸是怎麼「三陪」的呢？

先說第一項：陪吃。前幾年有部歷史小說《朱元璋》有個段落是這樣描述的：

胡惟庸與朱元璋，可謂「舌尖上的一對吃貨」。二人都好同一口：喜歡吃河豚。河豚味道鮮美，卻有劇毒，毒全在臟器中，殺時千萬不能碰肝膽，必須會宰殺的廚子才能去毒烹飪，否則弄不好會吃出人命。

朱元璋非常喜歡吃河豚，貴為九五之尊的他，一直嚷嚷要吃這個，可吃出人命怎麼辦？御廚們提心吊膽不敢做，然而，胡惟庸卻敢做。原來，胡惟庸出仕前學過這種手藝，他烹煮河豚的技藝超過道地的廚師。

我們都聽過「珍珠翡翠白玉湯」的相聲，說的是朱元璋吃不上飯的時候，叫化子替他做了一碗剩菜豆腐湯，被他當作美味，可見朱元璋也沒吃過什麼好東西，所以，當真正的美味——燒河豚端到他跟前，不僅征服了他的胃，而且還征服了他的心。

最令朱元璋感動的是，每次吃河豚時，胡惟庸都搶先下筷，自己先吃一塊。不是他跟上級搶食，而是為上級試毒。河豚若是毒發，快得很，立時喪命，自己先嘗方可讓主公安全用餐。如此捨生忘死，怎不令主公感動。

當然，如果想博得上級信任，光當一個好廚子是不夠的。關於朱元璋的多部歷史小說，為我們展示了胡惟庸媚上的第二招——獻美。

熟悉明朝歷史的讀者都知道，當年與朱元璋爭天下的對手很多，其中最厲害的對手就是前面鄱陽湖大戰提到的陳友諒，這個陳友諒天下未定就匆忙稱帝，封了一個「皇后」叫達蘭，這個達蘭美貌非凡，有閉月羞花、沉魚落雁之美，在陳友諒兵敗後被明軍俘虜，暫押胡惟庸帳下。胡惟庸看出，朱元璋對達蘭表露出了強烈的好感。胡惟庸投其所好，為朱元璋偷香竊玉。而這個達蘭也並非冰清玉潔的人，她貪圖的是榮華富貴。在陳友諒那裡她是個「山寨」皇后，在朱元璋這裡雖然不是皇后，但卻是貨真價實的皇帝寵愛的女人，所以她願意配合胡惟庸，也感謝胡惟庸讓她回歸錦衣玉食的日子。做了皇帝愛妃的達蘭，自然要為胡惟庸的步步青雲吹朱元璋的枕邊風了。

除此之外，還有一項，就是陪玩。

《大腳馬皇后》這部歷史劇中展示的一個細節，為胡惟庸陪朱元璋玩增加了文學旁註。朱元璋當了皇帝後，天天上朝感覺很心煩，很想找個安靜地方休息下。胡惟庸立刻安排移駕紫金山行宮，他怕周邊有動靜吵了皇帝，就將方圓二十里內的野獸、雞狗全部清理乾淨，讓皇帝安靜渡假。然而，時間一長，朱元璋又靜極思動了，嫌這地方太冷清，連個雞鳴狗吠之聲都沒有。怎麼辦？現把那些野獸、雞狗叫回來是來不及了，胡惟庸就乾脆自己鑽進樹叢，一會兒學雞鳴，一會兒學狗叫。朱元璋見狀連連誇獎胡愛卿。胡惟庸學狗叫，也許是戲說的故事情節；然而，這個情節卻頗準確地道出了胡惟庸在朱元璋面前的定位——說白了，他就是朱元璋豢養的一條狗。人們養狗有什麼用？大型犬，看家護院；小型犬，寵物，逗主人開心。而這兩種用處，胡惟庸都具備。

那麼，為什麼胡惟庸不惜喪失尊嚴討好朱元璋，甘心做朱元璋的一條走狗呢？在此，我們可以分析一下胡惟庸的心理。出身底層社會的胡惟庸投靠朱元璋時，可能是想撈個一官半職，但大概做夢也沒想到，以自己那點墨水，竟能坐了王朝第二把交椅。所以當丞相這個大餡餅砸到他腦袋上時，他也是砸懵了，砸懵之後對他心理上造成了巨大衝擊，他受寵若驚。皇帝這麼提拔自己，那麼皇帝說什麼是什麼，讓殺誰就殺誰。所以，胡惟庸為朱元璋做事不遺餘力，甘願效犬馬之勞。

以上行為，足見胡惟庸諂媚朱元璋已經到了無恥的地步，但那只是他個人行為，丟的只是個人的臉。接下來他做的一件事，卻將整個士大夫群體「釘」上了恥辱柱。

我們知道，古代中國士大夫在君主面前，是以共治天下姿態出現的。唐宋時期，君臣對話，大臣是可以和君主一樣，坐下來對談的。但是到了胡惟庸這般時候，他卻主動降下身段，跪著與皇帝對話。

有歷史小說對「胡丞相自降身段」進行了生動描寫。

朱元璋在乾清宮御書房召見胡惟庸。

「微臣胡惟庸叩見皇上，吾皇萬歲萬歲萬萬歲！」胡惟庸在朱元璋面前永遠是那麼誠惶誠恐，叩頭請安、五體投地。

「胡愛卿平身，賜坐。」

「啟稟皇上，微臣在吾皇面前，猶如螻蟻之見太陽，小草之朝聖岳，皇上以布衣取天下，堪比斬蛇起義的漢高祖劉邦；平定四海、統一宇內之功，雖秦皇漢武猶有不及。微臣誠惶誠恐而猶為不及，豈敢貿然端坐？皇上您就賜臣站著回話吧！」

朱元璋非常高興，他說：「朕沒看走眼，卿家確是個幹才。好好好，你願意站著說就站著說。」

小說不是信史，肯定有演繹成分。但不管是不是胡惟庸開了個壞頭，明朝丞相在皇帝面前

第五章　君前站立：胡相自降士人身段

最卑賤的，當屬此人。史料確鑿記載，明代大臣在皇帝面前，不再有一席之地，只能跪著跟皇帝講話，皇上坐著，他得站著，皇帝躺下，他才能坐下。士大夫必須在君主面前矮半截，從而加劇了士大夫的地位卑微化。

胡惟庸深知朱元璋以曠世英主自居，所以不斷「攀登」頌聖的高峰，什麼「功高岱岳，德被四海」等等。胡惟庸的吹捧，有時朱元璋也覺得有點臉紅，不免要做下謙虛姿態，叫他多奏實事，「毋濫用侈辭」。

當然，姿態歸姿態。對於這個丞相群中最聽話、最下賤的胡惟庸，朱元璋起初也是寵愛有加。朱元璋寵胡惟庸到了什麼程度？

洪武九年，胡惟庸紅得發紫之際，朱元璋經常約見胡惟庸，君臣二人無話不談。有一次談興正酣時，突然，有個叫韓宜可的監察御史闖進門來，當面彈劾胡惟庸。稱其「險惡似忠，奸佞似直」，要求將胡惟庸就地正法。這個韓御史是什麼來路？他怎麼敢叫板胡丞相呢？

韓宜可，浙江山陰（今紹興）人。生於元末，因不滿元朝腐敗，所以拒絕為元朝做事。明朝建立後，韓宜可出山，任都察院監察御史。在任職期內，他因剛正敢言而名震朝野。不管你權力多大，官位多高，就沒有他不敢惹的人。韓宜可彈劾過的人遍及朝廷上下，既有權貴高官，又有各路藩王。

誰給了韓宜可這麼大膽子？正是朱元璋及其建立的言官制度。

韓宜可雖然剛烈，但並不傻。他清楚地知道：監察御史是幹什麼的？就是做皇帝的千里眼、順風耳，洪武大帝苦心設立的言官制度，並非為了培養那些沒原則的老好人。他想要的，正是自己這樣誰都敢咬的「忠臣」。

所以韓御史抱定信念，以鋤奸顯忠為己任，展現明朝言官火爆剛烈的形象，他每次彈劾人時所寫的奏摺，罵得穩準狠。有時候一些重臣被韓宜可罵急了，嚷嚷著要理論，朱元璋二話不說，直接讓人把奏摺送了去，要這些苦主駁斥，接著這幫人就清一色變成啞巴。他們實在罵不過韓宜可，所以這位韓大人鬥志旺盛。

這一次，他要鬥個大人物──彈劾權相胡惟庸。

結果怎麼樣？沒等胡惟庸開口，朱元璋先龍顏大怒了，當場對韓宜可罵道：「快口御史，敢排陷大臣。」後命錦衣衛將韓宜可拿下，打入死牢。

當然，挑戰胡惟庸的大臣不止韓宜可一個，還有禮部員外郎吳伯宗。

提及吳伯宗，那可不是一般人物，他是大明王朝首位狀元郎，朱元璋欽點的第一個狀元。

吳伯宗，西元一三三四年出生，江西金溪人。出身書香門第，曾祖吳可，是宋朝仕郎；父吳儀，是元朝進士，時稱「東吳先生」。

吳伯宗自幼聰穎，十歲即能為文。洪武三年（西元一三七〇年），大明舉行開國後首次開科取士，吳伯宗參加鄉試名列第一，獲得解元；次年殿試，因其相貌堂堂，氣宇軒昂，殿試答題也洋洋灑灑，應對自如，深得朱元璋喜愛，遂被點為狀元。作為明朝的第一個狀元，朱元璋對他青睞有加，不但賞賜了一堆冠帶袍笏，還封他為從五品的禮部員外郎。

吳伯宗表面性格溫厚，實質外柔內剛，不依附權勢，不遷就他人，哪怕遭受挫折也在所不惜。吳伯宗剛入朝時，正值胡惟庸當政弄權。這個吳伯宗覺得皇帝待自己不錯，所以也有點恃才放曠，看不慣胡惟庸玩弄權術，不肯對胡惟庸人身依附。不僅如此，他還向朱元璋上疏，告發胡惟庸的種種不法行為。沒想到，朱元璋不以為然。聞知此訊的胡惟庸反咬一口，說吳才子這個知識分子翹尾巴，打小報告要求處理吳伯宗，結果朱元璋准奏，將其貶到了基層工作。

為什麼胡惟庸在朱元璋心目中的地位超越了才子甚至開國功臣呢？除了朱元璋用人標準的變化外，還有一個重要原因，那就是胡惟庸善於揣摩朱元璋的心思。這裡又顯示了一個封建社會官場競爭定律——媚上者勝出定律。

任何一個熟讀歷史的人都能認識到：歷代官場中最成功的官員，其最顯著的特點是「會做人」，而不是「能做事」。這些「會做人」卻不怎麼「能做事」的人，往往能在競爭激烈的官場中成為常勝將軍。

而所謂「會做人」，並非是指普通意義上的人品高尚，而是在上級面前值得信賴。這個上級信賴對於下級官員而言，高於一切。道理很簡單，因為官出上級，科考只是取得了當官資質，實銜還得上級給予，且決定升遷。

在這樣的爭上游人群中，以小人和庸人為主體的媚上者，其競爭優勢就比功臣和才子大。能臣武將和才子們往往仗著自己的功勞和才氣不屑於投機鑽營，而小人和庸人們則不靠拍馬逢迎就無以生存。這就決定了他們必然會把自己的全部才智和心思用在迎合上級、籠絡上級上。人性中，有一個普遍弱點，那就是喜歡聽悅耳的好話，上級們更是如此，再加上以人身依附為特點的官場格局，做長官的十有八九更欣賞那些「會做人」者的表現。

由是，對胡惟庸受寵上位就很好理解了，一切都是封建人事制度環境使然。胡惟庸的媚上功夫，一般人做不到，也做不來。所以他的上位也就不難解釋了。

那麼，胡惟庸既然以媚上為能事，就不能差一樣東西——錢。靠俸祿孝敬上級杯水車薪，所以媚上者必會貪汙受賄，但貪汙受賄也就免不了有人告。我們知道朱元璋是最恨貪官的皇帝，朱元璋反貪絕對動真格，對貪官使用嚴刑酷法，無所不用其極。開國初期，朱元璋就非常動情地對大臣們說過這樣的話：

朕昔在民間時，見州縣官多不恤民，往往貪財好色，飲酒過度。凡民之疾苦，視之漠然，心實怒之。故今嚴法禁，但遇官貪汙蠹害吾民者，罰之不恕。

這句話的意思，朱元璋是說自己出身貧寒，受過剝削，對貪官汙吏深惡痛絕。

當然他這樣說也不全是作秀，做了皇帝的朱元璋，頒布了有史以來最為嚴厲的肅貪法令：貪汙六十兩以上銀子者，立殺。六十兩銀子是什麼概念，現代每克銀價約合新臺幣十八元，按明朝度量衡一兩三十七點三克銀子約合新臺幣六百七十二元，六十兩銀子約是新臺幣四萬元，貪汙受賄四萬元就是死罪，這個反貪標準絕對算得上是史上最嚴。

同時，朱元璋還有一套自己的廉政理論。他經常對那些即將走上工作職位的官員們諄諄教導：老老實實地守著自己的薪俸過日子，就像是守著井底之泉。井雖不滿，可卻能每天汲水，長久不斷。若是貪汙受賄，一旦事發，你就要受牢獄之災。家破人亡了，贓物都成別人的了！

後來，有御用文人將朱元璋的這套廉政理論無限解讀，上升到了哲學高度，美其名曰「守井哲學」。

嚴刑酷法，「守井哲學」，朱元璋為反貪可謂煞費苦心，可是洪武時期，官員貪汙受賄問題解決了嗎？解絕不了，就像朱元璋自己感嘆的那樣：「奈何朝殺而夕犯。」早晨殺了一批，晚上又冒出好幾批。一個倒下了，十個站出來，十個倒下了，千百個站起來。為什麼？朱元璋不明白，筆者這裡解釋一下：

因為反腐倡廉，不是殺雞儆猴的事，而是制度環境的事。

任何哲學、任何法律，都不能脫離現實行事。在大明時期，實行的是封建保守型官僚制度，這種制度下官員的實際俸祿並不高，而官員生存與升遷卻依然靠人身依附，所以官員貪汙受賄是必需的。比如按照朱元璋制定的俸祿標準，一位縣官每年的年薪是九十石稻米，朱元璋覺得這已經不少了，但他是拿自己以前當和尚的薪資水準比較的，不切實際。你想，一個縣長到地方上去做事，那麼多事情一個人怎麼完成，所以要找人做，招師爺招小工，招啥人不發薪也沒人來，這個錢國家不給，自己掏腰包。這些開銷倒是小事，最要緊的，是上貢，上級決定你的升遷，逢年過節、迎來送往，不「孝敬」行嗎？這樣一路算下來，一萬多塊錢的月薪，不等於讓縣長做無米之炊嗎？所以雖然朱元璋不停地殺貪官，但貪汙受賄有增無減，拋開官員的道德品格不講，僅就制度環境而言，有特權無高薪的官吏們如果不貪汙受賄，就難以生存升遷。

以媚上為能事的胡惟庸，當然也是個貪官。然而，朱元璋對胡惟庸的貪汙受賄，卻能網開一面。胡惟庸在主持中書省工作時，不少地方官都是他的人。其中，九江知府萬清堯就是他的鐵桿支持者。這人是個典型巨貪，貪到什麼程度？國家糧食儲備庫的糧食都敢動，而且一筆就是幾十萬石。九江府瑞昌縣知縣王德玉上報中央，告發萬清堯貪汙稅糧二十萬石。

王德玉的奏章首先轉到了中書省，執掌中書省的正是左相胡惟庸，所有奏章都必須丞相審查一遍才上交皇帝過目，胡惟庸看到這個奏章之後，大驚失色，馬上召集同黨，祕議後做假帳，統一口徑，防止此事牽連於他，他也知道，扣下奏章只能是暫時的，朱元璋遲早會知道，所以不得不上報朱元璋。

朱元璋看到奏章後，派出監察御史江真清前去審查此案，這個江真清沒有韓宜可那麼激進，他看出萬清堯是胡惟庸的人，而朱元璋對胡惟庸正寵，胡丞相不好惹，於是在查案過程中心存顧忌，向朱元璋匯報中竟說王德玉是誣告。同時，胡惟庸又發動私黨進行反擊，彈劾王德玉，朱元璋於是斷定，這是起誣告案，就殺了王德玉。

此事過後，又發生了一件事，使得胡惟庸在朱元璋面前重樹了廉政形象。前面講了，胡惟庸執掌中書省，地方官員的升遷都得過他這道關。結果，也不知道哪個不開眼的地方小官，恰在反腐倡廉時給胡惟庸送禮，也不知是送的錢少了，還是要的官大了，活該撞槍口倒楣，被胡惟庸當作行賄者典型給殺了，然後向朱元璋上交賄金：你看這個傢伙多可惡，以為我是貪官呢。我深受皇恩，以天下為己任，嚴於律己，豈敢徇私枉法，賣官鬻爵？

胡惟庸為了表示自己沒有貪汙，借殺送禮人以示清廉。而朱元璋有來無往非禮也，回贈「皇恩寵錫」匾額，可謂恩寵備至。君臣二人就這樣珠聯璧合，互相利用，不亦樂乎。朱元璋對胡惟庸寵到極致時，誰告胡惟庸，朱元璋不但不去追究，反而會將舉報者交給胡惟庸自己處理：這人告你，你看著處理吧。

這不明擺著讓舉發胡相者找死嗎？如此，誰還願白白送死呢？

總之，胡惟庸受寵時，那可真是無人可及。沒人敢在朱元璋面前說胡惟庸半句壞話，因為反胡即反朱，誰告胡惟庸誰死。

第六章　皇探密報：胡相結黨，尾大不掉

從洪武六年胡惟庸成為右丞相，到洪武十年高居左丞相，再到洪武十三年大開大合，胡惟庸與朱元璋君臣合作七年，有不算短的一段「蜜月」期，但「蜜月」後期，漸漸心理都起了變化。那是怎樣的變化呢？

《明史．胡惟庸傳》記載：

惟庸獨相數歲，生殺黜陟，或不奏徑行。內外諸司上封事，必先取閱，害己者，輒匿不以聞。四方躁進之徒及功臣武夫失職者，爭走其門。

吉安侯陸仲亨、平涼侯費聚因過遭帝「責之」。惟庸「脅誘二人，密相往來」。

這段史料，既記錄了胡惟庸的變化和不法行為，同時也道出了朱元璋對胡惟庸由寵到恨的心理根源——早請示晚匯報沒有了，取而代之的是先斬後奏、自作主張；皇帝的敵人不是胡惟庸的敵人，而是結黨營私的朋友夥伴。

胡惟庸前面的問題在於太不拿自己當人，後面是太拿自己當人。

事情正是按照這個節奏發展變化的。

如此，不免使得朱元璋大為惱火：我的天下我做主，什麼時候輪到你胡惟庸？我打天下你

坐天下，哪有這樣的好事？

依這段史料看，君相反目，錯在胡惟庸——他自滿了。就像家長寵孩子的結果一樣，久慣必生嬌驕二氣。皇帝朱元璋包庇縱容時間一長，胡惟庸產生了受寵若驚後的第二個心理變化——得意忘形。所以就怪不得皇帝生氣要整治他了。

但是，大家想過沒有，朱元璋為何要慣他，慣成後再生他的氣？不得不令人生疑，這是朱元璋的一個局——他要讓胡惟庸觸底，然後順勢反彈之。

觸什麼底呢？觸朱元璋的底。朱元璋對器重的臣子什麼事都可以網開一面，貪汙受賄都可以容忍，但唯獨一樣，一旦觸碰，朱元璋絕不容忍。什麼東西？那就是爭權。顯然，胡惟庸的以上行為，就是爭權，突破了朱元璋的底線。

也許有人會問，胡惟庸幹這些事，都是偷偷摸摸的，朱元璋怎麼知道得這麼詳細？

朱元璋除了用人治人上有一套外，搞情報工作也是很厲害的。我們前面說過，中國歷史上有兩個著名告密時期，一個是武則天的大周時期，另一個就是朱元璋的大明洪武時期。在這兩個時期，「特務」生逢其時，全國處處都有皇帝的眼線。

朱元璋的情報工作無孔不入，有這樣一段故事為人們所熟知：

朱元璋手下有個叫宋濂的大臣，從朱元璋起兵時就跟著他，開國後被委以重任，被朱元璋譽為「開國文臣之首」。但是對這樣的大臣，朱元璋的情報工作也沒放鬆。有一天，宋濂在家裡請幾個朋友喝酒，上了一些酒菜。次日上朝，朱元璋問他：聽說昨天你家來客了？吃點啥喝點啥呀？宋濂是個老實人，照實回答來了幾個朋友，然後開始報菜名——蒸羊羔，蒸熊掌，蒸鹿尾兒，燒花鴨，燒雛雞兒，燒子鵝，滷煮鹹鴨，醬雞臘肉，松花小肚兒……

朱元璋頻頻點頭：嗯，對上了，你是個老實人，沒欺騙我！

原來，在宋濂家人中，朱元璋早已安插了自己的人。那個朱元璋安插的人，每天都在監視宋濂的起居，家中一有情況就馬上報告朱元璋。所以朱元璋對宋濂的情況無所不知。經過對菜單一事，朱元璋洋洋得意，而宋濂從此惶惶不可終日。

類似諜報層出不窮。有個翰林叫錢宰，從朱元璋那裡領了一項文書工程，重編《孟子》語錄，因為朱元璋對孟子的有些話很不滿，比如「君為輕」「民為貴」。老百姓比君主重要哪行？於是命令手下文人加班加點，重新「肢解」《孟子》，這個錢宰每天早出晚歸，累得要命。有一天下了夜班，一邊往家走一邊做了首詩，有些發牢騷的意思：「四鼓咚咚起著衣，午門朝見尚嫌遲，何時得遂田園樂，睡到人間飯熟時。」第二天，朱元璋對他說：「昨日你做的那首詩不錯，不過我並沒有嫌你來得晚啊，只是怕你們不勤奮，你看把那個『嫌』字改作『憂』字如何？」錢宰嚇得魂飛魄散：我一個人嘀咕皇帝怎麼知道的？連忙磕頭謝罪。

還有一個擔任國子祭酒的官員，叫宋訥。有一次，遇到點不開心的事，獨自坐在自家後花園生氣。第二天上朝朱元璋問他：你昨天生誰的氣？宋訥大吃一驚：我生氣了嗎？朱元璋拿來一幅畫讓他看。宋訥拿來一看，自己生氣的表情被畫得唯妙唯肖。原來朱元璋安排的「特務」，不僅跟蹤大臣，而且還進行素描工作。

說到明朝「特務」，我們都知道錦衣衛。這是朱元璋的發明，但這個錦衣衛是怎麼來的，可能很多人就未必詳細了解了。

他們相當一部分來源於朱元璋精心打造的檢校。前面提到的右相楊憲，就幹過這個工作。這個檢校明為「言官」，實際上是特務，專查官員隱私。朱元璋的特務網就是由前檢校和後錦衣衛組成的。如果說錦衣衛是軍統，那麼檢校就是中統。他們一個用劍殺人，另一個用嘴殺人。朱元璋任用這些人，等於在每個官員頭上懸了一把劍，所有官員在朱元璋面前，等於透明，沒什麼隱私可言。

朱元璋培養了不少著名特務，從右丞楊憲到首任錦衣衛都指揮使毛驤，都可以稱為傑出特務。這些人只對皇帝一人負責，就像藏獒一樣，只認一個主人，其餘人無論和皇帝是什麼關係，都可以撕咬。文武百官遇到這些人，就像遇到狂犬了，必須拐彎跑，要直接撞上很容易被咬，咬上可就沒救了。

這正是朱元璋所要的效果。在特務的監視下生活起居，哪個大臣的一舉一動能逃出皇帝的視線？

雖然胡惟庸既是寵臣，也發揮了收集人情報等特務功能，但也毫不例外地受到朱元璋的特務「照顧」，尤其在君臣關係出現縫隙的後期，朱元璋派人在胡惟庸家門口放了暗哨重點盯防。特務整治特務，更叫一個狠。胡惟庸的不法行為，被一心想立功的特務們添油加醋，傳到了朱元璋耳朵裡。

幾個與胡惟庸來往密切的重要頭目陸續進入了特務及其主子朱元璋的視線。

吉安侯陸仲亨

陸仲亨，西元一三三六年出生，貧民出身，朱元璋的同鄉，濠州人，從小就喜歡舞槍弄棒。陸仲亨在天下大亂時加入紅巾軍，成為朱元璋的部下，跟隨朱元璋渡過長江，攻取太平府，打下諸多郡縣，立下了汗馬功勞，是淮西二十四將中表現比較突出的一位。陸仲亨在平定陳友諒的過程中立功頗多，朱元璋稱帝後，陸仲亨任江西省平章政事。洪武三年，朱元璋賞賜征南將士，封陸仲亨為開國輔運推誠宣力武臣、吉安侯、榮祿大夫、柱國、同知大都督府事，食祿一千五百石，世襲罔替。

平涼侯費聚

費聚，出生年月不詳，安徽五河人，年輕時精通武藝，因武藝高強且相貌偉岸，受到朱元璋的器重，遂與其結交。費聚早年便跟隨朱元璋，也是朱元璋淮西二十四將之一。先後隨朱軍平定陳友諒、張士誠、方國珍、陳友定等割據勢力，參與了援救安豐、兩定江西、攻克武昌的戰役，決戰張士誠時表現英勇。張士誠當時已建立吳國，派軍與朱元璋對決，費聚一馬當先，擒獲吳軍元帥宋興祖，大敗吳軍。吳軍銳氣大挫，終被朱軍消滅。

大明開國第二年，費聚隨徐達攻取西安，改任西安衛指揮使。洪武三年，費聚被授為開國輔運推誠宣力武臣、榮祿大夫、柱國，封平涼侯，食祿一千五百石，子孫世襲，並獲賜免死鐵券。

延安侯唐勝宗

唐勝宗，西元一三三五年出生，朱元璋同鄉，濠州人，十八歲隨朱元璋起兵，亦列淮西二十四將。唐勝宗在大小戰役中有勇有謀，充分展示了他的軍事才華。徐達大軍攻克常州之後，進而圍困寧國。張士誠援軍來救，唐勝宗「扼險力戰，敗其援兵」，寧國遂降。征討陳友諒時，為了打下死守的安慶城，唐勝宗「為陸兵疑之，出不意，搗克其水寨」。這兩場戰役，可以說是唐勝宗軍事才華最典型的展現，前者反映了其作戰勇猛、能打硬仗的一面，而後者則反映了他謀略過人、非匹夫之勇的一面。由於他在朱元璋得天下的過程中扮演了重要的角色，因此他也得到了朱元璋的器重。洪武三年，他被封為延安侯。

南雄侯趙庸

趙庸，濾州（今安徽省合肥市）人，早年獨霸一方，屯兵巢湖，後歸順朱元璋。趙庸作戰勇敢，屢立戰功，後升為參知政事、中書左丞。洪武元年兼任太子副詹事，隨大軍攻破河南、河北、山西、陝西。跟隨常遇春北追元帝。後與李文忠攻慶陽、應昌。功勞很大，封為南雄侯。

御史大夫陳寧

陳寧，生年不詳，湖南茶陵人。出身元朝小吏，後投靠朱元璋。因有才能魄力，而且性情嚴酷刻薄，屬於朱元璋欣賞的酷吏型臣子，所以一直被提拔重用。朱元璋曾派他到蘇州徵收賦稅，為了撈取政績，他橫徵暴斂，對他認為的偷稅漏稅者大肆用刑，燒紅鐵烙人皮膚。官民深受其苦，稱他為「陳烙鐵」。陳寧的兒子看不過父親的暴行，多次勸誡，陳寧惱怒了，捶打了兒子幾百下，把兒子打死了，可謂毫無人性。但這樣的人，在洪武初期卻不耽誤升官，從小吏一直做到御史中丞、左御史大夫。

……

據特務來報，以上這些人與胡惟庸經常密謀，有不軌跡象，而且他們還在朝堂內外不斷擴大勢力。

特務們還找出了一連串證據，說胡惟庸與陳寧在中書省偷閱「天下軍馬籍」。「天下軍馬籍」就是軍隊的造冊。

明初的軍隊冊籍歸大都督府掌管，大都督府與中書省、御史臺並駕齊驅，為大明三大中樞機構、中央三駕馬車。明朝初年繼承的是元朝制度，在三大中樞機構中，中書省組織龐大，職權很大，以左、右丞相為長官，此外還設有平章政事、參知政事等高級官僚，以及作為具體辦事人員的左右司郎中、員外郎、中書舍人等，而中央政府的吏、戶、禮、兵、刑、工六部，只是中書省下屬的機構，六部的長官尚書、侍郎只不過是丞相的屬員。

當時，中書省不但有「綜理機務」的職權，而且全國各地、各部門給皇帝的奏章也要「先白中書省」，一切以皇帝的名義發出的詔令、諭旨，也要經過中書省傳達，儼然是設在皇帝和各國家機關中間的一級權力部門，是皇帝與各國家機關進行聯繫的中轉站。所以，丞相是處在皇帝一人之下，高踞於百官之上的特殊人物。

而大都督府，則是明初設置的全軍最高指揮機關，掌握全國軍隊，既有統兵權，又有調兵權。

明初御史臺權力也不小，既是中央行政監察機關，也是中央司法機關之一，負責糾察、彈劾官員，肅正綱紀。御史中丞為御史臺主官，御史臺主要成員有監察御史等。

一心強化君主專制的朱元璋，在建制初始就死握軍權。規定軍隊只有皇帝能直接指揮，其他衙門包括中書省都不能過問。五軍都督府所掌握的都司衛所事務，兵部官員亦不許插手。史學者陳衍《槎上老舌》記述：「祖制五軍府，外人不得預聞，唯掌印都督司其籍。」明朝前期，連主管軍政的兵部尚書都不許查閱軍隊冊籍，胡惟庸卻不顧禁令，將大都督府掌管的軍隊冊籍弄到中書省，與陳寧一起查閱。

這難道不是為調動軍隊做準備？多疑的朱元璋警覺起來，他籌劃的那盤很大的棋局，已長考許久，所有準備工作差不多了，該進入收尾階段了。

第七章　洪武帝變臉：中書省裡沒好人

洪武十一年，朱元璋未雨綢繆，開始著手整治中書省了。

三月，他下令「奏事毋關白中書省」，也就是以後各部各地奏事，不必經過中書省這道關。如此，便切斷了中書省與部級長官的聯繫，中書省逐漸變成了空殼。

胡惟庸感到權力如流水一般，正從自己指縫潺潺溜走。於是，不得不加快自救步伐，開始結交大伴。

也許有人會問：胡惟庸為什麼要以結黨營私自救？他已經位極人臣，順朱元璋的意，當他的丞相，善始善終不好嗎？

不好。因為不可能。

為什麼不可能？要解開這個疑惑，必須要再深度交代一下他的主子是怎麼回事。

到今天，我們依然不能說朱元璋是昏君，但是，打天下時的朱元璋，與坐天下後的朱元璋，判若兩人。

為把胡惟庸的自救行動說清，這裡不妨把他主子朱元璋的「轉變」根系再刨深些。

當朱元璋還不是皇帝時，他是一個眾望所歸的明主。

元末天下大亂，農民起義風起雲湧。從起事的時間而論，朱元璋參加革命時間是比較晚的。待他單獨領兵時，不少「革命前輩」已經成了氣候。但到頭來，為什麼無根無基的朱元璋得了天下呢？

主要是因為得人心。

首先，他抓住了窮人的心。朱元璋懂得窮人的心。因為他早年就是窮人，赤貧，知道百姓生活的艱難，知道百姓的期望是什麼，所以他常常自比堯舜，宣揚要建立一個沒有壓迫、百姓安居樂業的社會。

另外，朱元璋還抓住了知識分子的心。在中國歷史中，農民起義軍要想成事，沒有讀書人的出謀劃策是不行的。在打天下時，朱元璋和讀書人的關係非常好，經常在一起圍爐夜話，這些知識分子，把朱元璋當作知己仁君。

最後，他還抓住了整個民族的人心。元帝國實行民族壓迫政策，漢人被列為四等人，備受歧視。而朱元璋北伐時打出了「驅逐胡虜，恢復中華」的旗號，這個口號比後來孫中山領導的同盟會「驅除韃虜，恢復中華」的口號早了六百年，當然他沒有人家同盟會的後兩句「平均地權，建立民國」，但僅僅這前兩句也了不得。借此，朱元璋一躍成為帶領漢民族反抗元朝的民族英雄。

常言道，得人心者得天下。就這樣，朱元璋靠得人心得了政權。然而，成為洪武大帝后，那個海納百川的仁君不見了，一個反覆無常的暴君出現了。

朱元璋的這種變化，說來說去，還與他的身世有很大關係。朱元璋早年赤貧，到了飯都吃不上的地步，被迫到寺為僧吃百家飯，飽嘗世間人情冷暖。他成為開國皇帝後，人生巨變，令他的心理也發生了重大變化。之前他一窮二白，沒什麼可擔心的，所以廣交豪傑，兄弟相待。之後，得意和憂鬱一起湧上心頭，擔心文臣們會鄙視他出身貧賤，武將們會篡奪他的皇位。從心理學角度講，此時的朱元璋，已經患上了嚴重的精神疾病，用今天的話說，就是焦慮症，具體表現就是疑神疑鬼、喜怒無常。

朱元璋的疑心病重到令人髮指的地步，在他統治的時期，很多大臣拍馬屁拍到馬蹄上，糊裡糊塗地送了命。比如浙江有一個學士，寫了一篇賀表來吹捧他，其中有「光天之下，天生聖人，為世作則」之語，朱元璋竟認為「光天之下」是諷刺自己是沒頭髮的和尚，「作則」是挖苦自己做賊，於是下令將這個馬屁精處死。

翰林編修高啟作詩：「小犬隔花空吠影，夜深宮禁有誰來？」

朱元璋說：罵誰是小狗呢？斬。

御史張尚禮作詩：「夢中正得君王寵，卻被黃鸝叫一聲！」

朱元璋說：說誰不是好鳥啊？殺。

兗州知府盧熊把「兗」錯寫成「衮」。

朱元璋說：這是讓誰滾呢？砍了！

反覆無常的朱元璋無疑是個不理性的強人，長期陪伴在這樣不理性的上司的身邊，屬下會出現怎樣的心理變化呢？

關於「不理性」，現代科學家曾做過這樣一組實驗：把一群白鼠分入兩籠，對一個籠子裡的白鼠給以有規律的電擊，另一籠則無規律電擊，結果遭到無規律電擊的那群老鼠很快就瘋了。這說明什麼呢？不理性到了一定程度就會發瘋。那些強人帝王不理性到了極點時刻，不是自己發瘋，就是把屬下逼瘋。

想必洪武時代的官員們在朱元璋手下也是備受煎熬。政治環境惡劣，皇帝過分神經質，太不好伺候。即便是寵臣胡惟庸，在這種環境下或許也不免感嘆，自己像朱元璋手裡拽著的一隻風箏，讓你升，你高入雲端，讓你降，你就垂直落地，完全由不得自己。

在這種情況下，官員想不死，只有兩種做法——或者主動遠離權力中心，或者結黨營私，結成利益共同體。胡惟庸的做法，基本可以歸為後者——結黨。他想給朱元璋來個尾大不掉：我團結了那麼一大群人，你能輕易廢掉我嗎？會傷元氣的。

後來據朱元璋統計，胡惟庸在官員群中拉起了三萬人的隊伍，當然這個數字肯定有些誇大，但是，胡惟庸確實也拉攏了一些人，這些人為什麼會心甘情願跟著胡惟庸走呢？

原因有兩個。第一個原因，一些人看著胡惟庸受寵，以為跟著胡惟庸，就是和朱元璋站到一起了，比較安全。

前期情況的確是這樣。

筆者在前面講了，朱元璋隊伍有兩大幫派，開國後，形成兩大黨爭集團——浙東集團和淮西集團。朱元璋起初打一個拉一個。打浙東黨拉淮西黨，在這個過程中，胡惟庸起了重要作用。此時，胡惟庸絕對是個鬥士，其兇猛程度不次於藏獒類大型犬。他的主人無疑就是朱元璋。誰和胡惟庸站到一起就是和朱元璋站到一起。所以大明早期權力鬥爭中，官員都想站到朱元璋這邊，就主動和朱元璋的紅人胡惟庸套交情。但當浙東集團勢弱，尤其是丞相職位出現權力真空時，朱元璋又不能容忍胡惟庸這批人獨大了。而群臣大多是牆頭草，意識不到這一點，只知道朱胡一體化，所以一股腦地跟著胡惟庸走。

那麼第二個原因是什麼呢？就是同病相憐。有一部分人，懷著與胡惟庸同樣的恐懼與苦水。他們和胡惟庸一樣，實在是跟不上朱元璋變臉的速度了。

比如吉安侯陸仲亨與平涼侯費聚這兩人，是較早被胡惟庸拉攏為死黨的。這兩人原是武將，能征善戰，也立下了赫赫戰功。他們為什麼跟胡惟庸走？因為被朱元璋苛責。開國前的朱元璋寬容大量，開國後卻以嚴刑酷法治國，對大臣求全責備，不允許臣子辦事有絲毫閃失。這個陸仲亨就因為公車私用、騎了公家驛站的馬，被罰往邊關剿匪；而費聚呢，因為多喝了幾杯酒耽誤公事，被罰往西北邊陲做統戰工作——招降蒙古人。但蒙古人也不是好應付的，統一戰線收穫不大，所以回來又被朱元璋大罵，看這意思弄不好要來個秋後算帳。

於是，二人滿腹苦水地來到胡惟庸家喝悶酒。酒過三巡、菜過五味，二人敞開心扉，大嘆跟著朱元璋混多麼不易，最後胡惟庸也開始說實話：咱們這些過來人，誰沒有小辮子？如果皇帝繼續為難你們，有好下場嗎？

兩人聽了非常害怕，於是，決定與胡惟庸結黨。

還有延安侯唐勝宗。十八歲就跟著朱元璋衝鋒陷陣，本想開國後能享榮華富貴，不料朱元璋對他的態度逐漸由撫慰轉為了嚴酷。唐勝宗僅因「坐擅馳驛騎」，也是公車私用，就被「奪爵，降指揮」，一下子由副國級降為副局級。雖然後來因為鎮壓農民起義需要用人，派他去打仗，朱元璋重新認識到了他的價值，「久之，復爵」，但是，朱元璋這種翻手為雲，覆手為雨，反覆無常的做派，已經折磨得唐勝宗痛不欲生，讓他非常鬱悶，所以也和鬱悶的胡惟庸有了共同話題。

至於南雄侯趙庸，就更壓抑了。本來在打天下階段，他功勞很大，應該封公，但有人向朱元璋舉報趙庸私納奴婢，違規招了幾個通房丫鬟，所以朱元璋翻臉，不得封公，降格為南雄侯。趙庸滿肚子委屈，向誰說呢？胡丞相便是很好的傾訴對象。

再有，胡惟庸的伯樂李善長，也與胡惟庸沒斷聯繫。他被朱元璋打發回老家養病，病好了也未能重回相位，而是被皇帝當臨時工使用，從此邊緣化。即便如此，朱元璋還是不停地折騰他。一次，李善長奉旨到北平辦事，完事後回瓜州歇息。不料，皇帝宣使來說：聖旨教你回鳳陽住。須知，瓜州位於甘肅，西北邊陲，而鳳陽遠在安徽，中南名城。兩地相隔遙遠。也就是說，朱元璋連李善長在什麼地方休息都要指定，不管你鞍馬勞頓。李善長不免嘀咕：我給皇帝都辦完事了，還管我住哪裡，我這麼一大把年紀，還要南北兩頭來往走。後來，見到胡惟庸，李善長就免不了要吐苦水。想必胡惟庸此時也是唏噓不已，對這位老長官不乏同情。

那麼，胡惟庸與朱元璋之間的距離又是如何拉大的呢？他到底是因為什麼事令朱元璋開始產生不滿？事實是，胡惟庸儘管謹慎小心，但還是跟不上朱元璋變臉的速度，朱元璋漸漸對他喪失了信任。

情報工作對胡惟庸也是越來越不利。於是，胡左相就成了朱元璋下一個要除掉的人。而這一切，胡惟庸尚蒙在鼓裡，他一方面有些得意忘形，一方面加強結黨。以為自己團結的黨內外人士越多，朱元璋越不會輕易動他，但是他低估了朱元璋。對任何動了他權力的人，朱元璋都絕不手軟。皇帝的這盤大棋，是一定要下到底的，且必須贏！

其實，朱元璋自登基起，就看中書省和相位不順眼了，但他不動聲色，謀劃棋局，胡惟庸可以說是朱元璋收官的最後一枚棋子。

作為老棋手，朱元璋謀局長遠，他針對中書省與相權的奪權行動，用的是溫水煮青蛙的手段。早在洪武六年三月，為限制相權，朱元璋就發明了一個特殊工種——定設六科給事中。

這給事中是什麼官，具體是幹什麼的呢？

給事中官階比較低，只七品，和縣官平級，但在明代卻是個很重要的官。給事中依照尚書六部分六科：戶部給事中、兵部給事中、禮部給事中等。皇帝詔書經尚書分行全國，對此六科給事中有反對駁回權，謂之封駁。六部尚書呈給皇帝的報告，給事中也有權說不，原議擱下，謂之科參。但是他們只有反對權，沒有決策權，一切最終決策權在於君主。說白了，給事中是皇帝的監工，替皇帝監察六部的。本來，監管六部是中書省丞相的職權範圍，而朱元璋在省部中間插了六科給事中，顯然是擺了中書省一道。

在沒撤銷中書省和廢相之前，朱元璋令給事中記錄「旨意」和掌管「機密重事」下達各部，從而限制了中書省參與決策的權力。洪武九年六月，朱元璋藉口「躬覽庶政」，下令撤銷行中書省，改置布政司、都司和按察司。所謂行中書省，就是行動中的中書省，是流動的中央政府辦公署，朱元璋就是想把地方行政、軍政和司法大權上移，集中到中央。

接著，洪武九年閏九月，朱元璋下令取消中書省的平章政事和參知政事。為什麼這樣做？《明太祖實錄》給出了一個冠冕堂皇的理由：「唯李伯昇（平章政事）、王溥（右丞）等以平章政事奉朝請者仍其舊。」

意思是說：擔任這些職務的人只參加朝會而不辦實事，因為李伯昇是投降的張士誠部將，王溥是投降的陳友諒部將，中書省職位是給他們的一種榮譽待遇，徒有虛名，不如撤了省事。

這還不夠，洪武十年五月，朱元璋又令李善長與朱元璋的親外甥李文忠共議軍國重事，「凡中書省、都督府、御史臺悉總之，議事允當，然後奏聞行之」，又「命政事啟皇太子裁決奏聞」。九月，擢升胡惟庸為左丞相的同時，將中書省的佐理官員全部調空。十一年三月，更下了本章開頭所述的那道命令——「奏事毋關白中書省」，切斷了中書省與中央六部和地方諸司的聯繫，使中書省變成了空架子。下一步，便是選擇適當的時機撤銷中書省，以便獨攬大權，「躬覽庶政」了。

由此可見，洪武十三年對胡惟庸動手之前，朱元璋早就開始致力於削弱丞相和中書省的權力，強化君主專制的中央集權。而什麼胡惟庸「獨相數歲」，都是朱元璋的設計，是兵棋推演的盤內招，棋局走到了那一步，胡惟庸想不「獨相」都不行，因為朱元璋已經有計畫地將中書省掏空了！

胡惟庸不蠢，眼看自己的權勢受到抑制和削弱，深感焦慮和不安。他知道，如果中書省被撤銷，丞相的官職也將被廢除，他苦心經營的一切都將付之東流。

而這一邊，由寵生恨的朱元璋，為了實現最後一擊，下令對胡惟庸的大門嚴防死守。熱鬧的胡府與空蕩蕩的中書省，已是山雨欲來風滿樓。

第八章　朱滅汪廣洋：不做君棋亦當死

洪武十二年歲末，大明中書省烏雲密布。新年的鐘聲即將敲響，胡惟庸的生命進入了倒計時。

在收官胡惟庸這盤棋局之前，朱元璋做了最後的熱身，捏了一個軟柿子——右相汪廣洋。

汪廣洋生年不詳，據《汪氏族譜》考證，汪廣洋祖上世代為官，祖上汪華為唐越國公，到了祖父汪冠世這一脈，由安徽老家遷徙到江蘇高郵，所以汪廣洋就成了江蘇高郵人。

此人小時候很聰明，也有神童美譽，師從元朝名臣余闕，還未下山就已是遠近聞名的才子了。元末，汪廣洋考中進士，但還沒得到實職，天下就大亂了。

因為汪廣洋在沒下山前就已經成名，所以他和前幾位丞相不同，不是主動投靠過來的，而是朱元璋慕名請來的。

元至正十五年（西元一三五五年），朱元璋率領義軍渡過長江防線。作為一個雄視天下的風雲人物，當時的朱元璋求賢若渴，聞汪廣洋才名，於帥帳之中召見。兩人相談甚歡，朱元璋非常欣賞汪廣洋的才能和識見，當即留任軍中。史料記載，與朱元璋第一次見面談話後，汪廣洋被「召為元帥府令史，江南行省提控。置正軍都諫司，擢諫官，遷行省都事，累進中書右司郎中。尋知驍騎衛事，參常遇春軍務。下贛州，遂居守，拜江西參政」。

朱元璋起初重用汪廣洋，是抱有劉備對待諸葛亮一般的期望值。而此時的汪廣洋，也頗有些諸葛亮轉世的味道。史載他「通經史，善篆隸，工為詩歌」，跟定朱元璋後，戎馬倥傯之時，他常有吟詩作賦的閒情逸致，其〈珠湖隱者篇〉風格豪邁：「李白醉著宮錦袍，倒騎長鯨鞭怒濤。笑歌濯足九江水，睥睨萬象輕鴻毛……」讀他的詩，能夠感受到金戈鐵馬的鏗鏘韻律，令人頓生敬畏之感。

洪武元年，即朱元璋登基後的第一年，「以廣洋廉明持重，命理行省，撫納新附」，將他派往山東，安撫新歸附的民眾，「民甚安之」。這表明汪廣洋不僅能打仗，而且還善於安撫民心。因其業績突出，「是年召入為中書省參政。明年出參政陝西」。

洪武三年（西元一三七〇年），李善長面臨病退，汪廣洋被朱元璋任為中書左丞，成為丞相首席助理。

誰知大明開國後，現實殘酷起來，此人開始顯出原形。朱元璋方知此人不是「諸葛亮」，而是白面書生「孫乾」。汪廣洋表面上羽扇綸巾，實質從性情上講卻膽小怕事，為相後一直戰戰兢兢，凡事不敢做主。

汪廣洋為左丞時，搭檔是右丞楊憲。雖然左丞是中書省長官首席助理，但汪廣洋這個首席卻懼怕次席楊憲。前面已交代過，楊憲乃檢校出身，處事霸道，善於專權。汪廣洋的職位在楊憲之上，儘管遇事處處避讓，甚至違心依從，但是仍然不能免去楊憲的嫉恨。楊憲唆使御史劉炳彈劾汪廣洋，罪名是「奉母無狀」，說汪廣洋對老母親不孝。明代標榜以孝治天下，不孝便是大罪。至於劉炳是否真正掌握了汪廣洋對母親不孝的真憑實據，我們不得而知，反正汪廣洋沒有做出有力的辯解，更沒有反擊。朱元璋嚴詞斥責汪廣洋，將其削職為民，放逐還鄉。楊憲感覺處分還不到位，擔心他日後鹹魚翻身，便再次向朱元璋奏本，要求處分升級，流放汪廣洋，但是朱元璋沒有同意，對汪廣洋暫時沒有趕盡殺絕。

汪廣洋被貶，楊憲沒得意多久就被胡惟庸聯合李善長給除掉了。朱元璋處死楊憲後，召回了汪廣洋。洪武四年（西元一三七一年）正月，李善長因病告老還鄉。中書省的工作不能沒有人主持，朱元璋便啟用汪廣洋，拜為右丞相，主持中書省工作。但汪廣洋還是一如既往，謹小慎微，事事請示，對朝政從不主動置詞，這又令朱元璋十分失望。洪武六年正月，朱元璋以「廣洋無所建白，久之，左遷廣東行省參政」，罷免了他的相位。

汪廣洋被驅逐後，精明強幹的胡惟庸被朱元璋安插進入中書省，接任右丞相。洪武十年，升左丞相。同年，為改變胡惟庸一人獨相的局面，朱元璋再拜汪廣洋為右丞相，以期造成制衡作用。但是汪廣洋懾於當時的政治風氣，舊習不改，且變本加厲，迷上了美酒，沉溺於詩酒不能自拔。他事事調和，隨波逐流，並沒有造成應有的牽制作用，重要公務「唯從他官剖決，不問是非，隨而舉行」。對此朱元璋很不滿意，曾經多次約談汪廣洋，對其進行警告。可是江山易改，本性難移，汪廣洋總想以不變應萬變，所以仍然我行我素，始終一副唯唯諾諾的樣子。

在朱元璋徵詢劉伯溫丞相合適人選時，也提到了汪廣洋，劉伯溫對汪廣洋的評價是「器量褊淺，比憲不如」。說汪廣洋難成大器，格局還不如楊憲，不是當丞相的料。

縱觀汪廣洋的幾起幾落，其直接的原因是不作為、當「好好先生」，他的致命弱點在於謹小慎微、性格懦弱，以致到了窩窩囊囊的地步。其實這種「好好先生」的本質，還是自私膽小，但求自保。汪廣洋採取此種「鴕鳥」策略，也是看透了當時的權力格局。當時朝廷中派系分明，以李善長為首的淮西派勢力最大，以劉伯溫為首的浙東派次之，而汪廣洋無黨無派，勢單力孤，不具備跟其他派系抗衡的實力，只能當縮頭烏龜，做逍遙派。

可見汪廣洋雖然膽小，但卻很聰明，是個識時務的人。從昔日與朱元璋相談甚歡，到後來的「無所建白」，從原來的「屢獻忠謀」到後來的「浮沉守位」，從早年的文采風流到後來的以詩酒自保，做了丞相的汪廣洋彷彿換了個人一般。

為什麼他變了？因為他看出了苗頭，朝中風向變了，同僚變了，最重要的是皇帝變了。

當年朱元璋未得天下之時，正是用人之際，希望天下雄才盡入自己彀中，希望天下謀士都為己用。那個時候他尚有容人之雅量，因而汪廣洋可以毫無顧忌，侃侃而談，直抒己見。從來共患難易，同富貴難，打天下的皇帝和坐天下的皇帝有著根本的不同。朱元璋成了一言九鼎的天子，儘管他也號稱大帝，但是與從諫如流的李世民相比，則是一個猜忌心極重的人。「伴君如伴虎」、「言多必失」、「沉默是金」，以汪廣洋的性格，他的選擇必然是沉默，以為自己「好歹不開口」，誰也不能將自己怎麼樣。

事實證明，汪廣洋的選擇是錯誤的，不開口這一招對付一般暴君或許有效，但對不一般的朱元璋則不靈。朱元璋比閻王還難對付：你汪廣洋沉默，說明你對我還有所保留，還不是真正的忠心不二；你既然想沉默，那我就砍下你的腦袋，讓你永遠沉默！

史料記載，汪廣洋越是想逍遙，朱元璋越偏不讓他逍遙，反覆折磨這個可憐的文人。兩次拜相不久，汪廣洋又再次罷相，時隔不長時間，又「復召為左御史大夫」。左御史大夫負責監察百官，汪廣洋在左御史大夫任上僅上過一次彈劾他人的奏章。洪武九年，他聯合御史大夫陳寧上疏進言，矛頭所向，直指李善長和他的兒子——駙馬都尉李祺。他說李善長恃寵而驕，皇帝生病有近十天沒有臨朝視事，他卻不問候一下，駙馬都尉李祺有六天不上朝，還不肯謝罪。

從彈劾內容看，這個汪御史，實在是太有小聰明了。他對現任宰相胡惟庸結黨營私、專橫跋扈的種種行為視而不見，卻計較已經因病致仕的前任丞相，而且所言似乎也是雞毛蒜皮、上不了檯面的事。他這樣做，既不得罪當權者，又表示了有所作為的姿態，表明他這個左御史大夫的存在。再次擔任右相後，染上「耽酒」毛病的汪廣洋的表現更加不堪。胡惟庸全面主持中書省工作，汪廣洋尸位素餐，天天飲酒作詩。但即便這樣，胡惟庸也嫌他礙手礙腳，朱元璋也嫌他無所建樹。清除汪廣洋，也可謂君臣二人最後的合作。

汪廣洋倒臺事由源自「占城入貢事件」。

洪武十二年，占城國入貢大明，中書省未奏聞皇帝，私下就把貢品分了。得知此事的朱元璋怒不可遏，什麼事不讓他知道哪行，於是追查責任，胡惟庸裝糊塗：不知道啊，禮品這事都歸汪廣洋負責。汪廣洋有口難辯，被撤職查辦。史料記載，朱元璋第三次將汪廣洋罷相，先是流放海南，後追加「賜死」。

朱元璋賜死汪廣洋後，又公布了他的十條罪狀。根據《明實錄》記載，十條罪狀具體如下：

一，頗耽酒色，荒於政事，以故事多稽違。

二，與胡惟庸同在相位，惟庸所為不法，廣洋知而不言，但浮沉守位而已。
三，占城貢方物，使者既至，而省部之臣不以時引見，上以其蔽遏遠人。
四，御史中丞塗節言，前誠意伯劉基遇毒死，廣洋宜知狀，上問廣洋，廣洋對以無是事。
五，丞相廣洋從朕日久，前在軍中屢聞乃言，否則終日無所論。
六，及居臺省（中書省），又未嘗獻一謀畫，以匡國家，民之疾苦，皆不能知，間命爾出，使有所相視，還而噤不一語。事神治民，屢有厭怠。
七，數十年間，在朕左右，未嘗進一賢才。
八，昔命爾佐（朱）文正治江西，文正為惡，既不匡正，及朕諮詢，又曲為之諱。
九，前與楊憲同在中書，憲謀不軌，爾知之不言，今者益務沉緬，多不事事。
十，爾通經能文，非遇（愚）昧者，觀爾之情，浮沉觀望。
從占有禮品到飲酒誤事再到知情不報，明顯是小題大做，按照大明律例，即使這十條罪狀都成立，也不至於被賜死，頂多被削職為民罷了。

那麼，朱元璋為什麼非要殺「好好先生」汪廣洋不可呢？

歸其根由，是因為朱元璋要下盤很大的棋。事實上，汪廣洋之死有更深層次的政治原因。《明史》對汪廣洋之死如是評價：「廣洋謹厚自守，亦不能發奸遠禍。俱致重譴，不亦大負爰立之初心，而有愧置諸左右之職業也夫？」意思是說，汪廣洋希望潔身以求自保，卻因沒有揭發奸人之罪而遭到重遣。我們把視線放遠一點就會看到，這一切都是朱元璋的精心設計安排——廢相局必殺技。

所以從汪廣洋任宰相的那天起，就注定了將來的結局。被殺是確定的，不確定的只是被殺的罪名和被殺的時間。

說白了，在朱元璋廢相的全盤計劃中，汪廣洋只是一枚小棋子。汪廣洋明哲保身，以為可以什麼人都不得罪，卻首先得罪了朱元璋。在朱元璋看來，既然你不願意死心塌地充當我的一枚棋子，那我就只好拿你當棄子處理了。

具有諷刺意味的是，汪廣洋在中書省為相期間沒過上一天好日子，說話也不算數，老實的他一直在受楊憲、胡惟庸的排擠、壓制，最後被糊裡糊塗地賜死，先胡惟庸而去。

在處理汪廣洋的最後時刻，朱元璋還想利用「好好先生」一把，希望他揭發胡惟庸的罪行，為自己下一步對胡惟庸下手做「汙點證人」。史料記載，關於胡惟庸的種種惡行，「帝問之，對曰：『無有。』帝怒，責廣洋朋欺，貶廣南。舟次太平，帝追怒其在江西曲庇文正，在中書不發楊憲奸，賜敕誅之」。

面對皇帝的勸誘，汪廣洋不為所動，回答不知道，這使得朱元璋大為惱火，認為汪廣洋庇友欺君，將汪廣洋貶往廣南地區。之後朱元璋又想到汪廣洋在江西包庇他人，在中書省不揭發楊憲陰謀，於是再下詔書派專人趕至太平，將汪廣洋賜死。汪廣洋是「前腳才受貶，隨後又斷頭，只因皇上疑，臨死不知由」。

耐人尋味的是，汪廣洋的身後事，他自己生前竟已做了妥善安排。

汪府有一隨行護衛武士姓陳，朱元璋賜名宜武。陳宜武一直是汪廣洋的貼身護衛，實際身分是檢校，這個檢校就是朱元璋安插在大臣身邊的特務，負責偵察京中官吏的大小之事。這陳宜武雖然是朱元璋的親信耳目，負責監察汪廣洋的一舉一動，但他卻與汪廣洋包括其家人的關係一直很好，後在汪廣洋的極力推薦幫助下，做了登州知府。仕途乖舛的汪廣洋如是安排顯露了先見之明，他早已洞察朱元璋的險惡用心，作為「交換條件」暗中託付三個兒子於陳宜武，避禍於福山縣。不久，汪廣洋果然出事，隱匿於登州府福山縣的汪氏三兄弟，自此隱姓埋名，才得以保全族門，此亦汪家不幸中之萬幸。

第九章　奇罪加胡身：勾結日本人

殺掉汪廣洋後，五個中書省大員，朱元璋已除掉四個，最後，終於輪到胡惟庸了。

洪武十二年七月，朱元璋進行了收網前的最後布局，將親信大將李文忠從陝西調回京師，掌大都督府事，以備隨時調動軍隊。

關於這個李文忠，我們在前面說楊憲時曾提過，這裡再做個深度交代。

李文忠，江蘇盱眙人，在朱元璋的開國功臣當中，李文忠與眾不同，因為他是皇帝的親外甥，而且此人自幼喜愛讀書，有勇有謀，是明初高級將領中少有的「讀書人」。李文忠十二歲時母親死了，十四歲投奔舅舅朱元璋，十九歲就開始帶兵打仗，與徐達等人一起南征北戰，為大明開疆拓土立下了汗馬功勞，深得舅舅朱元璋欣賞。大明開國後，朱元璋封他為左都督，曹國公。雖然朱元璋這個人誰都不信，還曾派楊憲盯過李文忠的梢，但因為血親關係，李文忠終歸是朱元璋密用的第一武將，開國殺功臣時期，李文忠是朱元璋軍中的「壓艙石」。每當朱元璋要對哪個重量級人物下手時，總要調李文忠保駕護航。這次，要清除最後一個權臣，朱元璋便讓外甥點燈，照舊（舅）了。

朱元璋這邊調兵遣將，胡惟庸那邊也沒有坐以待斃。

朱元璋準備對胡惟庸下手前，做了大量情報工作。特務發現，胡府氣氛緊張，一會兒平涼侯費聚進去了，一會兒吉安侯陸仲亨出來了。胡惟庸不僅與幾個侯爺來往頻繁，而且還勾搭上了一個特殊的人。這人與胡惟庸如影隨形，怕是會鬧出更大的事情。於是馬上報告朱元璋，朱元璋怒不可遏，決心提前對胡惟庸下手！

那麼，這個與胡惟庸如影隨形的人是什麼人？

日本人！

這是胡惟庸的一樁奇罪，因為這個發現，後來朱元璋在處理胡黨案時，創造了一項史無前例的罪名——通倭罪。

倭是古代中國對日本的簡稱，不是蔑稱，古代日本也是接受這個封號的，只是到了中世紀以後，才改稱日本。按照朱元璋後來的偵破結果，胡惟庸不僅成了中國最後一個丞相，而且還創造了一項中國歷史紀錄——勾結日本的第一個中國漢奸。在胡惟庸之前，中國還從未出現與日本有染的亂臣賊黨。

那麼，朱元璋發現的這個日本人是誰派來的？胡惟庸是怎麼勾搭上日本人的呢？具體說來又牽出一件大案——林賢案。

林賢是誰？《明史》沒有這個人的列傳，只說他是朱元璋任命的明州衛指揮史。明州，也就是現在的寧波，是明代中國東海的門戶。拿今天的話來說，林賢的身分相當於中國東海艦隊司令。

第九章　奇罪加胡身：勾結日本人

明朝對林賢案的官方描述，是一個很詭異的諜戰故事：

這位林指揮史是個好大喜功的人。早在進京述職時，胡惟庸就吃定了他，準備將他發展為自己的死黨。為了讓林賢為自己所用，胡惟庸給林賢設了個圈套：告訴他有一隊日本商貢船要經過他的防地，讓他當作倭寇船打擊，出動官船去火燒一氣，然後向朝廷報告「抗倭大捷」。一心想邀功求賞的林賢就這樣做了，不料胡惟庸背後捅刀子，向朱元璋揭發這起「火燒戰船」的遊戲，結果林賢遭到重罰。處罰的方式比較詭異——撤了職，沒有移交司法機關處理，而是發配到了日本。三年後，胡惟庸派人去日本暗自將林賢接回，威脅加利誘，使他別無選擇，成了胡黨一員。胡惟庸與林賢共商大計，主要思路是借兵日本，裡應外合，陰謀顛覆洪武政權。林賢領命，回到日本開始準備。

隨後，這起諜戰劇除了胡惟庸和林賢外，出現了第三個關鍵人物，那就是日本高僧如瑤藏主，這個人明為高僧，實際上是高級刺客。朱元璋發現的那個往來胡家大院的人，就是如瑤藏主使者。

在巨大的物質利誘下，這個如瑤藏主與林賢一拍即合。兩人籌劃了配合胡惟庸變天的一條毒計：帶四百日本武士，扮成僧人模樣朝貢大明，向朱元璋進獻巨燭，裡頭藏著兵器暗器，伺機襲殺朱元璋。日本武士搞刺殺可謂天下第一，他們一不怕死，二擁有對主人的絕對忠誠。如果這夥人真靠近朱元璋，洪武大帝還真兇多吉少。

但是人算不如天算，沒等胡惟庸和日本人動手，朱元璋先下手了。

胡惟庸的事發可謂小河翻船。那就是家喻戶曉的馬車伕事件。胡惟庸的兒子胡公子到鬧市賽馬，結果馬驚了，狂奔中與一輛馬車相撞，胡公子當場死亡。按理說，這是一起不折不扣的交通事故，如果正常處理，誰和死罪也沾不上邊。但胡惟庸一是悲子心切，二是驕橫跋扈、拿下面的人不當人，所以殺了無辜的馬車伕洩憤。

胡惟庸在殺馬車伕時，根本不會想到，此樁小事會成為事發導火線。這就再次顯示出他的奇葩之處——精明有餘，悟性不足，感覺不到朱元璋已經張網：皇帝要殺你，你卻來遞刀。正愁沒有藉口的朱元璋，當然不會放過這個機會，他一反常態，借此大做文章，令殺人者抵命。這明明就是法辦胡惟庸之意，明確發出了胡惟庸失寵的信號。

於是，見風使舵的文武百官掀起了一場告發胡惟庸的熱潮。歷史是何等詭異，以前胡惟庸受寵時，誰告胡惟庸誰死，而胡惟庸失寵時，朱元璋又反過來積極鼓勵檢舉揭發，甚至埋怨大臣：你們為什麼不早揭發這隻睡在我身邊的披著羊皮的狼。在朱元璋指導下，群臣檢舉揭發胡惟庸的工作進行得很順利，首先是胡惟庸的支持者——御史中丞塗節反叛，告發胡惟庸有謀反計劃。

也有史料稱，塗節反叛，是朱元璋策動的結果。要除掉胡惟庸，必須有過得去的理由，而且總不能讓皇帝自己去說，得由臣下發難才好，挑來選去，這個叫塗節的大臣被皇帝挑中了。塗節在胡惟庸手下做事，又是御史中丞，負有監察百官的責任，由他出面告發胡惟庸，很合適。

塗節反叛後，朱元璋就有了抓捕胡惟庸的第一手證據。但朱元璋還嫌不夠，繼續收集材料，積累厚度。

汪廣洋之死給了朱元璋另一個整治胡惟庸的理由。朱元璋處死汪廣洋之後，汪廣洋的小妾陳氏自殺殉夫了。古代妻妾殉夫，往往被看作是貞烈行為，朝廷常常會為其立貞節牌坊以示旌表。但是這個小妾的身分特殊，她是犯官之女。明代有這麼一條法令，官員犯法妻女都要被賣為奴。如果賞賜，只能賞賜給武將功臣。汪廣洋是文臣，沒有戰功，他怎麼會得到這個女人？朱元璋令人徹查此事，最後把這筆帳記在了胡惟庸頭上。可見，朱元璋是個眼裡不容沙子的人，他想找誰的毛病，一抓一大把，這個私授官奴之罪，徹查起來，也夠胡惟庸受的。

朱元璋下令對胡惟庸徹查，六部各官人人自危。

洪武十三年（西元一三八〇年）正月，「雲奇告變」事件成為朱元璋收拾胡惟庸的臨門一腳。

所謂「雲奇告變」，說起來比較詭異。

《明史紀事本末》對此記載：「正月戊戌，惟庸因詭言第中井出醴泉，邀帝臨幸。帝許之。駕出西華門，內使雲奇沖蹕道，勒馬銜言狀，氣方勃，舌不能達意。太祖怒其不敬，左右撾捶亂下，雲奇右臂將折，垂斃，猶指賊臣第，弗為痛縮。」

有個叫雲奇的內史發現了胡惟庸醞釀的一起重大政變，火線告御狀。

這個故事敘述起來很戲劇化。洪武十三年一個夏天，胡惟庸向朱元璋匯報，說他家裡有一口井，湧出的泉水全是美酒，此乃祥瑞之兆，請皇帝前來鑑賞品嘗。

聞聽此事，朱元璋大感好奇，於是就在初二那天從西華門擺駕出宮，前往胡府。然而皇帝的車隊走了沒有多遠，突然看見一個人從道路旁邊直衝出來，攔住了御駕。衛士們害怕此人是刺客，急忙衝上前去將其圍住，拳打腳踢。然而這個人一手扳著馬車，一手直指胡府，滿臉是血也不肯鬆手。朱元璋覺得奇怪，仔細一看，原來此人是西華門內使，一個名叫雲奇的宦官。

朱元璋讓人把雲奇架到自己面前來詳加詢問，可惜這個時候雲奇已經被打得奄奄一息，說不出話來了。朱元璋見雲奇一直指著胡府，料想此事必定與胡惟庸有關，於是轉身返回西華門，登上門樓向胡府遠遠望去。

胡府距離西華門並不遙遠，登高而望，亭臺樓閣盡收眼底。不望還好，這一望可把朱元璋嚇了一大跳，只見胡府中有很多披堅執銳的武士，全都埋伏在走廊兩旁和牆壁後面。也就是說，胡惟庸大宅牆道裡藏著士兵，宅院旌旗招展，刀槍林立，這是意圖兵變的跡象。

胡惟庸想造反！朱元璋迅速採取行動，急忙分派士兵前往圍剿，抓捕胡惟庸及其黨羽。胡惟庸頃刻倒臺。

這就是「雲奇告變」的故事。故事的主角，那位忠心耿耿的宦官雲奇，據說因為傷勢過重，沒過多久就嚥了氣，死無對證。雲奇出於保衛皇帝之心，卻以阻隔皇帝為名被打死，與其說死得壯烈，不如說死得蹊蹺。

朱元璋拿下胡惟庸後，宣布立案偵察。隨後，他用了大量時間，來對付日本人的刺殺行動。而日本人那邊，不知道是情報工作不順利，還是明朝對日本封鎖了消息，總之胡惟庸出事後，林賢夥同日本如瑤藏主帶四百武士，還是按既定方案行事，如約入境了。早已識破此計的朱元璋將計就計，設了反埋伏，來了個請君入甕，將他們一網打盡。這個假朝貢真行刺計劃最後沒有成功，四百日本精兵全被朱元璋發配到雲南邊疆，當邊民去了。

這起刺殺事件自始至終沒有胡惟庸的身影，但卻成為胡惟庸裡通外國的鐵證。破獲此案的朱元璋很興奮，將林賢案視為胡黨案重大突破，列入親自牽頭編寫的反面教材《明大誥・三編》。

但細心的人們發現，此案有很多可疑之處。筆者歸納為三大疑點：其一，當時日本並非明朝藩屬國，何以成為接受明朝官員的流放地？其二，明初日本內戰不絕，自己國家尚未統一，有何實力去顛覆他國？其三，時間對不上號。史料記載，洪武十三年，胡惟庸事發，洪武十九年，「林賢獄成」，而日本史料記載，洪武十六年，如瑤藏主入貢大明。也就是說，這三件事，每件相隔三年，那三個人，誰也不挨誰。因此，不能排除朱元璋在定胡惟庸通倭奇罪時，發揮了豐富的想像力，把三個故事整合成了一個故事。

那麼，朱元璋為什麼非要把胡惟庸和日本人聯繫在一起呢？

筆者試著挖掘了一下這段歷史，從一段洪武大帝的「抗日史詩」中找到了答案。

縱覽中國歷史，凡是建立中原王朝的皇帝，登基後經常面臨這樣一個問題：那就是總有外敵與中原王朝並存。這些外敵大多來自陸地——與中原接壤的草原游牧部落。作為大明開國皇帝的朱元璋，也遇到了同樣的問題，但情況有些不同，一部分外敵來自海上。其中，來自倭寇的騷擾最早，也最頻繁。

這些倭寇戰鬥力極強，憑著十幾條船隻，在中國東南沿海如入無人之境。

必須指出的是，元末明初時所謂的「倭寇」，與後來大舉進攻中國的「日寇」不同，不是政府正規軍，而是日本政府也管不了的浪人、武士、海匪。就像二十一世紀的索馬利亞海盜，索馬利亞政府也無計可施。

那麼，這些倭寇在中國沿海幹了什麼？為什麼戰鬥力那麼強？明朝著名白話小說《喻世明言》中，有一篇〈楊八老越國奇逢〉，道出了實情：

這幫倭寇，為首的是日本浪人、武士，還有一部分從眾，竟然是中國人。這是怎麼回事？原來這些日本浪人、武士到中國沿海，主要做兩件事，一是搶東西，二是搶人。對搶來的中國人，他們分三種處理方式：老弱病殘，一概殺死；年輕婦女，姦淫擄掠；強壯青年，脅迫入夥。每抓到一個中國青壯年，就不由分說，剃頭抹油，打扮成和他們一般模樣。每遇戰事，就讓這幫假倭寇打頭陣。而中國官府有這樣的規定：官軍只要砍掉一顆倭寇人頭，就可以拎著領賞。所以平常這幫官兵，看見百姓光頭，為邀功請賞沒準都砍下來，何況在戰場，哪管是日軍偽軍。那些被剃了頭的中國壯丁，知道沒好，所以一旦到了戰場，就乾脆一往無前，敢死隊一樣，非常賣命。而那些真倭寇，只等偽軍打頭陣，隨後殺出。如此，就令中國官軍難以招架，因而屢戰屢敗。

倭寇之亂從元持續到明，在大明初期愈加厲害。明太祖朱元璋登大寶之初，馬上做了一件事——派使臣向日本下國書，主要向日本表達兩層意思：一是希望他們來朝拜新中華之主；二是責令他們配合大明圍剿擾明倭寇。

但是，使臣到達日本後，令朱元璋驚訝的事情發生了。

日本不僅沒來朝貢，而且還砍了使者的腦袋。這是怎麼回事呢？

史料顯示，日本時值南北朝時期，南強北弱，南朝的實際統治者叫懷良親王。所謂親王，不是皇帝的兒子就是皇帝的兄弟，是僅次於皇帝的一等王爵。據說這位懷良親王是後醍醐天皇之子，作風強硬，他斬殺大明使者，明擺著是向大明開國皇帝朱元璋示強。

那麼，小小日本，為何敢對大明示強？想當年，漢唐時代中國使者去日本，日本王室都是高接遠迎，為何此時對明朝翻臉？懷良親王殺明朝使者的底氣從何而來？

日本王室對中國態度的轉變，說起來，與兩場歷史巨變有關。

其一，兩宋滅亡；其二，日本抗元。兩宋滅亡前，中國是日本的榜樣。日本對漢唐文明頂禮膜拜，對兩宋文化也是崇拜有加。南宋遺民鄭思肖《心史》記述，南宋滅亡後，日本還曾為「華夏陸沉」舉國致哀，全體國民身著喪服，西跪三日。我們知道，宋朝滅亡的真正標誌是崖山海戰。南宋守軍在中國東南沿海的最後一個據點崖山，與元朝追軍展開了一場生死戰，結果宋軍覆滅，十萬軍民殉國，丞相陸秀夫背著宋朝最後一個皇帝——八歲的宋少帝趙昺投海自盡。

宋朝滅亡後，元朝開啟了少數民族統治全中國的先河，與此同時，華夏的正統形像在日本人心目中破滅。不少日本史學家將宋朝滅亡視為古典意義上中國的結束，即所謂「崖山之後，已無華夏」。對於那時的中國，日本人的心情是複雜的，既有榜樣破滅的遺憾，也有此消彼長的心理變化。忽必烈打敗宋朝後，驅戰船直取日本。借助「神風」——其實就是颱風，日本兩次打敗元朝遠征軍。透過抗元，日本的信心和野心大漲——元朝打敗宋朝，卻不能打敗日本。雖然百年之後，朱元璋率漢人復國成功，但繼起的明王朝在野心暴漲的日本人眼裡，已經失去了正統地位，他們不拜元，也不拜明。

所以，懷良才敢斬殺大明使者，他一不認大明為中華正統，二是透過向朱元璋示強以樹立他在國內的權威，他料定明軍不敢來打日本，忽必烈辦不到的事，朱元璋也未必能辦得到。

果然，朱元璋沒有讓懷良因失算而感到後悔。

很多愛好歷史的讀者都知道，朱元璋是中國歷史上對日本恨之入骨的皇帝之一。朱元璋為什麼恨日本？上邊這個故事已經交代清楚了──倭寇騷擾，使者被殺，日本朝野都不買他的帳。但是，朱元璋終其一生，卻沒有跟日本打一仗。即便使臣被殺，也沒有對日本興師問罪，這又是為什麼？

這可以從後來朱元璋留給子孫的鐵券丹書中尋找答案。

朱元璋臨終前，曾留給後代子孫一本鐵券丹書，明確將十五個國家列為「不征之國」。其中，日本赫然在列。其餘十四個國家是朝鮮、大小琉球、安南、占城、真臘、暹羅、蘇門答臘、爪哇、湓亨、白花、三弗齊、渤泥、西洋瑣理。「琉球」就是現在的日本沖繩，「安南」就是越南，「真臘」就是柬埔寨，「暹羅」就是泰國，「渤泥」就是汶萊，「蘇門答臘」、「爪哇」屬今日印尼，「西洋瑣理」有說印度，「占城、三弗齊、白花、湓亨」這些古國已經沒有了，成為中南半島、菲律賓群島、馬來群島和印尼群島的一部分。

這十五個國家有個共同特點，均與海相鄰──不是島國，就是半島國，均可稱得上是海洋國。這說明什麼呢？

說明朱元璋是個「中國式皇帝」，沒有「走向深藍」之志。對於海戰，他既無慾望，也無信心。他給子孫留下的，其實就是「不打海洋國」的鐵誓盟約。中國天子只要管好中國事、統治好中國百姓就行了，對夷狄之國，尤其是隔海島國，力避「勞師遠征」。大明戰船，是向世界炫耀財寶的，不是炫耀武力的。

今天我們可以說，朱元璋奉行的和平外交，初衷是好的。然而，樹欲靜而風不止，不是你不打人家，人家就不打你。明初時的日本王室，根本不接受朱元璋釋放的善意。他們不僅拒絕朝貢，殺大明使臣，甚至縱容倭寇，對大明沿海主動發起更猛烈的衝擊。打又打不得，不打又不停。怎麼辦？洪武大帝情急之下，想出了一個「抗日絕招」——命人做了一把仿日摺扇，命名為「倭扇」，在扇面上，他題寫了一首蕩氣迴腸的「反日詩」，名喚〈倭扇行〉：

滄溟之中有奇甸，人風俗禮奇尚扇，
卷舒非矩亦非規，列陣健兒首投獻。
國王無道民為賊，擾害生靈神鬼怨，
觀天坐井亦何知，斷髮斑衣以為便。
浮辭嘗雲卉服多，捕賊觀來王無辯。
王無辯，褶袴籠松誠難驗。
君臣跣足語蛙鳴，肆志跳樑於天憲，
今知一揮掌握中，異日倭奴必此變。

這首蕩氣迴腸的「反日詩」可以在《明太祖文集》中查到，是朱元璋的得意大作。別看朱元璋文盲出身，但經過自學，還成了一個挺不錯的詩人。在這首詩中，朱元璋明確將日本定性為「國王無道民為賊」的小醜國，表明了對日本挑戰大明的鄙視心理，同時，他也料到日本日後一定會成為中國一大外患，但卻沒有為本國、為子孫拿出具體的對應之策，只是表示要把日本像摺扇一樣，「一揮掌握中」。

如此這般，把倭扇帶在身上天天握在手上，就等於天天把玩日本，日日抗倭大捷了吧。朱元璋此舉，真是夠絕，達到了「不戰而屈人之兵」新境界，不廢一刀一槍、一兵一卒，就取得了抗日勝利——至少是精神及意念上的完勝。

講到這裡，讀者就不難理解朱元璋製造胡惟庸通倭罪的初衷了。所謂通倭罪，實乃一石二鳥之計。朱元璋一看日本煩得慌，二看胡惟庸不解氣，所以借題發揮，羅織了「如瑤藏主、林賢、胡惟庸」這個「通倭」的證據鏈。據稱胡惟庸被雲奇告發時，宅院裡旌旗招展。區區一宅之地，能有多少兵力？可能朱元璋也覺得這樣定個兵變有點牽強，所以要給胡惟庸增加些裡通外國的罪名。

為了把胡惟庸裡通外國的罪行做足，朱元璋不遺餘力地追查，並充分發揮了想像力，結果又取得了巨大收穫。查到胡惟庸不僅「通倭」，而且還「通虜」，就是說，胡惟庸不僅勾結日本人，而且還串通蒙古人。

洪武二十三年五月，就在胡惟庸死後十年，朱元璋挖出了他勾結蒙古人的證據。元朝舊臣封績被捕下獄，據封績招供，胡惟庸派自己帶信給蒙古人，請他們和胡黨裡應外合，胡黨舉事時，請北元出兵接應。而後來據歷史學家吳晗考證：封績是江蘇人，從未到過北邊，但朱元璋及其御用大臣偏偏要逼他供出胡惟庸通元的罪狀，後來覺得有破綻，又將封績改籍為河南人，把他的身分改為元朝遺臣。

朱元璋之所以不斷即興更改「劇本」，還有國家外部環境大背景的因素。

明朝初期，國家安全尚未保障，主要外來威脅就是北邊北元和東南日本，號稱「北虜南倭」，誰與這兩個國家勾結就是大漢奸、民族罪人。

於是，朱元璋就適時地利用了民族主義情緒，又當了一把民族英雄，特意給胡惟庸加上了「四百日本精兵」，還預備了若干蒙古鐵騎。如此，一來可以勾出更多故舊勛貴，把他們釘在漢奸恥辱柱上，二來又可以充當一次愛國的民族英雄，從而將本國奸相和敵國賊寇一勺燴，取得尊王攘夷的偉大勝利。

當然，筆者的這個推斷，僅屬於一家之言。

透過以上內容，我們應該知道朱元璋對胡惟庸的定性，不僅是個大奸臣，而且還是大漢奸。由胡惟庸開始的明朝第一宗政治大屠殺將要不可避免地發生了。

第十章　十年屠胡黨：三萬「功狗」刀下鬼

在講那場大屠殺之前，先說一說胡惟庸是怎麼死的。

關於胡惟庸的死法，說法不一。有說凌遲——千刀萬剮，有說癢死——朱元璋放了很多蚊蟲，將胡惟庸活活叮咬而死。總之是受盡酷刑而死。可見，朱元璋恨透了胡惟庸。

朱元璋為什麼比那些受打壓的大臣還恨胡惟庸呢？

從他接下來的舉動可窺一斑。朱元璋在殺掉胡惟庸後，拉開了屠殺大幕，宣布將胡惟庸案擴大為胡黨案，顯然，他認為這不是一起孤立的個案，胡惟庸人雖然死了，但罪行必須深究。朱元璋殺死胡惟庸，只用了一會兒的工夫，而追查殺戮胡惟庸同黨，卻用了整整十年時間。

前面講了，朱元璋在開國之初，就利用胡惟庸除掉了一些開國功臣，但真正大規模的屠殺功臣行動，卻是從追查胡黨案開始的。利用胡黨擴大化，朱元璋掀起了一場歷時十年、史無前例的殺人運動。在這十年間，不管是與胡惟庸真有關係，還是假有關係，只要被檢舉為胡黨，朱元璋就毫不猶豫地清除，不但砍頭，而且抄家滅族。無數與朱元璋出生入死的夥伴戰友，沒有死在戰場上，卻死在了關押胡黨的大牢中。

據統計，死於這場殺人運動的開國功臣有吉安侯陸仲亨、平涼侯費聚、延安侯唐勝宗、河南侯陸聚、南雄侯趙庸、滎陽侯鄭遇春、宜春侯黃彬、靖寧侯葉升。

在這場運動中被殺的著名將領有李伯異、耿忠、於顯、丁玉等。

想當年，朱元璋離開濠州，帶領家鄉二十四名豪傑打天下，而今大部分被牽扯進擴大化的胡黨案中，上述陸仲亨、費聚、唐勝宗、鄭遇春等人，都屬於這二十四名豪傑中的戰友。其他被殺的人，也大多是朱元璋打天下階段的老部下、老戰友。回憶過去，他們無不為朱元璋坐上龍椅而浴血奮戰，立下赫赫戰功，然而，此一時，彼一時，等到朱元璋龍椅坐穩，這幫為他提頭賣命的親密戰友，卻率先成為「胡黨餘孽」被殺戮。

親密戰友不放過，老人也不放過。

洪武十八年，有人告發前左丞相李善長的弟弟李存義為胡惟庸同黨，於是，朱元璋殺了李存義。過了五年，又有人檢舉李善長參與胡惟庸謀反，此時距胡惟庸被處死已有十年。但朱元璋並不怠慢，令人對李善長詳加審問，結果只是知情不報，並無參與謀反的罪證。

當時有這樣一段傳言：胡惟庸在朝時，曾想拉李善長下水，李善長不從，於是胡惟庸拉李善長的弟弟李存義勸說哥哥，時間久了，李善長終於說了一句「吾老矣，吾死，汝等自為之」。意思是：我老了，快要入土了，我死後你們想怎麼做就怎麼做吧。李善長家奴將這話告發給了特務。關於這句話，有多種解讀，如果換個角度，我們是否也可以這樣理解：李善長看出胡惟庸成不了大事，不想跟著他瞎忙，說這番話，意在與這匹遲早要翻車的馬劃清界限。

但朱元璋不管這麼多，根據這句話，他便下令以謀反罪處置李善長。李善長的家奴不花等遭到特務嚴刑拷打，對李善長勾結胡惟庸謀反，做了像模像樣的招供。《昭示奸黨錄》對此進行了詳細記載：

有云：洪武八年，太師在鳳陽蓋宮殿。三月間，胡丞相來點鳳陽城池。丞相解劍贈太師，雲是回回國所出，名木樨花並鐵劍，不問甚麼甲，層層透。十三年六月，太師命不花碎此劍。亦不花之招也。有云：洪武十二年八月，丞相家二舍以千金寶劍送太師。至第三日，二舍人令人抬木匣一個，有小玉壺瓶一個，玉盤盞二副，玉龍頭大盞一個，玉馬盂一個，玉盤一個，桃樣玉盞二個，擺起來恰好一卓子。太師朝回，逐件看過，喜歡收了。至第二日，太師朝回往謝。酒間，丞相說：『玉器不打緊，我明日淮西地面蓋起王府，撥五十家行院與你做家樂，那時才是富貴。』十三年，胡黨事發，太師令脫脫火者將玉器並劍打碎，擲在河裡。

這段李善長家奴不花的供詞稱，胡惟庸對李善長，是又送寶劍又送玉器，還說要給李善長在淮西老家地面上蓋王府。胡黨案發後，李善長吩咐家人，將胡惟庸的禮物都打碎扔到河裡了。

雖然家奴言之鑿鑿，但細品起來，總歸有悖常理。胡惟庸何以敢在李善長家人面前，許諾李善長王府？顯然，這是過於愚蠢外露。不排除此供有編造成分。根據這些虛構供述，很難坐實李善長之罪。

況且，此時李善長已經七十七歲高齡，大家都認為，朱元璋對老人不好意思下手，但是這樣想是低估了朱元璋的狠心程度，短暫的猶豫過後，朱元璋下令將李善長賜死，罪狀是「知逆謀不發舉，狐疑觀望懷兩端，大逆不道」，就是知情不報，對胡惟庸謀反持觀望態度，即是死罪。李善長全家妻兒老小七十餘人，一同處死。

親密戰友不放過，老人不放過，死人也不放過。

一些死去多年的人：淮安侯華雲龍、宣德侯金朝興、濟寧侯顧時、靖海侯吳楨、永城侯薛顯、臨江侯陳德、鞏昌侯郭興、六安侯王志、汝南侯梅思祖、永嘉侯朱亮祖、營陽侯楊璟、南安侯俞通源、中國公鄧鎮，在這場殺人運動中仍不能倖免。雖然距離胡黨案發已有十幾年之久，這些人依然被追加為胡黨同黨，後代慘遭株連屠戮。

朱元璋殺人判案完全憑主觀臆斷。浦江鄭氏為三百年義門，所謂義門就是被朝廷表彰過的模範家庭，這個鄭家在宋朝就是模範家庭，宋元兩代立傳相傳。但是到了明代卻倒了霉，老大鄭濂被告與胡黨勾結，官府派人緝拿。此時，這個模範家庭出現了令人感動的一幕：兄弟為救大哥爭搶入獄。朱元璋見此也不免良心發現，說：「有人如此，肯從人為逆耶？」這麼義氣的一家人，能跟叛黨走嗎？於是全家免死。與其說是朱元璋重義氣，不如說朱元璋斷人生死全憑意氣用事。對於任何檢舉，他寧信其有，不信其無。

某些人總喜歡為朱元璋粉飾歷史，稱朱元璋只殺官員，不殺百姓。然而真實的歷史是怎樣的呢？雖然明朝正史為尊者諱，沒有朱元璋殺百姓的紀錄，但民間史學家俞本寫了一本《紀事錄》，對朱元璋借胡黨案虐殺百姓行徑言之鑿鑿：

左丞相胡惟庸、擅權壞法，連及內外文武官員數萬人，上以應天府所屬上元、江寧二縣之民與胡惟庸為黨，將男婦長幼悉屠之。

只因有人說兩個縣有胡黨同黨，朱元璋竟將兩縣屠城。倘若這段民間筆記為真，則可見朱元璋殺人之任性，哪管你是官是民！「村墟斷炊煙，隴上無行人」，這是當時詩人筆下對胡黨案開殺慘狀的描寫。

如果說大明開國初期，人們對朱元璋還存在一絲幻想，以為朱元璋屠殺功臣會適時收斂，那麼胡黨擴大化引起的殺人運動，則令所有人丟掉了幻想：當初的堯舜之君已經徹底變成殺人狂魔了。

為什麼以仁君臉譜得天下的朱元璋，會變得如此嗜殺成性？前面我們從朱元璋的身世變化角度解釋過，但還有一個問題，被不少人忽略了，在這裡要著重說明一下，那就是信仰問題。

我們知道，在朱元璋起事前，各路造反的農民軍風起雲湧，農民軍的素質良莠不齊，相當多的軍隊名聲並不好。「妖人」是很多官民對第一義軍——紅巾軍的稱呼。政府官員貶低造反的農民武裝，這很正常，但為什麼許多百姓也認為紅巾軍是「妖人」。這裡，就是他們自身的原因了。

追溯紅巾軍的起源，他們深受彌勒教的影響，「彌勒下生成佛」，新佛反舊佛不殺生之道，力倡殺人，認為「殺一人者為一住菩薩，殺十人為十住菩薩」，你殺的人越多，越能得道升天，在天堂得到好安置。於是，受了這教蠱惑的他們「屠滅寺舍，斬戮僧尼，焚燒經像」、「父子兄弟不相識，唯以殺害為事」。

紅巾軍有一首軍歌。從「紅巾軍軍歌」的內容來看，雖然表現了反抗民族壓迫的熱情和勇敢，但也含有明顯的嗜殺成分：

雲從龍，風從虎，功名利祿塵與土。

望神州，百姓苦，千里沃土皆荒蕪。
看天下，盡胡虜，天道殘缺匹夫補。
好男兒，別父母，只為蒼生不為主。
手持鋼刀九十九，殺盡胡兒才罷手。

……

軍歌中，「好男兒，別父母，只為蒼生不為主」這樣的豪言壯語是很提升士氣的，但「手持鋼刀九十九，殺盡胡兒才罷手」，卻流露出了報復殺人的偏狹。

在幕僚的提醒下，打天下時的朱元璋漸漸認識到了紅巾軍的局限。當他初成氣候，頒布北伐檄文時，便即刻變臉，形象大改，提出「同生天地之間」、「與妖人劃清界限」的口號，但在心底，朱元璋是不是應該感謝那些「妖人」前輩呢?早年以紅巾軍左副元帥身分起家的朱元璋，不可避免地受到了紅巾軍的影響，他前期招兵買馬，成功糾集反政府武裝，得益於彌勒教以及與此教一脈相承的白蓮教、明教這三教的宣揚，三教對人心蠱惑影響甚大。白蓮教係本土宗教，明教係舶來宗教，源自波斯，原名摩尼教。紅巾軍領袖韓山童將三教整合一處，並以教主的身分宣稱：只要彌勒下生，明王出世，漢族百姓就可以翻身。

對於三教的蠱惑力，朱元璋也許是最能感同身受的，所以成大事後，他主動變換了信仰，下詔嚴禁信奉造反的三個宗教，將其列為邪教寫進《大明律》中，用法律形式將自己的早期信仰定為非法，而轉尊更利於統治的儒教。

但他的內心深處，真正信仰的，是溫和的儒教，還是嗜殺的彌勒教、白蓮教、明教呢？

雖然朱元璋登基之後，命令將明教列為邪教禁止人信奉，但他建立的帝國卻以明為國號，這一點很耐人尋味，不能說這與他的原始信仰毫無關聯。

話說回來，以胡黨案為發端的濫殺運動，持續達十年之久，單為一個胡惟庸，犯不著如此大動干戈，朱元璋到底想透過此運動，達到什麼目的呢？

清朝學者趙翼在《廿二史劄記》中記載：

胡惟庸之死，在洪武十三年，同誅者，不過陳寧、塗節數人。至胡黨之獄，則在二十三年，距惟庸死時已十餘年，豈有逆首已死，同謀之人至十餘年始敗露者，此不過借惟庸為題，使獄詞牽連諸人，為草薙禽獮之計耳。

這段話道出了朱元璋發起這場殺人運動的真正目的。「草薙禽獮」即割草、屠宰雞狗之意，也就是說，朱元璋將群臣視為家畜一樣任意屠殺，無非是開國皇帝兔死狗烹定律的升級。

擴大化屠殺胡黨的十幾年歲月，大明烏雲密布，到處瀰漫著恐怖的氣息，上至中央大員，下至黎民百姓，人人自危。由於舉報必究，所以這場運動也成了有仇報仇、有怨報怨的洩私憤運動。一些橫行霸道、民怨甚深的豪強遭到了報復，許多大戶人家被羅織進來，甚至平時老老實實做人的普通人家也因私仇被推入陷阱——我們兩家有仇我就告你是胡黨。一時間全國遍地是胡黨分子，到處抄家抓人。這些被抄家產，成為中央政府或者說朱家皇室的一筆筆巨大收入。朱元璋這場殺人運動，真是一舉兩得，既除了隱患，又富了口袋。

具有諷刺意味的是，就連胡惟庸的仇人，在這場浩劫中也未能倖免。例如出賣胡惟庸的塗節，非但沒有得到朱元璋的封賞，反而和胡惟庸一起上了刑場；還有為製造胡黨案立下汗馬功勞的毛驤，最後也被打成了「胡黨餘孽」。

毛驤，明朝第一任錦衣衛指揮使，為調查胡惟庸案做出了重大貢獻。毛驤很早就跟隨朱元璋，在明朝建立之前就已經是檢校的一員，既有豐富的工作經驗，又深得朱元璋的信任。毛驤帶領錦衣衛要做的第一件事，就是替朱元璋找到屠殺大臣的理由。

胡惟庸案二十年間數次起伏，波及面數次擴大，每次都是在趨於沉寂時再起波瀾，這其中少不了錦衣衛及其指揮使毛驤的功勞。不排除毛驤有趁機剷除異己、公報私仇的行為，朱元璋因此對錦衣衛的工作既感到滿意又暗含隱憂，於是在洪武二十二年廢除了錦衣衛，並將毛驤處死。諷刺的是，處死毛驤的罪名是參與胡惟庸的謀反活動。殊不知錦衣衛是在胡黨已發案兩年的洪武十五年正式建立的，而這個由皇帝儀仗隊演變而來的特務總隊，正是在處置胡惟庸案的過程中逐漸發展壯大起來的，可見這不過是皇帝的又一慣用伎倆——卸磨殺驢。

朱元璋在大屠殺取得階段性勝利後，由大規模屠殺轉為重點分批屠殺，即發現一批處理一批，查處的重點，由與胡惟庸結黨者轉向與胡惟庸有來往的官吏，如泰安知州王蒙，只因曾到胡惟庸家看過什麼名畫，也被定為胡黨，砍了頭。

由於胡黨案無限擴大，所以趁火打劫的事情經常發生。

東莞伯何真，本來已經病死多年，但特務卻敲詐他的子孫——給我二千兩銀子，否則我就說你死去的爹也是胡黨。

朱元璋的這場殺人運動，對大明官場而言可謂大換血。許多舊官僚被殺了，新人上來了。但這些新人，對於這種非正常的殺戮，也有打抱不平、提出異議的，比如太學生周敬心就上書朱元璋：「大戮官民，不分臧否。其中豈無忠臣烈士善人君子？於茲見陛下之薄德而任刑矣。」如此殺人不辨忠奸，可見皇帝少德而濫殺。

對這場屠殺，朱元璋的家人也看不下去了。

宋濂因其長孫宋慎被牽扯進胡惟庸案，也被朱元璋初定為胡黨，投入大牢，當時宋濂已經七十多歲了。朱元璋這樣做，連皇后「馬大腳」都忍不住出來說情：百姓都知道一日為師、終身為父的道理，宋先生那麼好的人，那麼一大把年紀，怎麼這樣對待人家？朱元璋看在皇后的面子上把宋濂放出來了，但由於驚嚇過度，宋濂回到家裡就一命嗚呼了。

對於這場屠殺，朱元璋的接班人也看不下去了。關於這個還有一段小故事：

太子朱標對父親借胡黨案屠戮功臣的行徑感到心驚肉跳，進諫說：您殺大臣殺得太多，恐怕會傷了天朝元氣。

朱元璋聽了以後，並不直接答話，而是命人拿來一根未除刺的荊杖扔在地上，讓太子撿起來。面對長滿刺的荊杖，太子覺得很為難。朱元璋於是說道：這根荊杖你拿不起來，我替你將刺磨乾淨了，難道不好嗎？

朱元璋這個「除刺理論」說明，他殺功臣的主要目的，不光是為了鞏固自己的權力，更深遠的用意，是為了接班人高枕無憂、順利接班。

太子朱標不以為然，當面頂撞了父親一句：「上有堯舜之君，下有堯舜之民。」皇帝是仁君，臣民自然就是忠臣良民了。朱元璋為此大為惱火。

從上面這個故事來看，太子朱標比起父親來，還算有顆仁者之心，如果他繼位，或許會成為仁君。然而，好人不長命，仁者朱標死在了父親前面。洪武二十五年，年僅三十七歲的朱標病逝，朱元璋白髮人送黑髮人了。朱標的夭亡，大概是父親壓抑下的抑鬱而終。

後來朱標的兒子也就是朱元璋長孫朱允炆被指定為皇位接班人。為讓孫子順利接班，朱元璋的「除刺」運動繼續擴大化。但事情卻並沒按他想像的那樣發展。

當朱允炆從祖父手中接過荊杖時，確實已經無刺了，朝中的確已經沒有「野心家」了。但同時，也沒有了可用之才。朱元璋死後四年，四子朱棣搶班奪權，面對老辣的四叔，年輕儒雅的建文帝朱允炆只得派一些經驗不足的將領掛帥，他們根本不是能征善戰的朱棣的對手。朱棣搶班奪權成功，建文帝被迫讓位。

這種局面是誰造成的呢？當然就是推廣「除刺運動」的祖父。朱元璋只顧剔除荊杖上的毛刺，卻忘了無刺的荊杖，還有什麼攻擊性可言？從朱允炆的角度來看，祖父朱元璋殺盡功臣，與其說把乾淨的荊杖交給了自己，不如說是把一個沒有攻擊力的燒火棍交給了自己。如果那些開國功臣不被清洗，心懷不滿的朱棣未必敢反，縱然敢反也未必反得成，因為他未必是那些身經百戰的宿將的對手。朱元璋費盡心機，反幫了倒忙，誤了朱允炆的性命。這種結果，恐怕是九泉之下的朱元璋始料未及的。

話再說回來，朱元璋借胡黨案大開殺戒，不僅自己兒子看不下去，外國人也看不下去。當時朝鮮國王也對朱元璋的屠殺感到十分震驚並出來打抱不平：「疑忌英雄及功臣，指為藍黨、胡黨，皆殺之，無乃不可乎！」因忌憚英雄，懷疑功臣，所以就把他們指為亂黨，通通殺光，這樣做實在太過分。

這場大屠殺持續了十年，累計屠殺胡惟庸同黨三萬餘人，加上後來擴大化的藍黨，以及連累的無辜百姓，總計十幾萬人死於非命。洪武二十三年，已經殺累了的朱元璋終於停下來做起了總結工作，他親自主編了《昭示奸黨錄》這本書，全國免費發行。直到這時，朱元璋才說：「自今胡黨、藍黨概赦不問。」其實已經殺得差不多了，所謂既往不咎，顯示的只是洪武大帝鱷魚般的虛偽。

屠殺告一段落了，但朱元璋的心病並未痊癒，僅僅免死狗烹並不能讓他安心，還有一件天大的事讓他牽腸掛肚，必須解決，那才是他布下棋局的最終目的。

第十一章　棋局大起底：丞相享年一千六百歲

洪武十三年正月，朱元璋拿下胡惟庸，宣布將胡惟庸案擴大為胡黨案的同時，做出了一個重大決定，揭開了他那盤棋局的謎底——毅然宣布廢除在中國已有一千六百年之久歷史的丞相制度。這是一道具有歷史轉折意義的詔書，詔書寫道：

自古三公論道，六卿分職。自秦始置丞相，不旋踵而亡。漢、唐、宋因之，雖有賢相，然其間所用者，多有小人專權亂政。我朝罷相，設五府、六部、都察院、通政司、大理寺等衙門，分理天下庶務，彼此頡頏不敢相壓，事皆朝廷總之，所以穩當。以後嗣君，並不許立丞相，臣下敢有奏請設立者，文武群臣，即時劾奏，處以重刑。

朱元璋說：我聽說三皇五帝到如今，只是到了秦朝才設立丞相，所以秦朝很快成了短命王朝，之後漢、唐、宋雖然出現一些賢相，但總的來說，丞相群中小人居多，丞相職務成了小人弄權專座了，所以，我宣布自今日起，本朝廢除丞相制度，設五府六部都由皇帝統一管理。今後，我的接班人不許再設丞相，群臣有敢提出此議者，嚴懲不貸。

如此，朱元璋對胡黨案窮追猛打的最終目標真相大白了。與其說朱元璋對胡惟庸恨之入骨，不如說他與中國丞相制度勢不兩立。與其說，他設計了胡惟庸、汪廣洋、李善長甚至徐達四相，不如說他開啟了廢除丞相制度的倒計時。

我們不妨回到朱元璋與劉伯溫論相之初。朱元璋提名楊憲、汪廣洋、胡惟庸三人，劉伯溫堅決地否決了這三人，而朱元璋卻任用了這三人。其結果可想而知，要麼過於擅權，要麼過於懦弱，三人都不是丞相的合適人選。這個結局似乎證實了劉伯溫的料事如神和朱元璋的用人之誤。但是，再往深思索，就會發現朱元璋的老道。這並不能證明劉伯溫比朱元璋高明，相反，朱元璋考慮得要遠比劉伯溫深遠。往深層次說，這種失誤也許正是朱元璋所需要達到的效果。他需要的不是德才兼備、兢兢業業的好丞相，若果真如此，李善長可以暫時留任，即使非得撤換，劉伯溫就是一個現成的絕佳人選。明明知道劉伯溫的評價是切合實際的，明明知道楊憲、汪廣洋上臺是要誤事的，卻偏偏給了他們一個展示的舞台。其實，朱元璋希望他們展示的不是才華和政績，而是失誤和失德，好以此來證明丞相制度的不合理，讓廢相成為名正言順之事。

這就是明太祖皇帝的棋局——廢相局。

朱元璋在廢除丞相制度的同時，還創造了一項歷史紀錄——殺相之最。在他手下，從李善長到徐達，再到汪廣洋，包括最後這位胡惟庸，無一善終。

在此我們不妨對明朝短暫的君相關係做一番質疑：是丞相群中無一賢相，都對不起朱元璋？還是朱元璋對不起這幫丞相？

一部歷史劇中的一句臺詞生動道出了朱元璋的御相之術：

當朱元璋除掉前幾個丞相，準備啟用胡惟庸為相時，面對誠惶誠恐的胡惟庸，朱元璋提出了為相標準：「朕希望你是趙普，而不是趙高！」

誰是趙高，誰是趙普？他們一個是秦朝奸相，另一個是宋朝賢相。朱元璋希望手下多出如宋朝趙普一樣的賢相，其實顯露出的是一個病態皇帝對臣下的不合理要求。道理很簡單——自古君與相大都呈前因後果之關係，君明相賢，君暗相奸。因為「終身不殺士」的趙匡胤，所以誕生了賢相趙普，因為草包胡亥即位，所以才有趙高的跋扈。

朱元璋早期打天下時，重用的丞相級別的文臣劉伯溫、朱升等人，不僅是大才，而且是大賢，屬於賢相類。後來任用的楊憲、胡惟庸，沒有大才且心理陰暗，屬於奸相類。這不是相的問題，而是君的問題，是君的心理和需要產生了變化——朱元璋由明君變為暴君，必然需要奸相來配合。

關於君明相賢、君暗相奸的道理，歷史上的實例比比皆是。就拿朱元璋推崇的趙普來說，他也不是個天生的賢相。這個人早年的品質並不好，是個比較貪財的人，當了丞相也時常犯老毛病。有一次他病了，宋太祖趙匡胤登門去看望，看到走廊裡堆有剛送來的十幾箱禮物，就問是什麼東西。趙普說是別人送的海鮮。趙匡胤很好奇，打開一看，哪裡是什麼海鮮，全是「乾貨」——小顆粒的瓜子金。於是心裡很不是滋味，但比較想得開，對趙普開了一句玩笑，說：給你送禮的人，大概認為國家大事都是由你決定的吧。

這話說得再明白不過了：你占便宜不要緊，但千萬不要搞錯自己的位置，別忘了，起決定作用的可是我，我才是君主。

豈止趙普與趙匡胤的關係是這樣，就是朱元璋反感的奸相趙高，也不是天生的壞蛋。

此人是趙國人，天資聰穎，從小喜歡讀書，父親、母親加上兄弟六人，一家人其樂融融。後因秦始皇要統一六國，派兵攻打趙國，趙高的父親帶著趙高的幾個哥哥上了戰場，結果長平之戰趙國大敗，趙國軍隊四十萬人全部被活埋，其中就包括趙高的父親和哥哥。

隨後，趙國淪陷，趙高及母親都被抓到秦國做了奴隸。趙高母親不堪折磨也死了。趙高把仇恨埋在心裡，一心想顛覆秦國，為親人們報仇。

深藏不露的他，被秦始皇看中，想重用他，但是他來自趙國，秦始皇不放心，於是下了狠招，命人閹了趙高，殺了他的妻子、女兒，讓趙高專心事秦。趙高暗自發誓要血債血還。秦始皇在世時，他不敢輕舉妄動，但到了秦二世胡亥時代，他如魚得水。最後除掉李斯，得到丞相高位。

提到趙高和秦二世胡亥的關係，人們都認為是趙高帶壞了胡亥，殊不知前期的壞事基本上都是胡亥主導的。秦朝後期的暴政，起決定作用的不是趙高而是胡亥。胡亥實行大清洗政策，屠兄弟十二人，殺擊天柱大將蒙恬，揮動大棒毫不手軟。從繼承人的角度講，秦始皇大兒子扶蘇是皇位合法繼承人，秦始皇的這個小兒子胡亥則是秦始皇靈魂的合適繼承人。胡亥繼承了秦始皇的精神衣鉢——殘暴嗜殺，所以才造就了奸相趙高的殘忍復仇。

後來的指鹿為馬，那是胡亥不理朝政的緣故，才逐漸被趙高把持了權力。胡亥是個心狠手辣但沒有理想的人，坐穩了皇帝寶座的他，對趙高說：人這一生就如白駒過隙，做了皇帝，我想盡情享樂，愛卿你看呢？這正合趙高心意，從此討好胡亥享樂，漸漸獨攬大權。可見，「相奸」的前提一定是「君暗」，絕無「君明而相奸」的道理。

再拿前面提到的朱升來說，他是朱元璋打天下時的軍師級人物，是朱元璋三顧茅廬請出來的大賢，曾提出過「高築牆，廣積糧，緩稱王」策略，助朱元璋成功奪取天下。按理說也是賢相的合適人選。但此人卻在明朝建立的第二年，就突然辭官歸隱了。這是為什麼呢？

表面的原因是體弱多病告老還鄉，當時朱升已經年逾七旬，而且多病，是到了告老還鄉的時候了。但深層的原因卻是迫於政治形勢，出於明哲保身的自謀策略。正如一位詩人祝賀朱升歸隱的詩句所說：「掀天事業乾坤內，開國功勛宇宙間。明哲保身歸隱後，翰林聲價勝封王。」

長期在朱元璋身旁與之相處，使得朱升對皇帝猜忌刻薄的秉性有透徹的了解。未成皇帝前，尚能隱而不發，但成為皇帝以後，權力不受制約，這個秉性無限發展，若繼續輔佐，必無好下場。而朱升這種要人格、要尊嚴的大文人，在變臉皇帝面前，又不能違心做事，所以乾脆三十六計，走為上。

朱升向朱元璋請求退休時，朱元璋極力挽留，甚至表示要給他更高的官銜，可以子孫世襲。兩人之間有一段意味深長的對話：

朱升：臣不敢接受更高的官銜，因為臣的兒子福分淺薄，不敢承受天恩。

朱元璋問：你有幾個兒子？你不接受更高的官銜也就算了，為何不讓你的兒子來輔佐我呢？

朱升哭著回答：臣只有一個兒子，名叫朱同，「事君之忠有餘，保身之哲不足」，我不希望他做官，是因擔心他日不得老死家鄉。

朱元璋面露不悅之色：這是什麼話！我和你雖有君臣之分，卻情同父子，你為什麼有這種擔心，顧慮到這一步？

朱升坦白地回答：並非臣過慮，但願陛下哀憐老臣，免臣的兒子死罪，賜以完軀，就是萬幸。

朱元璋被聲淚俱下的朱升感動了，決定賞賜朱升父子免死鐵券。

洪武三年，朱升病逝，可謂壽終正寢。可是他的子孫卻沒能做到這一點。擔任禮部侍郎的朱同被捲入胡黨案，以莫須有的罪名被判處死刑。朱元璋特別開恩「賜自縊」，給了他一個完屍，已經是皇恩浩蕩了。

對於君相之間的因果關係，《資治通鑑》的作者司馬光說得再明白不過了：「君惡聞其過，則忠化為佞；君樂聞直言，則佞化為忠。」賢明的皇帝可以讓奸人變賢臣，昏庸的皇帝可以讓賢臣變奸人。可見，丞相只不過是皇帝的影子，一個國家的政治成敗根系還是在君主身上。一個奸相的背後，站著的不是昏君，就是暴君。

作為丞相的頂頭上司，朱元璋既非昏君，也非賢君，而是一個權力欲強到變態的暴君。在他手下，李善長那樣撈權力的丞相不行，汪廣洋那樣尸位素餐不作為的丞相也不行，胡惟庸這樣結黨營私的丞相更不行。放權、抓權均無好下場。

說朱元璋是個權力野獸，這對他也許有些妖魔化。但是說朱元璋是中國歷代帝王中權力欲最強的，筆者認為是中肯的。中國的帝王大都權力意識很強，臥榻之側不容他人酣睡，朱元璋的權力意識則可稱得上是極強。對君權有所制衡的丞相制度，到了朱元璋手上，沒活路可走。

回顧中國歷史，自從中國有了丞相，就有了所謂的「君權與相權」之爭，但這種「鬥爭」多半屬於文人士大夫的自戀浮誇，兩千年中國封建社會雖然實行的是官僚制度，但核心是君主專制，所有官僚為君主服務。所以，在以君主專制為核心的中國封建社會，除非皇帝主動放權或者年幼低能，在正常情況下，任何丞相與皇帝鬥，都不可能獲勝，此間道理，就像管家鬥不過老爺的道理一樣簡單明瞭。

為強化君權，朱元璋廢除中書省後，還順便將大都督府和御史臺一同進行了改造：

改大都督府為五軍都督府。五軍都督府只有統兵權，而調兵權歸兵部。兩權分離，朱元璋借此分散中央機關兵權，避免「權臣握兵之害」，加強了皇帝對軍權的控制。

廢御史臺，改設都察院，依十三道，分設監察御史，巡按州縣，專事官吏的考察、舉劾。都察院不僅可以對審判機關進行監督，還擁有「大事奏裁、小事立斷」的權力，為最高監察機關，直接對皇帝負責。就此朱元璋又牢牢把握了司法監察權。

那麼，把所有權力集於君主一人之身後的大明，政局就此清明高效了嗎？按理說，政治鋤奸、改制之後，政壇應該煥然一新。但胡黨被清除後，朝政不僅沒有欣欣向榮，反而更加糟糕。這是怎麼回事呢？

原來，朱元璋把胡惟庸與丞相制度連根拔掉給自己出了大難題——皇權沒了相權的威脅，但同時也失去了「職業經理人」，一切都得皇帝親力親為，縱然精力充沛，但渾身是鐵能打幾根釘子？

好在朱元璋精力還算旺盛，他孜孜不倦，一直到古稀之年才壽終正寢。但他的子孫們可扛不住了，他們沒有朱元璋那樣過剩的精力。

終於，他們找到了新的「職業經理人」——宦官。

明初丞相制度尚存時期，宦官在政治格局中無足輕重，根本不是丞相大臣的對手。但廢除丞相制度後，宦官干政、主政的局面時常出現，萬曆年間就連張居正這樣的超重量級首輔，不聯合大太監、司禮監馮保也幹不成任何事。一般王朝，太監絕不可能得到千歲這樣高的爵位，而明朝天啟年間的太監頭子魏忠賢，竟扶搖直上成了「九千歲」，離萬歲只有一步之遙。有明一朝，創造了一個另類盛世——太監盛世。

宦官在中國由來已久，早在周朝，中國就有宦官了。但中國太監盛世卻出現在明朝，一般王朝太監數量不足一萬人，而明朝太監鼎盛時期人數達十萬之多，除此之外，還有更多閹割後當不成太監的「待業者」。

正所謂此消彼長。太監的地位日益升高，另一類人群的地位就相對下降了。這類人群就是士人。

明朝中後期，皇帝們不是心理有問題，就是生理有問題，因此不理朝政，宦官干政發展到了一手遮天的地步，當時士大夫及朝廷大員為了保住官位或高升一步，主動跪求與太監結親，由此出現了很多荒唐事。

王佑，大明正統年間的工部侍郎，為了討好宦官王振，天天刮光鬍子打扮成宦官模樣。一日王振遇到王佑問：你臉上怎麼沒鬍子？

王佑順勢跪倒：我爹沒長鬍子，我怎敢有？

王振問：誰是你爹？

王佑答：就是您啊。

從此，便直接成王太監乾兒子了。

大明成化年間，朝中兩大員王越、尹躬是官場「好友」，但是在太監頭領汪直面前，卻爭風吃醋，互相比低賤。一次，二人來到汪直家。王越搶先入室，撲通跪倒，五體投地，行大禮參拜。尹躬一看這陣勢，心想光個人下跪不好使，沒競爭優勢了，於是命令手下全體集合，集體跪拜，汪直大悅。此後，尹躬的官運就蓋過了王越。

具有諷刺意味的是，朱元璋在開國之初，是嚴禁太監干政的，為此他甚至禁止太監讀書，孰知自己廢了丞相制度，卻無意間成了太監盛世的始作俑者。

為什麼這麼說呢？

此前中國封建王朝雖推行君主專制，但皇權之外，總歸有丞相分權，相權對皇權有一定的制衡作用。如唐代實行三省分職制，中書省、門下省、尚書省共同行使中央權力。到了明朝，朱元璋延用元朝體制，保留一個中書省，胡黨案後，將三省全部廢除，一個不留。明代政府機構經過這樣的改變，士大夫就此失去了權力的凝聚點。一如明末學者黃宗羲所說：「有明之無善治，自高皇帝廢丞相始也。」

表面看，這種變化是剷除了士大夫「亂政」的土壤，實質上反而加劇了人治弊端。因為之前如果皇帝無能昏庸，還有丞相把關，中書省能造成一定的緩衝作用，而如今，一人獨大了，國家命運完全依賴君主一人，君明國明，君暗國暗。皇帝直接掌管六部，六部直接向皇帝負責。如果皇帝是個政治強人尚可，一旦平庸昏庸，處理政務的能力不足，就要尋找代理人了。找誰呢？之前找的是文人士大夫、丞相，而今怕臣子奪權，廢除了丞相，那就要交給相對忠誠的奴才，即倚重宦官，明朝中後期皇帝大多是這樣行事的。由司禮監掌理章奏文書，司禮監秉筆太監代皇帝硃筆批紅。而這些太監大多沒讀書，甚至有的是文盲，文盲指導六部，處理政務，水準能高到哪兒去？清代史學家趙翼在《陔餘叢考》中記載，明中後期諸帝多「簾遠高堂，君門萬里」，從而「政務偷玩，事無統紀」。那些地方上報中央的公文積壓得堆成了山，皇帝沒工夫處理，而那些出於太監之手的中央文件，也被地方政府視為廢紙，置之不理，整個國家的統治機構陷入半癱瘓狀態，從中央到地方，處處推諉，效率低下。這難道不是廢相廢省的始作俑者朱元璋造成的嗎？

更具諷刺意味的是，朱元璋對宦官干政素有成見，要求朝廷的宦官「毋令過多」、「不可使有功」，但偏偏明朝宦官規模在歷朝歷代排名第一，參與政事最多。朱元璋又告誡後世子孫對宦官若「用為耳目，即耳目蔽；用為心腹，即心腹病」，偏偏自他以後，明朝君主就喜歡以宦官為耳目心腹。

後世文人都感嘆朱元璋的初衷沒有得到貫徹，否則明朝不會出現宦官干政的現象。殊不知，造成這種災難的正是朱元璋本人，如果他沒有剝奪了士人的相權，又怎麼會輪到那些家奴興風作浪呢？

第十二章　永絕權臣：自此無士有野心

不管別人怎麼說，朱元璋借胡黨案收官了廢除中國丞相制度這盤棋，剷除了權臣滋生的土壤，將皇權推到了至高無上的地位。

他所做的這一切的最大意圖，無非是希望中國最高權力永遠握在自家人手中，使朱家天下萬年永固。

為了達到這個目的，朱元璋臨終前，還進行了「復盤」。反覆告誡子孫，千萬不要打亂他的「棋譜」：一不得給胡惟庸翻案，二不准恢復丞相制度。誰違反了這兩條太祖遺訓，就是犯了天條，嚴懲不貸。

那麼他的子孫會不會聽他的呢？

先說給胡惟庸平反這件事。

朱元璋為剷除胡黨製造了很多大案要案，這些案子後經歷史證明，多為冤假錯案，根本經不起推敲，於是朱元璋死後，很多案子陸續被平反。反正人已經被太祖殺了，是不是隱患也已經滅了，如今慈悲回轉，落個仁慈之君的好名聲何樂而不為？

朱元璋的子孫大約是懷著如此心態來給那些冤死的大臣平反的。

朱元璋整治舊時戰友時，炮製了一本《逆臣錄》，列名者涵蓋一公、二伯、十三侯，到了明朝晚期，這些人都已經被平反得差不多了。但是，唯獨胡惟庸，沒有一個明朝皇帝提及為他平反，這是為什麼？

因為胡惟庸之罪比較另類。在中國歷史上，有兩種反面人物永遠難以平反，一種是漢奸，另一種是酷吏型大臣。這兩樣，胡惟庸全占了。

為什麼這兩種角色無法平反？因為凡是被戴上漢奸帽子，就是民族罪人、全民公敵，所以除非民族消失或民族概念消亡，否則平反不了；至於酷吏，雖不是全民公敵，但卻是群僚公敵，即全體官員的敵人，胡惟庸為朱元璋整治了不少人，後來朱元璋及其子孫們紛紛把罪責推到了胡惟庸身上。

譬如朱元璋在處死胡惟庸後，就把劉伯溫的兒子召來，對他們說：實話跟你們說吧，你們的父親就是讓胡惟庸害死的，這個傢伙真下毒了。

又召來徐達後代說：胡惟庸早就想害你們的父親，你們的父親早告訴我了，他不是吃蒸鵝死的，大概是讓胡惟庸氣得落下大病才死的。

朱元璋這麼做，他的子孫更樂意這麼做。

明末清初史學家李清所著的《三垣筆記》裡記載了這麼一件關於平反的奇事。

崇禎年間，在胡黨案結案二百一十六年之際，崇禎皇帝親自接見了李善長長子李祺的九世孫李世選，像模像樣地拿出一個信封，掏出一封信來，原來是一道赦免令，口氣居然是死去二百年的朱元璋對已被「正法」的李善長說的話：

勛臣善長：眾臣詐稱偽，坐胡惟庸，不曉自犯，向後複查，毫不干你事。……你為國為民，我不忍忘。……罰二百十六春為民，取復護國，準旨到京見主，復韓國公。

什麼意思呢？朱元璋說：李善長啊，我知道你是冤枉的，其實胡黨案不關你的事，但迫於形勢不得不這樣做，罰你家兩百一十六年為平民，現在可以官復原職了。

這是件很奇怪的事。如果此信真是朱元璋留下的，那他比劉伯溫更加料事如神，更能未卜先知，知道明朝有兩百多年的氣數。而此時大明行將就木，平反云云又於事何補呢？估計這不過是末代皇帝借祖爺爺之口，收買人心罷了。

但不管怎麼說，朱元璋和他的子孫們這樣的做法，壞人就只剩胡惟庸一個了，而且劉伯溫、徐達、李善長的後代，及其他所有受殘害大臣的後代都會痛恨胡惟庸，所以誰都能平反，但酷吏胡惟庸不能平反。

以上是大明官方對胡黨案的態度。那麼當時外國怎麼看待胡黨案呢？

譬如，日本方面是怎麼評價與他們「有染」的胡惟庸呢？

當然，這「有染」二字應該加引號，確切地說是「被有染」。查閱日本史料，沒有胡惟庸與日本王室暗通款曲的記載，但確有《日本史大事典》記載，胡惟庸通倭案發後，中日一度斷絕了邦交。朱元璋把日本列為「不征之國」的同時，還列日本為「不庭之國」。什麼是「不庭之國」？就是中國對日本關閉國門，中日永絕貿易。但朱元璋死後，四子朱棣搶班奪權，中日關係又出現了回暖。取代懷良親王統治日本的幕府將軍足利義滿主動向大明示好，納貢稱臣，重新打開了中日貿易的大門。

這是怎麼回事呢？原來，透過與大明的交往，日本人發現，明王朝的朝貢貿易帶有很大的賞賜性質。用當時被稱為「中國通」的義大利人利瑪竇的話來說：不是世界向中國朝貢，而是中國向世界朝貢。對於外夷的朝貢，身為上國的明王朝，無論給價還是回賜往往超出貢品價值的幾倍甚至幾十倍。於是日本和其他外夷一樣，非常認同這種甜頭巨大的朝貢，並將朝貢看作是難得的發財機會。

可見，對於日本來說，胡惟庸是不是他們的人不重要，日本王室的面子也不重要，重要的是真金白銀。具有實用主義傳統的他們，犯不著為一個偽漢奸與大明的金銀財寶較勁。

於是終明三百年，胡黨案沒有得到平反，頭頂奸賊與漢奸兩頂高帽的胡惟庸遂成永久壞蛋。

那麼如何評價胡惟庸的罪過？胡惟庸死得冤不冤呢？

筆者認為也冤，也不冤。朱元璋處死胡惟庸的罪名是「枉法誣賢、蠹害政治」兩項罪，這第一項罪筆者認為不冤，什麼叫「枉法誣賢」？就是徇私枉法、誣陷好人。胡惟庸確實殘害了不少大臣，雖然那些大都是朱元璋讓他做的。但不能說胡惟庸是無辜的，這就和雇兇殺人的道理是一樣的，雇凶者固然可惡，但殺人者豈能無罪？

然而，那第二項罪筆者認為就有點冤了。至少是值得推敲，什麼叫蠹害政治？後來朱元璋給了補充解釋，就是謀反。

胡惟庸是不是真的想推翻朱元璋，奪取大明政權？

從名字判斷一個人有沒有野心，有形而上之嫌。但是一個人的志向，有時從名字上確實可窺一斑。我們不知道胡惟庸的父親是幹什麼的，他給兒子起的這個名字，大概也無大志寄託。惟庸，唯中庸之道，求官宦一生。這個名字和朱元璋相比，就太小氣了，雖然朱元璋起初的名字也不怎麼樣，叫朱重八，但朱元璋後來改了響亮的名字——朱元璋！朱為誅滅，元為當朝，何為璋？古代稱生男孩為弄璋之喜，「朱元璋」就是誅滅元的男子漢，志向何等非凡，氣壯山河！

然而，在朱元璋眼裡，不是你起個沒野心的名字就沒野心了，那得憑他的直覺。事實證明，朱元璋最感興趣的罪名，恰恰是充滿野心的「謀反罪」，何止胡惟庸，朱元璋除掉的不少戰友，扣的都是謀反罪的帽子。

是不是那些人都反對朱元璋？筆者說不是，尤其是胡惟庸，更談不上。縱觀胡惟庸的政治作為，就是皇帝的打手、幫兇，最後即便有謀反之念，也是狗急跳牆，被朱元璋逼的，刀架在脖子上了，也不許反抗嗎？

史書沒有記載胡惟庸的臨刑表現，不知他最後是為自己叫冤，還是後悔自己沒真反、早反。明朝史學家王世貞評價胡惟庸「為人雄爽有大略」。筆者認為這句評語言過其實。根據他最後束手就擒的表現，筆者認為他的野心和膽略十分有限，不具備曹操、司馬懿那般雄才大略，是奸臣不是梟雄。

筆者不知道胡惟庸早年在學堂主攻什麼學科，但從哲學的角度上講，以治人和媚上為能事的胡惟庸，歸根結柢，學的是奴才之道，而非曹操、司馬懿之流的帝王之道。這樣的人想要自立門戶，自己當皇帝，根本不可能。

所以筆者說，謀反是一頂戴在胡惟庸頭上的高帽子。

胡惟庸謀反不實。絕大多數史學家都持這樣的觀點，現代明史學家吳晗在其《胡惟庸黨案考》中，詳細地描述過胡惟庸案子的來龍去脈，結論是：胡惟庸案是一個冤案。

基於此，筆者以為九泉之下的胡惟庸應該後悔，與其帶著強加的罪名，不如對朱元璋這種主子真謀反，殊死一搏另起爐灶，又會如何呢？大不了還是一死，至少可以看到重生的希望。

以上是胡惟庸案的翻案問題，終明一朝，果無皇帝敢碰。胡惟庸只能靠隔朝的現代人為其翻案了。

胡惟庸不過是片漂在歷史長河中的枯葉，隨波逐流。朱元璋在送胡惟庸上路的同時，把中國丞相制度也葬入墳墓。朱元璋的這一舉措對之後大明王朝乃至近代中國士人命運的影響經久不息，它不僅使封建中國之權臣成為歷史，而且還明目張膽地使國法退為家法，國家大臣退為皇家小臣。

關於這一點，講個題外話。前面說朱元璋在擴大化胡黨案時，人人自危草木皆兵。那些特務藉機敲詐勒索，敲詐到了東莞侯何真後代，何家被迫上訪告御狀。得知這個情況後的朱元璋大怒——「我的法，這傢伙敢做交易」，下令將那個敲詐勒索的小特務處死。從結果看，此事看似皇帝對徇私枉法者恨之入骨，但卻一語道破《大明律》只不過是皇家工具，所有法條為皇家最高利益服務，當皇權受侵時，沒有司法公正可言。就像法家集大成者韓非子所公開宣揚的那樣：法，就是帝王的殺人刀。朱元璋說別人徇私枉法，而他對功臣戰友任意處置、動輒擴大屠殺，豈不皆是徇私動機？

當國法嬗變為家法，則大臣必成小臣。以洪武十三年廢相為結點，祖皇帝朱元璋一勞永逸，永絕權臣。

熟悉歷史的讀者應該知道，宋朝以前，從楊堅到趙匡胤，中國歷史上「寵臣變太祖」的例子並不鮮見，但是宋朝之後，尤其是明朝以胡惟庸之死為標誌，這種情況基本絕跡，為什麼？因為他們無權。實權全部掌控在皇帝手中，臣子沒了作亂的本錢。

小結胡惟庸的七年丞相生涯，既是朱元璋的殺相廢相史，也是對士人的奪權史。朱元璋對胡惟庸由寵到殺，充分暴露了一個史無前例的暴君廢相集權的深刻心計。經過殺相廢相，及其對胡黨案的永不翻案，大明王朝剝奪了士大夫與君主叫板的實權，徹底堵死了權臣之路。從此，近代中國便進入了一君獨大、士人二化（奴化、僵化）的政治局面。

下篇
永樂東閣局——開山首輔解縉之不歸路

如果說太祖朱元璋設棋局，是昭告天下丞相只做壞事，沒什麼用，廢了好。那麼，他的四子、大明另一個祖皇帝——明成祖朱棣，則是要透過下面這個棋局告誡士林，士人應該怎麼擺正位置，如何「貨與帝王家」。

洪武二十四年（西元一三九一年），胡黨案結案十年後，虞部（工部分部）郎中王國用上書為李善長鳴冤，題為〈論韓國公冤事狀〉，該狀以雄辯的事實與縝密的邏輯，反駁李善長「串通胡惟庸謀反」結論，問得太祖皇帝朱元璋啞口無言。

但是，這份著名的鳴冤狀卻並非王郎中原創，而是由他尋來的槍手——一位個性十足、年輕狂傲的大才子所作。

此狂士由此再度揚名，然而他沒有想到，積年之後，自己的結局比胡黨案中的李善長更加悲慘——因為朱元璋的四子要繼承先父遺志，馴化士人，而他恰恰就是一枚棄子。

下篇　永樂東閣局—開山首輔解縉之不歸路

以下講述的，就是這個有著「大明第一才子」之稱的狂士掉入朱棣設計的「永樂東閣局」的悲劇。繼胡惟庸成為中國最後一個丞相後，這位狂士承上啟下，也開創了歷史，接過「臨時工」黃淮手中的接力棒，成為大明乃至中國第一任正式首輔。從他的傳奇經歷中，我們不僅能了解到大明政壇「君尊臣卑」的內情，而且還能對中國狂士自明朝後幾近絕跡的根源一探究竟。

第一章　太祖滅相，士林乏樹

西元一三八八年，大明建國二十週年。這一年開國皇帝朱元璋懷著「不可告人」的目的，特別求賢如渴。

什麼「不可告人」的目的？

兔死狗烹。我們知道，朱元璋在建立大明王朝之後，犯了中國歷代開國皇帝的通病——殺功臣、殺戰友。而且，朱元璋是變態級的，他的病比歷代皇帝都嚴重。可以說，朱元璋執政前期，大明建國二十年，這位開國皇帝沒做別的，就是有計劃有規模地殺功臣、殺戰友。為了找殺人藉口，他先是製造胡黨案，而後又製造藍黨案，透過這兩黨案，把功臣戰友基本殺光了。

到了洪武二十年，朱元璋終於累了。戰友基本殺光，開國功臣也殺得差不多了。十年大屠殺加廢相，致使士林肅殺。士人知道在朱元璋手下當差，有兩個不保：一是腦袋不保，朱元璋多疑善變，嗜殺成性，官員擔心早上出門，晚上未必能回來；二來溫飽不保，朱元璋執政時期官員的俸祿低得可憐，很多官員養活家人都很困難。

因此，當時很多在野的人士都不願意來朝廷效力，一時間朝堂冷清，朝中人才青黃不接，官員缺額嚴重，急需大量人員補充到中央和地方政府。

身為開國皇帝，朱元璋需要人才充門面，展現一下聖明之君的愛才之心，從而收攬天下士人之心。所以，刑場茶歇的朱元璋，這一年特別重視科舉考試。此前洪武三年，大明王朝曾舉行過第一次科考，但朱元璋發現所錄用的人員雖然滿腹經綸，卻缺乏經驗，工作能力不足，派不上用場，加上此後朱元璋忙於刑場，忽略了考場，於是科舉停頓，一停就是十五年，直到洪武十八年，科考才恢復。而洪武二十年，要準備第三次開科，閒暇下來的朱元璋要親自當獵頭，挖掘賢才。這一次，他能如願嗎？

天遂人願，朱元璋求到了一個一生忘不了的奇才。此奇才就是江西學子解縉。這一年他剛剛十九歲。

那麼，朱元璋是怎麼注意到解縉的呢？

主要是解縉的兩個「突出」吸引了他的眼球。

一是成績突出。二是家境突出。

特別重視這年科舉的朱元璋聽說，江西有個神童，鄉試考了個全省第一，高中解元。接下來，會試考了全國第七。解縉不僅自己表現出色，而且他的哥哥解綸、妹夫黃金華也表現優異，廷試全都高中進士，「一門三進士」，這種情況在一般家庭中是罕見的。這個家庭確實不一般，而關於這個家庭朱元璋是知曉的，甚至有過交集。

這就需要從解縉的身世說起了。

解縉，字大紳，洪武二年（西元一三六九年）出生於江西吉水一個官宦世家，是書香門第。

解縉的爺爺叫解子元，在元朝做過中級官員，官居安福州判官。解縉的母親是大家閨秀，而解縉的父親解開則是元朝最高學府學員、國子監監生，知名賢達學者。

明朝開國後，朱元璋招攬天下名士，曾三番五次派人請解開出來做官，全被解開婉言謝絕了。

解縉的父親為什麼堅絕不做大明朝的官呢？說起來，這是很耐人尋味的。

解縉爺爺解子元在元末天下大亂時，遭到亂軍襲擊，也不知這亂軍是農民起義軍還是地方軍閥，總之解子元亂戰戰死，這也算是為元朝盡忠了，守義而死。而他的兒子解開曾為元朝國子監監生，元朝滅亡後，他也要以父親為榜樣，為元朝守義，因此不肯出來做明朝的官。

也許讀者會問：元朝是蒙古統治者建立的，身為南方漢人的解子元父子怎會為這樣一個朝廷盡忠？這就涉及更深層的問題：中國儒家士大夫「國家與天下」的傳統觀念了。

簡單解釋一下。解子元父子為元朝盡忠，就像後來曾國藩打洪秀全的道理一樣。清朝是滿族人建立的，曾國藩與洪秀全均為漢人，但是洪秀全發動太平天國起義，曾國藩卻去鎮壓，因為在曾國藩看來，民族戰爭充其量是亡國，換了個君主統治而已，而教義之爭，才是亡天下的大事。三綱五常是中國人的命，無論皇帝來自何方，只要他尊崇三綱五常，盡忠就是。

可見，解縉家族就是這樣一個傳統儒者世家，生在這樣的家庭，解縉從小就得到了正統而良好的教育。他三歲識字，五歲讀書，七歲便能創作詩文，是遠近聞名的神童。

一些相聲評書說解縉家是開豆腐坊的，實屬戲劇化了。當然，人們這麼說並非一點沒有依據。人們曾問少年解縉：你父母是做什麼的，他如是作答：嚴父肩挑日月，慈母手轉乾坤。於是，人們一想，一個磨豆腐，一個賣豆腐，就是這番情景。這個未必是真，但「嚴父慈母」應該是真實寫照，從傳統意義上講，解家應該屬於充滿書香氣的耕讀之家。即便賣豆腐，也是耕讀之餘貼補家用。

關於解縉的成長，民間有很多充滿傳奇色彩的有趣故事。這些故事未必真實，卻能反映他的品性。比如，解縉智鬥財主的故事：

說解家與一土豪家對鄰，解縉家的大門對著這個土豪家後院的竹林。不滿十歲的解縉成心戲耍土豪，就在自家大門上寫了首對聯：「門對千竿竹，家藏萬卷書。」你家有林子，我家有書庫。那個土豪一看，跟我炫耀？於是把竹竿砍了，只留竹根，看你小孩子怎麼對。解縉在對聯下各添一字：「門對千竿竹短，家藏萬卷書長。」土豪來勁了，把根也挖光，解縉又加字：「門對千竿竹短無，家藏萬卷書長有。」土豪徹底崩潰，不敢再和神童較勁了。

諸如這樣的故事還有很多。這些故事可以說明兩個問題：一是說明解縉聰明，才思敏捷；二是說明他有個性，爭強好勝。

雖然受到父輩儒學正統的薰陶，解縉卻不想重複父親的路。他從小就立下了青雲之志，那就是走仕途。他要好好學習，長大了要積極應考，當大官。

這是為什麼呢？因為在古代中國，讀書人不做官，不僅沒有社會地位，而且還沒有什麼經濟來源。解縉從小看到不做官的父親令解家生活窘迫，賣豆腐之說大概就是這麼來的。他不想像父親那樣窮困，下決心一定要做官領俸祿。所以學業成就後，他積極進取踏上科考之路。

我們知道，大明學子當官要經過三試，鄉試、會試、殿試。鄉試就是全省統考，會試是全國統考，殿試是皇帝主持的當庭測試。這位飽讀詩書的才子如猛虎下山，鄉試第一，會試亦順利透過。殿試前就吸引了最大主考官——皇帝的眼球。朱元璋殿試前調閱了一、二甲策論，對解縉的文筆讚歎不已，接下來他要親自給才子出題了。

那麼，解縉在殿試上表現如何？會得到皇帝的高分嗎？

史料記載，朱元璋以「柳」與「春風」為題，讓解縉在皇宮大殿當場賦詩。

解縉脫口即出。柳：「御柳青青近綠池，迎春擢秀不違時。皇恩天地同生育，雨露無私亦共知。」春風：「漫漫春風入舜韶，綠楊舒葉亂鶯調。君王不肯娛聲色，何用辛勤學舞腰。」這兩首詩，一個是誇皇恩浩蕩普照大地，另一個是誇皇帝勤政不好酒色。兩首詩就像兩把不求人，把皇帝的點位尋得非常到位，抓得朱元璋舒服極了。朱元璋見解縉人小乖巧，IQ 和 EQ 都很出眾，便欲欽點其為狀元。

但是，朱元璋的意見遭到了其他考官的反對，最後解縉與狀元之位失之交臂。

解縉為什麼沒當上狀元？其他考官反對解縉當狀元的理由在哪裡？

這就要說到古代點狀元的玄機了。中國古代選拔狀元，當然首先才學要好，科舉考試成績突出，但是，光才學好不夠，還考核形象和名字。也就是說，長得英俊，名字吉利，也是被點為狀元的必要條件。而解縉呢，長相還行，但身材矮小，後被人戲稱為「解矮子」，所以形象難稱雄武英俊。最重要的是他的名字，「解」與凋謝的「謝」，洩氣的「洩」發音相通。解縉名縉，字大紳，縉古代是指官人，紳是指紳士，一個國家，官人和紳士都凋謝了，這個國家還會好嗎？

所以有大臣們就勸皇帝不要點解縉為狀元，他的名字不吉利。朱元璋雖然是個很固執的、說一不二的皇帝，但也很迷信，為了江山社稷的未來討個吉利，所以忍痛割愛捨去解縉，又選了一個形象和名字都很像樣的考生做了狀元。這個狀元是誰？史料記載，此人名喚「任亨泰」，大明王朝人人亨通康泰，這名字多吉祥喜氣。

神童與狀元擦肩而過，只定了「三甲進士」，別說狀元，連榜眼、探花也不是，也就是說，解縉在最終發布的進士榜上排名比較靠後。

但這並不影響他受寵。洪武二十一年（西元一三八八年）秋，「三甲進士」解縉正式進入仕途，被授職翰林庶吉士。這是個預備官員，沒有實際職權，相當於皇帝的備用祕書。但解縉這個備用祕書不一般，一進翰林院就得到太祖恩寵，不久升為翰林學士，正五品官員，相當於皇帝的正式祕書。朱元璋經常招解縉進宮，帶在身邊，不離左右。

那麼，朱元璋為何喜歡解縉？初入皇宮的才子什麼表現招皇帝如此喜歡呢？

一些野史記錄，解縉初期得到朱元璋垂青，主要靠的是「籠中對」。

注意，這個「籠中對」和三國劉備諸葛亮的「隆中對」不同，「籠」是籠子的籠，也就是說，解縉與朱元璋的對詩，是宮廷金絲籠裡的插科打諢。和前段講的〈柳〉、〈春風〉大同小異。兩人不僅對詩，而且還經常一起吃飯。一日，在皇家御膳房西廳——大庖西室，二人又喝上了，可能喝得有點多，朱元璋也不分君臣禮儀了，拍著解縉的肩膀說了這樣一句話：「與爾義則君臣，恩猶父子，當知無不言。」我倆這關係，名為君臣，實際上就是親父子一樣，你有什麼話，儘管對我說，別藏著。

皇帝的這句酒話深深打動了才子，也把才子送上了一條吉凶未卜的大道——參政議政。

第二章　解才子入世：一夜成名萬言書

洪武二十一年的一個夜晚，受到朱元璋鼓勵的解縉激動得睡不著覺，他看到了自己成為中國有史以來最年輕的國師智囊的希望，因此下決心必須做點什麼了。

我們知道，即便是普通民眾一起喝酒，那酒話都不能太當真的，因為酒桌上的話往往是酒精刺激的結果，大多不算數。

而解縉為什麼要拿皇帝的酒話當真呢？主要兩個原因。

第一個原因，他崇拜朱元璋，認為朱元璋是明君，君無戲言；第二個原因，他自己也不想每日陪吃、陪喝、陪玩，只靠寫拍馬屁的詩博得皇帝寵信，那樣同僚也不服，況且還可能被天下人恥笑，他的理想是成為「賈誼第二」，而不是「蔡京第二」。這完全是兩種不同性質的臣子，賈誼是西漢著名的青年政論家，二十一歲就被漢文帝封為博士，寫過〈過秦論〉等經典大作；而蔡京則是北宋著名奸相。

抑制不住心潮澎湃的解縉，要對皇帝的期待做出回應。

於是連夜起草了洋洋灑灑的萬言書〈大庖西封事〉。

〈大庖西封事〉，又稱〈大庖西室封事〉。大庖西室，即皇家御膳房西廳。什麼是「封事」呢？

相當於祕密奏摺，就是大臣有重要的事報告皇帝，寫好報告後裝入一個黑色袋子，貼上兩道封條，密奏皇帝。

解縉以密摺形式給皇帝寫萬言書，可見他也是不想這道密摺外傳的。

那麼，這封才子不想外傳的萬言書，主要內容到底是什麼？

這封萬言書，觀察敏銳，筆鋒犀利，主要針對朱元璋使用嚴刑酷法、濫殺功臣提出了尖銳批判。其中，有一句話最為經典：「臣聞令數改則民疑，刑太繁則民玩。國初至今，將二十載，無幾時不變之法，無一日無過之人。嘗聞陛下震怒，鋤根剪蔓，誅其奸逆矣。未聞褒一大善，賞延於世，復及其鄉，終始如一者也。」

解縉說，一個國家的法律朝令夕改就會讓臣民生疑，刑罰太多反讓臣民視為兒戲，大明開國二十多年，法令幾乎每天都在變，沒有一天不治罪人。我聽說皇帝您一旦雷霆震怒，對惡人斬草除根絕不留情，但卻沒有聽說，您獎勵過誰，給哪個地方廣澤皇恩。解縉最後勸導朱元璋說，古代聖明之君，都是開明慎刑，廣開言路，不過度用刑，您卻濫施酷刑，閉塞言路，這是暴君的做法。

朱元璋看了萬言書，沒有表態，而是下發群臣，擴大閱讀範圍。

群臣看得心驚肉跳，以為解縉要大禍臨頭。

我們知道，朱元璋在言論方面對臣民控制得非常嚴，絕不放鬆，洪武年代的文字獄駭人聽聞。大明開國後，這個洪武大帝大肆屠殺，先是兔死狗烹殺戰友，接著又興文字獄殺文人。明初詩壇有四大家，號稱「吳中四傑」：高啟、楊基、張羽、徐賁，這四個人的境遇都很悲慘。詩人高啟，因為做了一首令皇帝產生聯想而不滿的詩，被以腰斬酷刑處死；詩人楊基被人告發，稱他說了皇帝壞話，被罰做苦工死在工地；詩人張羽因個性突出，糊裡糊塗地被綁起來扔進長江餵了魚；詩人徐賁則因犒師不周而被處死。

在文字獄方面，朱元璋甚至連儒教亞聖孟子也不放過。朱元璋曾說「使此老在今日，寧得免耶！」這個傢伙要是活在當下能逃脫懲罰嗎？一度將孟子牌位撤出孔廟。為什麼朱元璋如此恨孟子？因為他要實行君主高度專制，孟子的「對君不遜」讓他難以容忍。朱元璋下令刪節《孟子》，刪去書中被認為言論荒謬的八十五章，占了全書的三分之一。刪定後定名為《孟子節文》。被刪的主要有七類：

一，統治者及其官僚走狗的壞話——「庖有肥肉，廄有肥馬，民有饑色，野有餓莩，此率獸而食人也。獸相食，且人惡之。為民父母，行政不免於率獸而食人。」（〈梁惠王上〉）

二，統治者要負轉移風氣之責——「君仁莫不仁，君義莫不義，君正莫不正，一正君而國定矣。」（〈離婁上〉）

三，統治者應該實行仁政——「得百里之地而君之，皆能以朝諸侯有天下。行一不義、殺一不辜而得天下，皆不為也。」（〈公孫丑上〉）

四，反對徵兵徵稅和發動戰爭——「有布縷之征，粟米之征，力役之征。君子用其一，緩其二。用其二而民有殍，用其三而父子離。」、「古之為關也，將以御暴。……今之為關也，將以為暴。」（〈盡心下〉）「爭地以戰，殺人盈野；爭城以戰，殺人盈城。此所謂率土地而食人肉，

罪不容於死。」（〈離婁上〉）

五，人民可以反抗暴君，可以對暴君進行報復——「賊仁者謂之賊，賊義者謂之殘，殘賊之人謂之一夫。聞誅一夫紂矣，未聞弒君也。」（〈梁惠王下〉）「君之視臣如手足；則臣視君如腹心；君之視臣如犬馬，則臣視君如國人；君之視臣如土芥，則臣視君如寇仇。」（〈離婁下〉）

六，人民應該豐衣足食——「是故明君制民之產，必使仰足以事父母，俯足以畜妻子，樂歲終身飽，凶年免於死亡。然後驅而之善，故民之從之也輕。……今也制民之產，仰不足以事父母，俯不足以畜妻子，樂歲終身苦，凶年不免於死亡。此唯救死而恐不贍，奚暇治禮義哉！」（〈梁惠王上〉）

七，人民應該有地位有權利——「民為貴，社稷次之，君為輕。」（〈盡心下〉）

連孟子都不放過的洪武大帝，能容忍小小的解才子妄言麼？

然而，出乎眾人意料的是，這次解大才子卻沒有事。

解縉這封萬言書取得了意外效果。

群臣傳閱完畢，朱元璋朝堂之上給出了結論。史料顯示是四個字：「帝稱其才。」解縉是個大才子，只是年輕氣盛，說話有點衝。

這就基本肯定了萬言書是一篇充滿正能量的好文章。

暴虐的皇帝不僅沒有怪罪犯上才子，反倒大加褒揚。這是為什麼？據筆者分析，主要有兩個原因：一是才子的立意、中心思想「正」。雖然解縉指出了朱元璋執政的種種弊端，但最後他把板子打在了群臣身上。萬言書裡有這樣一段話：「天下皆謂陛下任喜怒為生殺，而不知皆臣下之乏忠良也！」

這句話的意思是說，大家都埋怨皇帝殺人，但皇帝也有自己的苦衷，苦於身邊沒有忠臣。

解縉這樣寫，與其說是討巧，不如說他沒有看透皇帝，對朱元璋還抱有堯舜之君的幻想。所以，這就讓朱元璋很受用。顯然，解才子與朱元璋殺的吳中四傑那般文人不同，那些文人早已看清朱元璋是什麼樣的品性，對朱元璋不抱幻想，諷刺朱元璋的文章和詩作也一針見血，這就令朱元璋非常氣惱。而稚嫩的解才子既威脅不到他的皇位，又客觀達到了頌聖效果，何必為難他呢？

這是朱元璋不治罪解縉的第一個原因。

第二個原因，是朱元璋的政治需要，扮演「賢明之君」。這個原因筆者在一開始已經講過了，朱元璋為了重拾天下人心，必須做「求賢若渴」狀。

總之，皇帝的意外寬容，令解縉一舉成名，使他正式成為大明政壇的一顆新星，朝中無人不曉，有個解才子寫出了大膽的萬言書，士林之間也對此書爭相傳閱。

這一年，解縉剛滿二十歲。

朱元璋超乎尋常的寬容，刺激了才子的才情，萬言書之後，解縉又上書了〈太平十策〉，為皇帝勾畫了一幅美政藍圖。〈太平十策〉沒有批判，主要是建設性的十條意見，從重視農業，到重視禮儀教育，再到加強國防建設，可謂「十條正確的廢話」，力道比〈大庖西封事〉小多了，朱元璋看了，深為受用。

得到皇帝進一步肯定的解縉，一發不可收拾。從此，他開始「知無不言，言無不盡」，並且顯露出恃才放曠的傲氣，其做派與三國時的一個著名人物可有一比。

這個人是誰呢？他就是狂士禰衡。而這個狂士是什麼下場呢？

禰衡，是東漢末年三國前期著名才子，以異才和狂傲聞名於世。此人有過目不忘的本領，出口成詩的才華。辯才無雙，但同時具有狂妄性格，看不起任何人。起初他是來投靠曹操的，曹操這個人，對人才還是比較重視和寬容的，原本想重用禰衡。於是，就帶著禰衡來到中軍大帳，依序向禰衡介紹自己的左膀右臂。說你看看我這裡人才濟濟，文有郭嘉，運籌帷幄決勝千里；武有許褚，有他在，什麼武功高強的刺客也別想接近我。而禰衡呢，對這些人，連表面的客氣都沒有，一句「久仰久仰」都懶得說，當著曹操的面，把文武百官貶得一文不值。說許褚是一介莽夫，只配看門打狗；郭嘉是個白面書生，只配奔喪守靈。曹操一聽來氣了：那你會什麼？禰衡傲然回答：上知天文，下曉地理，三教九流無所不曉，故典史籍無所不通。心懷大志，能拯救天下。豈是你們這幫俗人能夠相提並論的？

眾人聽了這話，無不憤怒，尤其是那些被貶低的武將，當時就有人要拔刀殺了禰衡，但被曹操制止了。曹操心裡明白了，這不是他想要的千里馬，而是一匹馴不好的野馬，弄不好自己也得被踢，於是沒有重用禰衡，給了他一個侮辱性的職位——鼓吏。禰衡不服，擊鼓罵曹。曹操再怒，把這位狂人轉送給大將劉表，借刀殺人。劉表沒上當，轉送給了黃祖，最後禰衡果然死在黃祖手裡，死時年僅二十六歲。

可見，禰衡是因為個性張揚、恃才傲物、口無遮攔送了命，他的悲哀在於沒體會到上司心意：上司希望你做喜鵲，而你卻擔當了烏鴉的角色。一個是報喜，一個是報憂，雖然後者所報的比前者真實，但是喪氣的聲音，誰愛聽呢？

話說回來，對於解縉的烏鴉嘴，朱元璋至少從表面上，表現得比曹操對禰衡的態度要寬容些，大多數情況下一笑置之。但是，解縉的直言不諱卻引起了同僚的不滿。因為解縉除了給皇帝提意見，還經常給同僚挑刺，和一些同僚鬥嘴，對他們口無遮攔的嘲諷。在擔任翰林學士不到兩年的時間裡，解縉幾乎和朝中群僚都過了招。如是，解縉鬥敗了一些小人，但也觸犯了一些大人物。他們視解縉為眼中釘、肉中刺。

那麼，解縉到底做了哪些具體事令同僚不滿呢？

這些對解縉不滿的官員，會對他採取怎樣的報復行動呢？

我們知道，解縉一生，打了很多著名的嘴仗，其中有不少段子成了民間經典故事。比如，有一次他參加同僚的宴會，有一大臣倚老賣老，對解縉十分不屑，處心積慮地想奚落才子，就提出與解縉對句，陰陽怪氣地出了上聯：「二猿斷木深山中，小猴子也敢對鋸。」此聯借用「鋸」與「句」的諧音，諷刺挖苦解縉。解縉一聽，並不示弱，於是對道：「一馬陷足汙泥內，老畜生怎能出蹄。」同樣是用雙關的修辭手法，借用「蹄」與「題」的諧音，用「老畜生」回敬「小猴子」，以牙還牙，對得工整，罵得到位，狠狠地回敬了對方。

從這個故事中，我們可以看出解縉的兩個特點：一是的確有才，才思敏捷；二是太有個性，絕不服輸，不在任何人面前吃虧。

還有一次，才子執行一件送公文的任務，自覺事情重大，於是跑到兵部要求派兩個士兵隨從。史料記載：「縉嘗入兵部索皂隸，語嫚。」由於解縉語氣十分傲慢，引起了兵部人員的牴觸，認為才子太擺譜了，便挖苦解縉：配什麼隨從？給你當「警衛」丟人。解縉一聽，立刻還以顏色。針尖對麥芒，現場賦詩一首：「世人笑我矮矻矻，我笑世人著衣多，倒吊起來無點墨，身高一丈又如何。」意思是：你們笑我矮，怎不看看自己蠢樣？把你們倒吊起來，也滴不出半點墨汁，這樣的蠢東西，再高大有什麼用呢？

史料記載，解縉與兵部人員展開了一場「毒舌」之戰，那些人在鬥嘴上，當然不是解縉的對手，解縉取得了勝利。但事後，得勝的解縉遭到了兵部官員的報復。兵部最高長官——尚書沈溍可不是省油的燈。他搶先一步，跑到皇帝朱元璋面前告狀。《明史》記載，洪武二十三年（西元一三九〇年），兵部尚書沈溍彈劾解縉，指責解縉目中無人，睚眦必報，弄得各部雞飛狗跳。

之前也有官員狀告過才子，而朱元璋不以為然。但這次朱元璋開始對才子產生不滿。為什麼沈尚書的話朱元璋會高度重視呢？

因為這位沈尚書是朱元璋依仗的兩類臣子之一。哪兩類？循吏和情報人員。

關於情報人員，我們下一章再說。這裡先說第一類——循吏。

這個循吏既可以解釋為幹臣，也可以引申為酷吏，沈溍就屬於這類臣子。《明史》記錄，沈溍奉旨撰寫《明大誥》二十二篇及「諭戒」八條禁律，倡導嚴刑峻法，是朱元璋樹立權威不可或缺的助手。

本來，朱元璋對解縉的狂放還算相當包容，但聽到沈溍狀告解縉的種種傲慢行為，朱元璋便開始厭煩了。史料記載，他以三個字責備了驕傲的解縉：「散自恕。」這個解縉，做事冒失，作風散漫，狂妄好鬥，太不成熟了。

於是，朱元璋打算動動才子了。這個解縉畢竟太年輕，受寵日久容易鋒芒畢露，若長此以往留在自己身邊，不知還會捅出多少令他難堪的簍子。於是決定「下放」才子，到地方鍛鍊。才子得到了實缺：江西道監察御史。朱元璋的目的很明確，希望才子就此成熟起來，學乖些。

明朝這個監察御史，是個七品官，級別不高，但權力不小，隸屬都察院，主要負責監督百官，相當於現在的監察委員。這個職位，從表面上看，倒是很符合解縉的性格，你不是「勇於直諫，疾惡如仇」嗎，這回給你個好工作，專挑同僚的毛病去吧。

第三章　太祖的雅量：百叟宴上棄驕子

洪武二十三年，朱元璋改任解縉為江西道監察御史。

貶為監察御史的解縉，並不了解皇帝的真實用心。他沒有失落，以為是皇帝對自己的又一次重用。況且，江西道監察御史，又是巡視老家的地方官，豈不是件春風得意的事？

所以解縉不改爭鋒作風，在新職位繼續捅簍子，而且是更大的簍子。

他都捅了那些簍子呢？

首先，解縉居然挑戰朱元璋最信任的另一類部下：情報人員，也就是特務。

那麼，具體說來，解縉要挑戰的人是誰呢？

他就是御史袁泰。

這個御史怎麼會和特務扯到一起呢？這個需要特別交代下，御史是中國歷代都有的官職，原本是一種言官，但到了明朝卻變了性質，有的御史明為言官，實際卻為皇帝耳目，專查官員隱私，跟檢校有些類似，說白了也是特務的一種。這個袁泰就屬這類人物。

袁泰做了什麼事激怒了解縉呢？

我們都知道朱元璋是最愛窺視官員隱私的皇帝，留下了很多窺視官員隱私的故事。這個「窺視癖」皇帝，連官員後花園裡的事都刺探。其中有一個御史叫夏長文，因為在自己家喝點小酒就被特務舉發到皇帝朱元璋那裡，說他有些異樣。於是朱元璋追問夏長文有什麼心事，夏長文非常驚恐，當然也十分憤怒，於是一邊應付皇帝，一邊暗自追查這是誰幹的。最後查出來了，有人盯他的梢，那個盯梢的特務，正是他的同僚——御史袁泰。

當夏長文得知被身邊人暗算了，自然氣得不行，一定不能這麼算了，因此準備彈劾袁泰。但轉念一想，自己未必是袁泰對手，必須找個強力外援。找誰呢？他想到了解縉這個皇帝賞識的才子，如果得到他的幫助，一定能成功。於是來找解縉。聽了夏長文的訴說，解縉果然義憤填膺，再加上夏長文用崇拜的口吻，說彈劾袁泰這個狀子非他執筆不可。於是解縉為夏長文代筆寫了〈論袁泰奸黠狀〉，彈劾袁泰。

這封奏狀，措辭嚴厲，給袁泰列了三宗大罪：蔑視朝綱，貪贓枉法，陷害忠良。朱元璋接到舉報，傳召袁泰。那袁泰是何等人物，專探別人隱私，能讓他人鑽漏洞？他跑到朱元璋跟前，當面指出破綻，說這不是夏長文寫的，背後有「槍手」，是才子解縉。朱元璋聽了，仔細一看，果然是「解縉體」。於是連連搖頭，對才子再次產生了不滿，甚至怨恨。

我們知道，在朱元璋打天下階段，他最倚仗的是兩類人才：一是運籌帷幄的軍師謀士，像劉伯溫、朱升那樣的，能夠提出高瞻遠矚的偉大策略；二是衝鋒陷陣的將軍武士，像徐達、常遇春那樣的，一夫當關，萬夫莫開。開國之後的洪武時代，這兩類人才成了開國功臣、故舊勳貴，於是就倒了大霉，被「兔死狗烹」。同時，另外兩類「人才」脫穎而出，成為朱元璋最倚重的部下。這兩類部下，就是我前面所講的，解縉得罪的兩種人——特務和酷吏。

朱元璋開國後提拔的「人才」，基本都屬於這兩種人，擔任過右丞的楊憲，就是個特務頭頭，檢校出身，後又進入中書省，成為朱元璋的左膀右臂。還有炙手可熱的左相胡惟庸，就是通判出身，十足的酷吏氣質。他們都是朱元璋親自選拔任免的「高官」。在朱元璋眼裡，這些人的優點是忠誠幹練，他們只對皇帝一人負責，其餘人無論和皇帝是什麼關係，只要皇帝一聲令下，總是言聽計從。如此一來，哪個大臣能逃出皇帝視線？哪個官員敢對皇帝動一點歹念呢？

而解縉得罪的，恰恰就是這兩種人。這不是往槍口上撞嗎？

關於袁泰、沈溍這兩個人，歷史上評價不一，有說他們是廉潔奉公，執法嚴明，難得的循吏，也有說他們是專門刺探官員隱私的特務。不管史官和民間怎麼說，在朱元璋眼裡，他們絕對是忠臣。而解縉和忠臣為敵，能有好下場嗎？

挑戰沈溍、袁泰的解縉當然不知道，他挑戰的是朱元璋最信任的兩類部下，在朱元璋心目中，特務和酷吏是非常實用的帝王殺人刀，而才子只不過用來裝裝門面而已，孰輕孰重，顯而易見。

對此渾然不覺的解縉，繼續恃才放曠，疾惡如仇，最後又撥動了朱元璋最為敏感的一根神經，給自己的第一段政治生涯畫上了休止符。

才子又做了什麼冒失事呢？那就是——呼籲為李善長平反。

說來話長。我們在講胡惟庸時說過，這個李善長曾是朱元璋的第一心腹，是朱元璋打天下時首屈一指的幫手。開國後做了大明首任丞相，封為韓國公。後在朱元璋「兔死狗烹」運動中被迫退休，回家頤養天年。但這也不消停，在他七十七歲高齡時，捲入了明朝開國第一大案「胡黨案」中。

洪武二十三年（西元一三九〇年），有人告李善長參與胡惟庸謀反，朱元璋進行了一番莫須有的審查定罪，最後賜死李善長。李家全家妻兒老小七十餘人，只留下已招為駙馬的大兒子李祺，其餘全部處死。

群臣都認為此案牽強，但誰也不敢公開為其發聲。有一個叫王國用的御史郎中富有正義感，決心上書要求為其平反。但這個王郎中和前面那個御史夏長文一樣，對成事信心不足，於是拉來「皇家第一筆桿子」解縉代筆。解縉也聽說過李善長的事，有些氣憤，現在又受了同僚推崇，於是又做了一回「槍手」，大筆一揮成就〈論韓國公冤事狀〉，為受胡黨案牽連被殺的李善長鳴冤。

《明史》對解縉的辯詞做了詳實紀錄：

善長與陛下同心，出萬死以取天下，勛臣第一，生封公，死封王，男尚公主，親戚拜官，人臣之分極矣。藉令欲自圖不軌，尚未可知，而今謂其欲佐胡惟庸者，則大謬不然。人情愛其子，必甚於兄弟之子，安享萬全之富貴者，必不僥倖萬一之富貴。善長與惟庸，猶子之親耳，於陛下則親子女也。使善長佐惟庸成，不過勛臣第一而已矣，太師國公封王而已矣，尚主納妃而已矣，寧復有加於今日？且善長豈不知天下之不可幸取。當元之季，欲為此者何限，莫不身為齏粉，覆宗絕祀，能保首領者幾何人哉？善長胡乃身見之，而以衰倦之年身蹈之也。凡為此者，必有深仇激變，大不得已，父子之間或至相挾以求脫禍。今善長之子祺備陛下骨肉親，無纖芥嫌，何苦而忽為此。若謂天象告變，大臣當災，殺之以應天象，則尤不可。臣恐天下聞之，謂功如善長且如此，四方因之解體也。今善長已死，言之無益，所願陛下作戒將來耳。

在這封訴狀中，解縉明確指出，定李善長謀反罪實在太牽強，他曾經位極人臣，怎麼會跟胡惟庸造反呢？即便造反成功，他還能當皇帝嗎？只不過還是臣子啊？再者，老人年事已高，有需要再去打拚一番，去做一件看不見希望的事嗎？

應該說，解縉的分析有理有據，相當到位。但是，這一次卻引起朱元璋的強烈反感。朱元璋接到訴狀一看，這是公開為胡黨餘孽鳴不平，再仔細一看，感到有點奇怪，這不是王郎中的力道，還是「解縉體」啊，終於對解縉動了真怒。

可以說，對於李善長案的背景，解縉只知其一，不知其二。尤其對於朱元璋編排此案的目的，他更是不明就裡。無論是胡惟庸還是李善長，都是朱元璋必殺的人。不殺那些功臣，皇帝龍椅能坐得穩嗎？而解縉，先向皇帝信任的人叫板，又為皇帝必殺的人公然鳴冤叫屈，這樣下去還得了嗎？

才子越界太甚。朱元璋要對解縉下手了。

洪武二十四年（西元一三九一年），朱元璋擺了一次大型酒局。這場酒局叫「百叟宴」。

「百叟宴」是古代中國官方傳統酒局，歷代帝王為表示尊老敬賢，不定期地邀請各地壽星賢達，前來官府或皇宮赴宴。朱元璋作為大明開國皇帝，彰顯堯舜之君狀，也沿襲了這一做法。

而且，他還有另外的盤算——利用此次「百叟宴」，解決一個心腹之患。

朱元璋特意吩咐手下，要請一個人。這個人務必請到。這個人是誰呢？

他就是解縉的父親——解開。

據史料推算，解縉的父親當時已經年過八十，按古代說法，屬於耄耋之年，極為罕見，絕對的老壽星。所以，朱元璋以老者賢人名義特意向解縉的老父解開發出邀請。皇上美意，解開、解縉父子怎能不領？解縉喜滋滋地迎著老父親進了京城。他以為這是父親沾他這個兒子的光，皇帝肯定會當著父親的面誇自己一番。

殊不知，這次酒局對他而言，恰似鴻門宴。

酒局上，酒過三巡，菜過五味，朱元璋招呼解開到身邊來，解開也以為皇帝要誇讚兒子，不料，皇帝突然對他說了這樣一句話：「大器晚成，若以而子歸，益令進學，後十年來，大用未晚也。」

朱元璋說：大器晚成。你的兒子太年輕了，不要著急趁早出名，那未必是好事。把你兒子領回家，磨練十年再來，屆時朝廷還可重用他，時間不晚。

朱元璋這句話的潛臺詞，其實就是替解縉短暫的政治生涯做了評語，認為解縉政治悟性不高，不懂規矩。

雖然朱元璋沒有治罪解縉，表面看才子沒有違反大明王法，但實際上卻觸怒了龍顏。此時的朱元璋已經到了遲暮之年，顯然，他此生是不準備再用解縉了，他的洪武王朝，給才子劃上的，是句號。

酒局上，解開聽了皇帝那番話，立刻明白了朱元璋的意圖，馬上叫來兒子，回家。解縉一聽，猶如五雷轟頂。完了，這不是被開除了嗎！沒想到，想不通，但皇令就是天命，敢不執行！於是父子一起向皇帝辭行。朱元璋還算給了條出路，沒有將才子趕盡殺絕，他當場宣布，給解縉十年長假，還給了才子一大堆書，什麼《宋書》、《元史》，讓解縉回家別閒著，做朝廷的編外撰修。

本來，解縉還想在皇帝面前說點什麼，他對廟堂表現了無限的留戀。但他的老爹解開卻巴不得兒子快點回家，催促兒子快走。

解開為什麼能這麼看得開，沒為兒子求情繼續當官呢？除了我們此前講過的儒家「忠義」思想在起作用外，還有重要的一點——解開看透了朱元璋。按今天的話來說，解開屬於「大智慧文人」，早已看透「伴君如伴虎」的險境，這個姓朱的皇帝更不一般。所以朱元璋曾三番五次請他做官，他堅辭不受，更樂意隱居山林。

但是，他兒子解縉不這麼想，他志在政壇，心有不甘。一個少年得志的才子，入仕不到三年，就被打回老家，硬要大器晚成，心裡是何等的痛苦。現代的年輕人經常能聽到這樣一句話：成名要趁早。而解縉十九歲成名，不可謂不早，但好景不長，僅僅三年，二十二歲的他便成了「回鍋肉」。

第四章　回爐八年，再度回朝奉新君

自洪武二十四年起，解縉返鄉內修，一修就是八年。

這八年解縉主要做的事是奉旨修史，這個他是非常在行的。作為史志的朝外編輯，其編撰之功爐火純青。但志在廟堂的才子仍難耐一顆不甘平凡的心。

洪武三十一年（西元一三九八年）六月，在家悶了八年的解縉突然聽到從京城傳來的一個重大新聞：洪武大帝駕崩——朱元璋死了。解縉老母也恰於當時去世，正是解縉守孝之際，解縉父親解開已九十歲高齡，而且，此時離朱元璋的「十年回爐期」約定還差兩年。

一邊是國君去世，一邊是剛辭世的家母；一邊是與先皇的十年回朝約定，一邊是九十歲高齡的老父子孝不待。在君臣父子等級森嚴的禮法社會，解縉應該做出何種抉擇？

在經歷一番深思熟慮之後，解縉的決定是：啟程離家，赴京歸朝。

為什麼解縉非要回到朝廷不可？

有人認為，解縉是官迷，名利心太重。如此就把才子過於庸俗化了。我們當然不能排除解縉的名利之心，但除此之外，還是有著更深刻的原因。這更深刻原因，筆者認為主要有兩個。而這兩個原因，也可以說是決定古代中國士人命運的主要因素。

一是志向。解縉生在書香門第，從小接受的是儒家正統思想教育，其人生價值理想是：修身，齊家，治國，平天下。

所以，古代不管屬於哪一類士人，他們的最高理想大都是做官。只有官場失意乃至當官無望時，他們才會選擇做一個「專職作家」或者「田園詩人」。從這個意義上講，古代中國的詩人、作家、自由撰稿人，並非自願的選擇，而大多是仕途壯志未酬者。

例如先秦詩人屈原、唐代詩人李白，都是因為官場失意，才流落民間專職寫作的。這些縱情山水的作家，無論身在何處，最關注的還是國家大事，最大的期望還是被君主召回，委以要職，實現其政治理想。這是解縉歸朝的第一個原因——傳統價值觀的選擇。

二是經濟問題。這個原因往往容易被人忽略，但卻是非常敏感和重要的。

還拿屈原、李白來說。

每當提及屈原這位戰國時期楚國著名的士大夫，人們大多將他視為愛國主義的模範人物，而筆者最感懷的，則是收留了他十六年的那個城邦。

秦朝之後，像屈原這樣遭到朝廷貶謫，從政治家跌落到民間的罪臣，想有尊嚴地活著並可自由地思考，恐怕不大可能。但是，屈原卻做到了這一點。在流放十六年的日子裡，他延續了一個貴族的生活姿態，保持著貴族的尊嚴，自由地進行著思考與寫作。

他是怎麼做到這一點的呢？

我們知道，屈原的後半生基本是在流放中度過的。屈原平生經歷了兩次流放，僅第二次流放，就長達十六年。

沒人探究一個昔日的楚國大夫，在削去官職之後是如何生活的。《史記》關於屈原這十六年的流放生活只有一句記載：「屈原至於江濱，被髮行吟澤畔。」可想而知，流放生活對一個高傲的貴族而言，何等嚴峻。首先他要面臨嚴峻的生存考驗，如果生存無法保證，思考和寫作自然無法繼續。

史料顯示，屈原是個非常講究穿戴的貴族大夫，「峨冠博帶，長劍美玉」，高貴得近乎任性。但是這樣的著裝要求，需要一定的財力。在流放的日子裡，如何使這份高貴得以延續呢？

屈原被流放，官職一降到底，朝廷是不會再發「薪資」給他的。這等於斷了口糧。長達十六年，他吃什麼？

屈原過了十六年沒俸祿的日子，人們往往聚焦於探尋他精神上的痛苦，而忽略了他物質生活面臨的難題。在物質生活上，屈原也確實面臨考驗，但終究沒有淪入李白、杜甫那般近乎乞討的悽慘境地。

首先，屈原的流放，只是被逐出京城，至於到什麼地方，屈原有決定權。

其次，屈原選擇的地方，山高皇帝遠。

史料記載，屈原於西元前二九六年來到漵浦，西元前二八〇年離開漵浦，在漵浦整整生活了十六年，並創作了大量的文學作品。

屈原為什麼選擇漵浦作為流放的棲身之地？眾說紛紜，但筆者以為最重要的原因，應該是那裡有自治城邦。

漵浦就是現在的湖南省懷化市漵浦縣，古時那裡民風淳厚。雖然他們也是楚國人，但是相對獨立自治，不太受楚國中央政府約束。

義氣仁厚的漵浦人接納了落魄的屈原，使流放的貴族在那裡暫時能夠安生。漵浦縣誌記載，屈原在那裡生了病，一位老人無償為他治療，並加以看護，他才得以順利康復。

生活暫時穩定之後，屈原寫下了〈涉江〉等千古絕唱。可見自治城邦不僅解決了詩人的吃飯問題，而且還解決了免費醫療問題。

再拿解縉的前輩李白來說。

李白堪稱唐朝最偉大的才子，終生懷抱政治理想，一心想為唐王朝效力，然而唐王朝給予他的，卻是一次比一次沉重的打擊。但他夢未醒，心未死，對朝廷充滿幻想，終生等待朝廷的徵召。他的〈江上吟〉，充分表達了這種心情：「屈平詞賦懸日月，楚王臺榭空山丘。興酣落筆搖五嶽，詩成笑傲凌滄洲。功名富貴若長在，漢水亦應西北流。」

此詩表明李白雖對政壇失望，但仍戀戀難捨政治理想。

為什麼屢遭打擊，李白仍戀戀難捨從政之路？除了從政是他的最高理想之外，穩定的俸祿、優裕的生活，恐怕也是仕途對李白始終沒有喪失吸引力的主要原因。

李白的「野外生活」水準，遠不如入仕為官。遊歷是要花錢的，不為官了，差旅費從哪裡來？雖然也有些官員出於附庸風雅會給予他饋贈，但靠人救濟，總非長久之計。「長風入短袂，內手如懷冰。故友不相恤，新交寧見矜？」

李白在詩中表露的「野外生活」，已近似游乞，有時幾乎身無分文，勉強能填飽肚子，禦寒的衣服都成了問題。

李白有一首〈贈汪倫〉，後人讚為表達友情的傳世佳作，但此詩的背景，卻是一個落魄的詩人接受饋贈之後的興奮：

李白乘舟將欲行，忽聞岸上踏歌聲。
桃花潭水深千尺，不及汪倫送我情。

汪倫送李白什麼情呢？史料顯示：八匹良馬、十捆好布……汪倫雖是鄉下人，卻為人豪爽，不惜錢財贈予心目中的偶像李白。這對窮困潦倒的李白而言，不啻雪中送炭，詩仙不禁大為感動，於是千古佳句由此而來。

可見，李白為官，更是因經濟所迫。在唐玄宗身邊當翰林時生活優渥，而被貶後生活就陷入困頓。離開朝廷後「詩仙」雲游各地，看起來很瀟灑，到處寫詩贈詩，廣交朋友。廣泛交友做什麼？很大一方面，就是為了借錢度日。何致如此？究其根本，就是因為沒有生活來源。

這就是中國才子的通病——攀上權貴就得意，離開權貴就落魄，究其根本，是沒有獨立經濟地位所致。大一統封建專制社會，用俸祿的餌食把才子牢牢限制在圈中，即使在動亂年代，因為他們找米下鍋的依賴性，所以不是為地主所用，就是再次轉而依附在造反的農民身上。如此的經濟弱勢地位，深化的是求老爺重用的意識，鞏固的是先天的軟弱性與依賴性。

解縉的情況比前輩李白好不了多少。解縉返鄉編書這段時間，俸祿是不是照常發，史書沒有紀錄，筆者想，即便解縉能按月領薪資，也是相當微薄的。

於是，解縉義無反顧地折回廟堂。然而，事情並不像才子想像得那麼順利。這次貿然進京，招來了一場無妄之災。

此時的大明王朝，已經有了新皇帝。朱元璋的長孫朱允炆登基。

朱允炆，洪武十年（西元一三七七年）出生，明太祖朱元璋之孫、皇太子朱標次子，因大哥早夭，遂成嫡長孫，後又因父親早亡，被爺爺朱元璋立為皇太孫。洪武三十一年（西元一三九八年）六月，朱元璋病逝，時年二十一歲的朱允炆在應天府（今南京）即位，改元建文，朱允炆就是建文帝、明惠宗。

新皇登基，正是用人之際。才子解縉主動送上門來。

然而，新皇帝身邊，看不慣才子做派的人很多，尤其是被解縉彈劾過的那位袁大人袁泰，已經升任了都御史。聽說死對頭解縉回來了，袁大人毫不猶豫地送上了見面禮——彈劾奏章。

袁泰向新皇建文帝彈劾解縉，說解縉違逆先皇「十年再來」聖旨，同時指責解縉犯下「母喪未葬，父年九十，不當舍以行」之有悖人倫大罪。

「違逆皇命」、「喪失人倫」，這兩頂帽子像兩顆散發著劇毒的燃燒彈在才子頭頂上空爆炸，徹底將才子炸懵了。我們知道，在古代中國，孝僅次於忠，是臣民必須具備的品德，受法律保護和約束。不孝屬於十惡不赦的大罪。不孝的才子，類同不忠的逆臣，解縉要倒大霉了。建文帝朱允炆是明朝歷任皇帝中公認的仁德之君，極其重視臣子的節操，對被指不忠不孝的解縉，他頓失好感，但念其有才，從輕處理，外放大西北河州衛（今甘肅臨夏市），做了軍民指揮司禮房吏，相當於現在的地方武裝部小文書。

才子被迫遠走。在這裡，他嘗盡了人間苦楚。孤苦伶仃的他，顧影自憐，獨自寫詩傾吐鬱悶之情：

早歲攀龍客天府，浪得聲名滿寰宇。
歸來自分閉門過，豈料更為名所誤。
旅影西行萬里遙，黃葉飄蕭更無數。

到了這般時候，才子已不奢望重回朝廷出人頭地，只求能離開這鬼地方。誰能救自己出去呢？絕望之際，解縉想到了一個可以成為救命稻草的人，這個人是誰？

他就是董倫——新皇身邊的紅人。

董倫，生於西元一三二三年。自幼酷愛詩書，刻苦用功，遍讀經史子集。洪武十五年（西元一三八三年）被人推薦做官，召至應天府任右贊善大夫。朱允炆繼位後，拜董倫為禮部侍郎，兼翰林學士，給皇帝講授經、史、鑒等書，還主持編纂了《太祖實錄》，皇帝親手寫了「怡老堂」的匾額掛在他的屋中，又賜予鬃幾和玉鳩杖。董倫秉性忠厚，為人和善，在皇帝和群臣中享有很大威信。

在朝期間，董倫曾對解縉表達過賞識之情。於是解縉寫信，向溫和的董侍郎求救。這封信寫得言辭淒切，深深打動了董倫。於是，董倫向建文帝奏請，起用解縉。建文元年（西元一三九九年）六月二十六日，朝廷下諭，召解縉還京，暫時安置在翰林院，任翰林待詔。這是個九品小官，也就相當於候補祕書。這一年，解縉已經年滿三十歲，到了而立之年。雖然重新回到中央，但並沒有受到重用，新皇建文帝真正欣賞的不是解縉這樣的讀書人，而是方孝孺那樣的讀書人，這是為什麼呢？

這就需要把解縉和方孝孺做個比較。

方孝孺，西元一三五七年出生，浙江寧波寧海人，生於儒者世家，祖上三代從儒。父親方克勤是朱元璋手下的一名中層官員，官居山東濟寧知府。方孝孺自幼聰明好學，機警敏捷，少年時每天讀書超過一寸厚，鄉親們稱他為「小韓愈」。長大後拜大儒宋濂為師，宋濂的門生中的知名文人都不及他。方孝孺以宣明仁義治天下之道、達到時世太平為己任，還未出仕就已聲名鵲起。

因人推薦，朱元璋於洪武十五年、洪武二十五年兩次召見方孝孺，可見對其非常欣賞，但卻沒有起用，而是留給了自己的接班人。洪武三十一年，朱元璋一死，朱允炆即位後，馬上召方孝孺入京委以重任，先後讓他出任翰林侍講及翰林學士。方孝孺借此成為建文朝一等文人。

雖然解縉和方孝孺一樣，也是優秀的讀書人，二人有相同之處，但二人不屬於同類人，哪裡不同呢？

簡單地說，他們一個是清流名士，另一個是狂士。

什麼是清流名士，哪叫狂士呢？

所謂清流名士，就是注重節操的正人君子，他們讀聖賢書，品德高尚，注重的是名，追求的是青史留名。

而狂士，則是才華橫溢、桀驁不羈的書生，他們渴望被重用，做最大的士，偏功利些。

我們把這兩種人說清之後，就要再深度挖掘下解縉的第二任上司、大明第二任皇帝建文帝朱允炆了。

如果說，朱允炆的前任、他爺爺朱元璋可以貼上「暴君」的標籤的話，那麼這個建文帝貼上的歷史標籤則是「仁君」。朱允炆自幼熟讀儒家經書，接觸的多是大儒帝師，所以頗具儒家理想主義情懷。朱元璋在位期間，朱允炆曾向朱元璋請求修改《大明律》，他參考《禮經》及歷朝刑法，修改了《大明律》中七十三條過分嚴苛的條文，因此深得人心。

在儒者帝師的影響下，朱允炆立志要做仁德之君，施仁政，甚至醉心於先秦楚國詩人屈原描述的美政——君明臣賢，他認為君主和大臣必須具有高尚的品德才能治理好國家。

醉心美政的建文帝，欣賞的當然是品德高尚的清流人物。他最信任的三個大臣：兵部尚書齊泰、翰林學士黃子澄、翰林侍講方孝孺，都是名滿天下的清流名士。這個樣子的建文帝與解縉的心理距離很遠。解縉似乎看不到出頭之日了。

然而，時勢弄人，不甘寂寞的解縉注定是個不凡的人物，當朝皇帝不是自己的貴人，並沒有擋住他的發達之路，因為時局突變，才子的機會又來了。

建文元年（西元一三九九年），大明爆發了南北戰爭，史稱「靖難之役」。這是身處都城應天（南京）的建文帝，與身處北平（北京）的燕王朱棣之間展開的一場權力爭奪戰，建文帝削藩要消除燕王對中央的軍事威脅，而朱棣打著「清君側」的旗號對抗，實際上就是要奪取皇位，他認為，自己更有資格繼承大明江山。

朱棣，西元一三六〇年出生，明太祖朱元璋第四子，從小就喜歡舞槍弄棒，研習兵法戰法。朱棣的出生地是應天，少年時被父親朱元璋送到老家安徽鳳陽鍛鍊了四年，養成了比較硬朗的作風。明朝建立後被封為燕王，就藩燕京北平。朱元璋晚年，長子太子朱標、次子秦王朱樉、三子晉王朱棡先後去世，故朱元璋四子朱棣不僅在軍事實力上，而且在家族尊序上都成為諸王之首。洪武時期，他多次受命參與北方軍事活動，兩次率師北征，培養了足以與中央軍抗衡的強大北方軍事集團——燕軍。

朱棣與朱允炆的這場權力爭奪戰，是一場漫長的拉鋸戰，歷時四年，鏖戰的結果，薑還是老的辣，朱棣笑到了最後。他打下帝都，占了金鑾殿。而建文帝則人間蒸發，退出了歷史舞台。

滅了大姪子之後，朱棣著手為自己登上最高權位做準備。

朱棣入京後，先把大姪子定的年號廢了，顯然，在他眼裡，這個大姪子不是正式皇帝，建文年號都不該存在，建文四年被改成了洪武三十五年。

年號改了，龍椅唾手可得，但是，古代中國乃禮法社會，奪權也是有講究的，篡位者需要「塗脂抹粉」，為自己找正當理由。

於是，才子的機會來了。

這時解縉在什麼地方，他在這場靖難之役的表現如何呢？

《明史》記載：「燕兵薄京城……解縉、吳溥與艮、靖比舍居。城陷前一夕，皆集溥舍。縉陳說大義，靖亦奮激慷慨，艮獨流涕不言。」

這段史料說的是燕軍攻破南京都城。城破前夜，解縉、胡廣與王艮三人在同僚吳溥家中圍爐夜話，信誓旦旦要為君盡忠。

胡廣，西元一三七〇年出生，江西吉水人，與解縉同鄉，南宋名臣胡銓之後。胡廣的父親胡子祺，是洪武時期的中級官員，在朱元璋手下官拜廣西按察僉事。胡廣八歲喪父，他聰明好學，每天能記文章上千字，才氣非凡且身材魁梧。建文二年，他參加科舉，被欽點為狀元。

據史書描述，胡廣這個狀元，來得頗有一番緣故。當時建文帝主持殿試，策問題目是：「堯舜之世，親則像、傲，臣則共、鯀。」當時正值靖難開戰、中央軍討伐燕王朱棣。答題中，考生王艮回答得比胡廣出彩，列為最優，應點為狀元。可建文帝看中的卻是胡廣，因為他見王艮的相貌不及胡廣，又因胡廣對策中多斥親藩，有「親藩陸梁，人心不搖」等語，甚合帝意，遂擢胡廣第一。就這樣，胡廣成了建文朝第一個也是唯一一位狀元。

建文帝對胡廣恩寵有加，不僅點了他狀元，而且還賜了名字。他認為胡廣這個名字不好，「胡」在當時多指北方少數民族，而「胡」還「廣」了，意思是說北方胡人領土擴大，不妥，於是賜名為「胡靖」，意為「北方敵國被肅清了」。又點狀元又賜名，可以說建文帝對胡廣高看一眼。

再說王艮。

王艮，西元一三六八年出生，也是江西吉水人，解縉、胡廣老鄉，且和胡廣是同榜及第，我們前文說了，本來按考試成績他應該中狀元，因為他的殿試策對最優，但建文帝嫌其貌醜，便將儀表堂堂的胡廣選為狀元，而王艮只能位居第二。

按說，王艮這樣被建文帝冷落的才子，是有理由不為皇帝盡忠的。而胡廣這樣的名門之後，又加上是建文帝欽點狀元，是應該有些忠君報國氣節的。但之後發生的事就頗令人拍案驚奇了：

三個才子回家之後，只有王艮一人自殺殉主。他與妻子訣別，飲鴆而亡；而解縉和他的同鄉胡廣都沒有死。尤其胡廣的表現，最令人叫絕。

史料記載，胡廣回家，對家人急切地說出的第一句竟是：我們家豬餵了嗎？外頭兵荒馬亂的，可別讓豬跳圈跑了。

國家戰亂，一個連豬都捨不得的才子，可能捨得出性命嗎？

這是胡廣的表現。而解縉的表現，也令人咋舌。史書對他當晚的行為描述是三個字：「縉馳謁。」說解縉到家不久，又急匆匆出來，連夜出城迎叩反王朱棣。

見大才子主動來降，朱棣非常高興，高接遠迎。解縉又向朱棣推薦了那位在家看豬的同鄉胡廣，於是，兩人都被新主收服了。

造反成功的朱棣還要過最後一道關，那就是起草「登基詔」，昭告天下，自己師出有名，即位名正言順。誰來寫這個詔書呢？深謀遠慮的朱棣，本來沒想把機會給解縉，他看中的是比解縉名氣更大的方孝孺，但氣節凜然的方孝孺只給他寫了四個字：燕賊篡位。這等於當堂扇了朱棣一個大耳光！朱棣惱羞成怒，撕下仁慈的面具，恫嚇方孝孺：難道你不怕死？不怕誅九族嗎？方孝孺答：誅十族又如何？這才是真清流！真君子！真忠臣！寧死不事二主。最後，方孝孺終被朱棣「滅十族」，連方孝孺的學生都被株連了，朱棣創造了誅十族的血腥紀錄，方孝孺之氣節流芳萬古！

之後，作為候補筆桿子，輪到解縉出場了。

前文說過，解縉雖與方孝孺同朝為官，但並不屬同類人：方孝孺要做清流、忠臣，要的是青史留名；而解縉要做士大夫、寵臣，要的是顯赫一時。生死存亡之際，解縉不知是因為恐懼，還是出於名利心，總之主動迎附，踏過同僚方孝孺的鮮血，為朱棣起草登基詔。

解縉的登基詔是怎麼寫的呢？

主要分三段，表達了三個意思。一是向天下解釋，叔叔打大姪子的理由。第二是向天下說明，叔叔比大姪子更有資格當皇帝。第三個意思是向天下宣布，叔叔要做怎樣的皇帝。

其中一句話說得特別漂亮：「文帝入漢，尚資恭儉之風，武王紹周，願廣至仁之化。布告天下，其體朕懷。」解縉代朱棣向天下表示，他就是周文王下凡，周武王轉世，普天下百姓能得到這個皇帝，有福了。

可以說，詔書寫得很到位，不僅讓朱棣名正言順地即位，而且還似乎占據了道義制高點。

朱棣看了詔書很滿意，照准發布，然後對這位善解人意的優秀寫手投桃報李。解縉被加官翰林侍讀，正六品，相當於皇家先生兼機要祕書。這曾是建文帝最信任的方孝孺的官職，如今解縉取而代之。

新皇登基，改元「永樂」，所以朱棣被稱為「永樂帝」或「永樂大帝」。

據說永樂這個年號，也是解縉的傑作。是他從歌頌新朝的一首詩歌中突發靈感，截取了永樂兩字，獻給朱棣做新年號的。這種說法正史沒有記載，但在近年關於解縉的一部電視劇中確有描述。劇中朱棣當朝徵集年號，群臣反應遲鈍，唯有解縉高頌一詩：風吹馬尾千條線，日照龍鱗萬點金，駿馬今日照太子，大明永樂萬萬年。然後煞有介事地說：陛下，我看就以「永樂」為年號如何？朱棣聽了連連稱好，永樂年號就此誕生。

當然，文藝作品不足為證，我們權且一聽，總之解才子為永樂新朝的建立可謂煞費苦心。

第五章　朱棣開朝：士人翹首盼「永樂」

翻閱史料，對永樂帝朱棣的評價甚高，稱之「知人善任，內外兼修，雄才大略」，地位堪與唐太宗李世民比肩。

而朱棣本人，作為職業軍人上的臺，對打仗有很大的興趣，赫赫戰功和政治霸權，是他對帝王形象的憧憬。

應該承認，他有大國君王的姿態，上臺伊始，他躊躇滿志，豪情滿懷地要打造「永樂新政」，立志成為一代聖君。

他要當怎樣的聖君？

永樂初年，朱棣發布了一篇訓諭式短文，即〈聖學心法〉。

這篇文章據稱是朱棣自己寫的，當然不能排除翰林學士顧問們給了某些幫助。

朱棣在編寫時，廣泛地引用了早期儒家經典中的文字和宋儒的哲學著作，分四個部分，闡述他的為君之道心得：

第一部分，討論一個君主應該以身作則的道德品質和原則。那就是言行一致的原則：克制私慾，敬天法祖，正心誠意。

第二部分，討論的是教育皇帝的問題。如何透過學習、實踐和自我約束去培養皇帝德行，皇帝如何以身作則，要他的臣民們敬畏和順從上天。同時，朱棣還強調了皇帝自覺即個人主觀積極性的重要性，雖然他明確宣布要恢復祖宗的傳統，但他也不認為自己應受祖宗傳統的限制，天下由我不由祖，這展現了他終生一以貫之的政治強人作風。

第三部分，強調皇帝應該虛懷若谷的問題。他需要有智慧的進言、正確的教導和忠直不偏的勸告。朱棣明確地告訴大臣，他很重視大臣無私和誠實的品格，並且強調他們一定要具備這些品德及正直的性格，但他同時又給臣子諍言加了規矩，絕對清楚地指出：君主擁有無可置疑的權力，即無限的自由裁量權，君主的心理是超級強大的，所以臣子但言無妨，然而臣子無論提出什麼意見，最終要服從君主決定。

最後，朱棣在關於為臣之道的第四部分，著重指出了忠誠的意義，強調說：人臣若不能與君上一心一德，就不能為之服務——即臣子應該對君上全心全意，敞開胸懷而無所隱諱。為了展現皇帝的聖明，朱棣同時鼓勵臣子不要盲目地忠誠，強調君臣之間應該互相交換意見，以使每一件事都能得到自由的討論。

以上「為君四論」，生動地展示了朱棣為自己樹立的聖君形象，顯示了他所設想的君臣之間應盡可能有的魚水深情。

當時士人也是抱著殷切的希望，期望朱棣創造的永樂時代可以再現「貞觀之治」，讓包括讀書人在內的天下蒼生過上好日子，從此永樂。

但現實發展又如何呢？

永樂元年，葉惠仲事件令學子們的頭腦很快冷靜下來。

事件起於著名的修史爭議。朱棣奪取帝位三個月後，下詔重修《太祖實錄》。《太祖實錄》是建文帝朱允炆即位後，下詔由方孝孺為監修編撰的一部官方正史，此段紀錄始於朱棣起兵發難之前，終於其即將奪取帝位之時。史官們站在正統的立場上，對朱棣的記述多有貶斥。朱棣豈能讓自己起兵篡位的紀錄流傳於後世？於是，他下令召集人員，重修《太祖實錄》。

葉惠仲於是被徵召。

葉惠仲，浙江臺州臨海人，建文時期名臣，頗有司馬遷之志。永樂年初以南昌知府身分被徵召入京，編撰《太祖實錄》。

進入中央史志辦後的葉惠仲，本著史官的良心和道德，沒有按照永樂帝朱棣的意志行事，堅持如實地記載靖難事件，秉筆直書有關「燕王謀反」之事。於是觸怒了朱棣，當年二月二十二日，朱棣指責葉惠仲為「逆黨」，將葉惠仲凌遲、誅滅全族。

一個效仿司馬遷的史官，在大明永樂朝的結局卻比司馬遷還慘。可見，在朱棣這個「聖君」手下做事，並不是件容易的事，講真話、有氣節都是要冒殺頭危險的。

永樂朝之前的建文帝朱允炆，雖然很不成熟，但培養了一群具有錚錚鐵骨的文臣，這些文臣威武不能屈，大多被朱棣殺害，而且手段特別殘忍。

史書記載，建文朝兵部尚書鐵鉉被逮至京。朱棣坐於御座，鐵鉉「背立殿廷」，至死不轉身面對朱棣。朱棣派人割掉鐵鉉耳鼻，在熱鍋中燒熟，然後硬塞入這位忠臣口中，問：「此肉甘甜否？」

鐵鉉厲聲回答：「忠臣孝子之肉，有何不甘！」

於是朱棣下令寸磔鐵鉉，這位忠臣至死罵不絕口。

怨恨之下，朱棣又把鐵鉉八十多歲的老父老母投放海南做苦役，虐殺其十來歲的兩個兒子，並硬逼鐵鉉妻子楊氏和兩個女兒入教坊司，任由軍營兵士蹂躪。

對建文朝刑部尚書暴昭，因為其「陛見抗罵」，朱棣先去其齒，次斷手足，以刀慢割脖項而死。

對建文朝禮部尚書陳迪，由於「責問不屈」，朱棣命衛士綁送他及其六個兒子一起至刑場凌遲。朱棣派人割下陳迪兒子陳鳳山的鼻子和舌頭，塞進這位忠臣嘴裡逼他下嚥。陳迪雖為文士，但至死不屈，怒罵而死。

對建文朝右副御史練子寧，也因「殿上怒罵」，朱棣命人先割掉其舌，此後寸磔而死，其宗族被殺者一百五十一人。

對建文朝兵部尚書齊泰，也是因其「不屈」，送刑場凌遲。

對建文朝太常卿黃子澄，因其「抗詞不屈」，被朱棣下令肢解處死。

對建文朝監察御史高翔，因其「喪服入見」，朱棣命衛士「殺之於殿上」，沒產誅族，又掘發高氏宗族墓地，焚骨拋屍，「交雜狗骨馬骨」四散丟棄。

對建文朝監察御史王度、宗人府經歷宋征、監察御史丁志、監察御史巨敬，朱棣皆施以「族誅之刑」。

建文朝大理寺丞劉端棄官逃去，被抓入殿。

朱棣問：「練子寧、方孝孺是什麼樣的人？」

劉端笑答：「忠臣也！」

朱棣問：「汝逃，忠乎？」

劉端回答：「存身以圖報耳！」

朱棣聽後，命人用刀割去劉端耳鼻，獰笑著問滿頭血汙的劉端：「作如此面目，還成人否？」

劉端罵道：「我猶有忠臣孝子面目，九泉之下也有面目去見皇祖！」

朱棣狂怒，親手用棍棒把劉端捶擊而死。

除了部分建文朝忠臣自己或全家自殺外，朱棣虐殺建文朝忠臣及其家屬共一萬多人。歷朝歷代異姓相伐相殺，並不鮮見，但如此殘酷屠殺的舉動，亙古罕見。因此，史學家谷應泰對此嘆道：「嗟乎！暴秦之法，罪止三族；強漢之律，不過五宗……世謂天道好還，而人命至重，遂可滅絕至此乎！」

說回顧歷史，王朝皇族更迭，誅殺前臣是為常見。但如此瘋狂的行徑，超過歷代所有暴君，是「永樂大帝」朱棣的獨有特色。

朱棣繼承了朱元璋血脈中兇殘的因子，不僅嗜殺，而且還要汙蔑對手。登基後的朱棣，在重修《太祖實錄》之前，還讓一些文人拼湊了一本「官方史料」《奉天靖難記》。這本「史料」裡，朱允炆的那幫忠臣竟全都變成了奸惡無恥、毫無氣節的軟骨頭。朱棣一面開展血腥殘暴統治，一面偽造歷史，貶斥真善美，弘揚假惡醜。如是為之，不僅明朝士風，甚至連中國的歷史、社會和人性，也要為此卑劣行徑付出沉重代價。

話說回來，殺掉葉惠仲後，朱棣調了兩個降臣，監修《太祖實錄》。

這二位是誰，分別是怎樣的身分呢？

一位叫李景隆，另一位是茹瑺。

李景隆，江蘇盱眙人，名門之後，曹國公李文忠之子。父親死後，李景隆世襲了爵位，成為建文帝股肱之臣，深得朱允炆的信任。

靖康之難時，建文帝是拿李景隆當「當代周亞夫（西漢平藩名將）」使用的。建文元年八月，建文帝登臺拜將，授李景隆為大將軍，率五十萬大軍北伐。

建文帝對李景隆充滿了期待之情，親自在江邊為他餞行，行「捧轂推輪」之禮。可惜，李景隆卻給了朱允炆絕望的回報。

同年九月，李景隆帶著五十萬軍隊，到德州後調集各路兵馬，進駐河間進行了攔截，朱棣知道李景隆當了主帥後，仰天長笑道：老天助我也。

朱棣從小就追隨朱元璋南征北戰，對每個將士的能力瞭如指掌，朱棣給李景隆總結了五條失敗原因：

一，治軍無軍令軍紀，上下不同心；

二，南軍將士不適北地霜寒，糧草軍備不足；

三，貪功求勝，貿然輕進；

四，缺乏對下屬的信任，剛愎自用，沒有威信；

五，所部儘是烏合之眾，混亂無序，多是諛佞小人。

如此，必敗無疑。

兩軍在河間擺開陣勢，朱棣身先士卒，率精騎為先鋒，左右衝擊，連破李景隆七座營寨。李景隆大敗，拋棄物資，連夜撤退。

敗軍之將李景隆並沒有被建文帝治罪，而是繼續留用。「靖難之役」打了近四年，雙方呈現拉鋸狀，後期朱棣調整策略，集中力量打擊應天府。建文四年，燕軍打過長江，直逼應天府，建文帝憂懼不已。方孝孺上疏，為了振奮人心，請誅敗將李景隆。建文帝婦人之仁，堅絕不准，不但如此，反而命李景隆到燕軍營地請和，結果被朱棣拒絕。

不久，燕軍兵至金川門。李景隆開門投降，迎燕軍入城，應天府陷落。

同年六月，燕王朱棣即皇帝位。李景隆因有「默相事機之功」，被授為奉天輔運推誠宣力武臣、特進光祿大夫、左柱國，加封太子太師，並增歲祿一千石。李景隆這個光榮稱號「默相事機之功」可謂前無來者。大概這就是說，李景隆與燕軍暗通款曲，有默默配合之功。

永樂開朝，朱棣對李景隆寵信有加。朝廷每議大事，李景隆都位於班列之首。靖難諸功臣為此憤憤不平。滿朝文武皆鄙視李景隆，但擋不住他受皇帝的寵。

再說茹瑺，湖南人，洪武中期國子監出身，曾任大明通政使，因勤於職守，很得朱元璋喜歡。洪武二十三年，朱元璋任命茹瑺擔任右副都御史，「又試兵部尚書」，加封太子太保。

從茹瑺的早期政治履歷來看，他是個資深重臣，是朱元璋身邊的紅人。因此建文帝登基後，一如既往地重用茹瑺，擔任吏部尚書。後期因一些瑣事，茹瑺跟建文帝逐漸離心離德了。

靖難之役見到殺氣騰騰的朱棣，茹瑺嚇壞了，他「伏地流汗，不能發一言」，最終只能「唯唯頓首還」。茹瑺帶領著二十多個貳臣投降了朱棣，敲鑼打鼓地歡迎朱棣的到來。茹瑺等人的歸順令朱棣頗為歡喜，尤其令朱棣高興的是，茹瑺特別懂事，朱棣進入明皇宮挖地三尺找不到建文帝，茹瑺於是便領人不停地向新主人勸言，國不可一日無君，請朱棣早登大位。

因此，朱棣登基後對於茹瑺極為恩寵，封他為忠誠伯，食祿一千石，終身享用。在官場上，朱棣仍讓茹瑺擔任兵部尚書，加太子少保。

殺講真話的史官，讓兩個軟骨頭小人擔任《太祖實錄》的監修，可見朱棣需要怎樣的「忠臣」、怎樣的「歷史」，要做怎樣的「聖君」！

當然，朱棣認為，要完成他的心願，光靠這兩人是不行的，還得建立一個團隊。讓天下最有才的士人為自己所用。

那是個怎樣的團隊呢？

第六章　內閣誕生：開山首輔跪修史

西元一四〇二年，對大明王朝來說，是個極其特殊的年份，因為政權合法性的紛爭，出現了年號上的混亂。朱允炆之建文政權稱這一年為「建文四年」，而造反的朱棣政治集團後來居上，否認建文政權的合法性，稱這一年為「洪武三十五年」，次年改年號為「永樂」，藉以表示永樂大帝朱棣才是洪武大帝朱元璋的合法繼承人。

這一年更值得記住的一件事，是持解縉起草登基詔即位的朱棣，搞了個史無前例的「創舉」。

這是什麼史無前例的創舉呢？

那就是成立內閣，設大學士及首輔之位。

我們知道，朱元璋是在洪武十三年誅殺胡黨廢的相。到了此時，大明王朝已經取消中書省廢除丞相十二年了。朱元璋在頒布廢相令時，曾留下一句話：「以後嗣君，其毋得議置丞相，臣下有奏請設立者，論以極刑。」這就是等於告誡子孫，丞相制度永遠不可在本朝復活。太祖遺訓，不得違反。

然而，朱棣卻有自己的想法。他不僅廢掉了老父親的指定接班人，而且還要變革大明王朝的政治結構。

於是，內閣、大學士和首輔便一併誕生了。

內閣，大學士，首輔。這是個什麼樣的機構？怎樣的官呢？

大學士之職，是中國自唐朝就有的官職，是皇帝的高級祕書。而內閣和首輔則是明朝的發明，是明成祖朱棣的傑作。

朱棣是出於什麼考慮發明了內閣呢？

這還要追溯到朱元璋廢相之初。朱元璋將左相胡惟庸連同中國丞相制度一起廢掉後，明王朝再無丞相和皇帝爭權奪利，但也沒人為皇帝分憂了。成為永樂帝的朱棣，對大姪子的建文新政不感興趣，但與父親的洪武政治卻心有靈犀。上臺之後，他的首要任務是恢復洪武政治。同時，為了顯示自己更勝一籌，便於為自己所用，他在洪武政治基礎上加入了新政。

組建內閣就是永樂新政的一項主要內容。

我們知道，朱元璋廢相之後的一大弊端，是阻斷了皇帝和官員之間的聯繫橋樑，而朱棣實行內閣，彌補了這一缺點。內閣變成了具有永樂特色的官僚政治主宰，是文官政府中的主要執行機構。

西元一四〇二年六月，朱棣宣布正式成立內閣。這個詞我們現代人聽了可能還挺耳熟，因為內閣在現代一些議會制國家依然盛行，比如日本，他們的總理就叫「內閣首相」。朱棣可謂內閣始祖，但是，請大家注意，朱棣發明的內閣和現代的內閣，叫法一樣性質卻完全不同。現代內閣是一個分權機構，君主是虛君，實權在內閣；而朱棣版的內閣不是分權機構，而是為皇帝分憂的機構，相當於皇家祕書機構，說白了，那些內閣大臣不是與皇帝分權的，而是與皇帝分工作的。

簡單解釋，就是皇帝朱棣在宮裡辦公，需要人協助，於是就招幾個文臣進宮，這些人的辦公地點主要集中在四殿兩閣，即中極殿、建極殿、文華殿、武英殿，文淵閣、東閣。此外，還為預備皇帝太子宮設置兩坊：左春坊、右春坊。這些地方都屬於內廷，所以這些人就稱為內閣學士或內閣大學士。

在明朝，內閣學士的官階只有五品，且始終如此。永樂時期的內閣屬於初級階段，內閣學士更算不上高官，只是中級官員配置，他們上朝，要排在二品尚書後面。可見，永樂帝朱棣給內閣學士的定位，就是中等品級的皇家顧問祕書。

史料記載，朱棣即位後不久就著手組織新的內閣。他任命了七位才子到翰林院的高級職位上來，然後讓這七人擔任國家事務的主要顧問，他們分別是：解縉、黃淮、胡儼、胡廣、楊榮、楊士奇和金幼孜。

這些人的特點是「三化」：一是年輕化；二是知識化；三是幹練化。

他們都來自中國南方和東南方，都因優異的文學才能和行政經驗才入選。儘管他們幾乎都在建文朝服務過，但卻沒有大儒方孝孺的那般道德負擔，說白了，此七人的自我定位，大多像現代公務員。公務員嘛，做好自己的工作，不摻和政治家的事。

隨著內閣這個新機構產生的，還有一個全新職位——首輔。這個職位，後來被演稱「宰輔」、「宰相」，甚至與現代的首相通假起來，其實，遠不是一回事。明朝的首輔，權力比宰相、丞相小得多，更不能與今日首相同日而語。今日首相，在議會制國家裡，就是國家實際最高領導人，這樣的地位大明首輔連想想都是死罪。明朝首輔大學士本身官級並不高，始終只定在五品，而到了明朝中後期，這些內閣首輔兼任了尚書職位，才排在朝臣之首。

這和解縉有什麼關係呢？

關係大了。

雖然首輔權力有限，不是決策者，但卻是離皇帝最近的人，可以做皇帝決策的重要參謀，所以一般都要由皇帝最信任的文人擔任。

西元一四〇二年八月，朱棣登基僅一個月後，即宣布成立內閣。他先用翰林學士黃淮做了五個月臨時首輔，五個月後，一切妥當，當年十一月，便授解縉為右春坊大學士，出任首位內閣正式首輔，受賜五品官服。

解縉由此成為大明乃至中國歷史承上啟下式的人物。胡惟庸是中國最後一個丞相，而他，是中國首位內閣首輔，即開山首輔。

當然，解縉也是由此成為皇帝最寵信的大臣。

歷經洪武之貶、建文流放，解縉峰迴路轉，一波三折，又成了皇帝寵臣，風光重現。但有同僚對才子不服，對同僚的羨慕嫉妒恨，才子不以為然，接下來，他要為朱棣打幾場漂亮仗，證明自己並非浪得虛名。

解縉要用作品為自己正名，而朱棣也正需要一些大作出籠。成為永樂帝的朱棣，處心積慮要做的第一件事，就是千方百計在正史上證明自己皇位來源的合法性。讓誰來完成這個「偽大」使命呢？非此人不行。

他就是重新回到大明第一筆桿子之位的解縉。於是，朱棣召喚解縉，耳提面命，再次委以重任。

永樂元年，殺掉葉惠仲，朱棣令李景隆、茹瑺為監修的同時，任命右春坊大學、內閣首輔解縉為《太祖實錄》總裁，再次啟動重修工程。

什麼是「總裁」？這個「總裁」和現在企業老闆不是一個概念，而是相當於現在的總編輯、史志辦編採一把手，有稿件終審權，想改誰的稿就改誰的稿，說撤稿就撤稿。

受到皇帝召喚的解才子當仁不讓。登上首輔之位後的他躊躇滿志，為了報答皇恩，也為了給自己正名——自己不是光會寫矯詔的佞臣，於是他以《太祖實錄》開道，一連做了四件大事，或者說，完成了一生中最重要的四部作品。

哪四部作品呢？

首先，第一部作品的主題是：血統論。

解縉要為永樂大帝證明他的皇室血統。

這是怎麼回事呢？有的讀者可能會問：朱棣是朱元璋的四子，他還需要證明自己的血統嗎？

朱棣是朱元璋的親生兒子，這沒有錯，朱元璋是朱棣的親生父親，這也不用證明。但是，誰是朱棣的親生母親，這可需要考證了。

可以說，沒篡位前的朱棣，就已經因為這件事煩了半輩子了。朱棣自認為，自己是父親的原配馬皇后所生。但宮中和民間卻一直有另一種撲朔迷離的說法，說朱棣是朱元璋和元朝一位妃子所生，可能有蒙古人血統。我們今天看朱棣的畫像，高大威猛、落腮鬍等，還真有些游牧民族人的特徵。朱棣公開場合不承認自己有胡人血統。一個胡人，根不紅苗不正，怎麼能做大明王朝的正統皇子？

而今，成為九五之尊的他，必須要解決，也有能力解決這個問題了，他殺了秉筆直書的史官，任命解縉擔任《太祖實錄》總裁，目的就是按照自己的意志進行包括嫡出身世在內的歷史「消毒」工程。解縉上任之後，對永樂大帝的小算盤心領神會，他下令對《太祖實錄》進行細心整理修改，在這個過程中，他發揮了頂級編撰水平。為朱棣「撥亂反正」，並「找回了生母」。

我們現在看到的《明史．成祖本紀》，關於朱棣及其生母是這樣記載的：「……太祖第四子也。母孝慈高皇后。」也就是說，他的生母是孝慈高皇后。孝慈高皇后就是朱元璋的原配馬皇后。

這就是經過才子整理修改過的《太祖實錄》轉化明朝正史的「成果」。

但真實的情況又如何呢？

沒有人證，又不能化驗 DNA，確實不好斷言。但是，有一個遺蹟做佐證，可以管窺一斑。現代南京城，有一座著名的明朝遺蹟：大報恩寺，傳說就是朱棣為其生母元妃所建。當時南京是大明都城，朱棣大興土木之後，留下了這座寶剎。這座寺廟大門內有一座正殿，平日大殿的門緊閉，百姓不能隨便進去，所以也都不知道裡面到底供奉著什麼。自朱棣當皇帝後明朝兩百多年間，外人無從知曉。直到清軍入關，明朝滅亡，它的神祕面紗才被揭開。這座大殿被人打開一看，裡面供奉的是蒙古女人牌位。朱棣修大報恩寺，原來是想報答生母元妃的生育之恩。朱棣雖然對生母心存感激，但從不公開認生母，因為在他的眼裡，權力大於親情。為了權力的合法性，必須把生母深埋地下，不願公開祭拜。

對於這段傳說，不可全信，但也不可全盤否定，總之耐人尋味，值得推敲。

解縉當然了解皇帝的心思，所以妙筆生花，把這件事在正史上做足了。

解縉的第二部作品主題是：正義論。

人人都知道，朱棣這個皇位是從大姪子手裡搶過來的，大搖大擺地坐在大姪子的寶座上，從道義上來說，這個叔叔說得過去嗎？

我們都知道，從朱棣父親朱元璋開始，皇帝頒發聖旨，開頭都要加上一個：奉天承運皇帝詔曰。說明自己當皇帝是天命。那麼，朱棣有當皇帝的命嗎？他當皇帝，從道義上講，站得住腳嗎？

解縉曰：朱棣當皇帝是天命，因為他代表正義。

為了證明朱棣的正義，解縉首先對《太祖實錄》進行了恰到好處的增刪。增了朱棣的「帝王之氣」，刪了四年對中央政府的不光彩行為。

為了證明朱棣的正義，解縉還要反證朱棣的敵人——建文帝的邪惡。在解才子筆下，建文朝成了暗無天日的王朝：「天變於上而不畏，地震於下而不懼，災延承天而文其過，飛蝗蔽天而不修德，益乃委政宦官，淫泆無度。」

這段記述把建文朝描述成為人間地獄。到處天災人禍，朝中皇帝淫蕩無度，周邊奸佞小人橫行，民間大旱，田間螞蚱漫天飛。這個樣子的黑暗王朝，不推翻行嗎？顯然，朱棣高舉的是正義的達摩克利斯之劍，他是弔民伐罪，幫助百姓脫離苦海。

如是描述，也是解縉對《太祖實錄》進行「消毒」的結果。於是，歷史上叔叔篡位變成了正義之戰，而名正言順即位的建文帝的作為和政績卻全部被抹殺了。

熟悉歷史的讀者應該知道，建文帝朱允炆雖然年輕，執政期很短，僅僅四年，但還是有所作為的，他的四年執政期曾被史學家稱為「建文新政」。

「建文新政」的主旨就是四個字——以德治國。

朱允炆有意結束其祖父朱元璋的暴政，他自己確定新年號為「建文」，與祖父「洪武」剛好形成鮮明的對照，祖父弘揚武力，而自己要建立文治之功，從中可見建文帝治國方略的改變。

「建文新政」的主要內容是：重用文人，減輕財稅，平反冤獄，精簡機構，銳意削藩，適當放權。

這種情況下，文人獲得了比以前稍高的政治地位，也不用天天擔心像洪武朝那樣動輒以一言獲罪的情況，因此他們膽量也大些了，對朝政勇於表達自己的意見，對建文帝忠心耿耿。在靖難之役中寧死不降的，大都是這類文臣，他們就是要以死報答仁君。

而解縉實在是顧不了那麼多了，「氣節」云云在創作過程中基本化為「浮雲」。史料顯示，披上了血統和正義美麗外衣的新版《太祖實錄》呈送朱棣後，朱棣做了四字總結「深體朕意」。這史修的，太契合當朝皇帝的意志了。

才子長舒一口氣。趁熱打鐵，創作第三部作品——牌坊記。

我們知道，歷代中國每一個新皇帝執政，都要重新立規矩，立道德楷模，以樹立統治權威。朱棣也不例外，而且他在這方面尤其用心，急於建立永樂綱常。

而朱棣的賢內助——正室夫人徐皇后，此時給丈夫出了個好主意，說樹立道德楷模，立男不如立女。徐皇后是開國功臣徐達的女兒，是個非常傳統的女人，她建議皇帝編寫一本貞節烈女讀本，讓天下女子和臣民學習烈女好榜樣。朱棣聽從了夫人的建議，把這個工作派到了解縉手裡。於是解縉剛放下「整容消毒」過的《太祖實錄》，就著手進入另一本書的編撰，這本書的名字叫《古今列女傳》。這就是永樂一朝的牌坊——倡導大明女子，都做貞節烈女。

解縉主編的《古今列女傳》，記載了上千名貞節烈婦的事跡，這個數量大大超過了前二十二史的烈女數量總和。表面看，此書的編撰，似乎表現了明朝對女性地位十分重視，但實際上卻凸顯出了女性地位的低下。為什麼這麼說呢？

因為明朝開國之初，開國皇帝朱元璋就確立了保守的基調，一個保守王朝，對女性的政策不可能是開明的。朱元璋死前，曾勒令部分妃子、宮女陪葬，大明王朝恢復了自漢代就已廢棄的野蠻殉葬制度。而朱棣比他父親更保守，永樂朝對女性的控制、管理和摧殘達到了無以復加的地步。《明史．列女傳》明確規定：「婦人之行，不出於閨門。」女性連出門散步的權利都沒有，悶了也只能在自己院裡轉悠，大門不出，二門不邁。年輕的寡婦終老不改嫁，甚至為了避免被流氓騷擾而自我毀容，有此類行為的女性均入列烈女榜，得到朝廷的鼓勵表彰。

沒有任何史料證明，解縉是違心地編撰了這本書，他編此書，有迎合皇帝的意思，但也並不違背自己的價值觀，從這個角度看，解縉也是趨於保守的文人，這是他的作品沒有大量傳世的一個重要原因。保守之物，沒有生命力，經不住時間的考驗。

前三部作品如何評價不好說，第四部作品的創作完成，則可稱得上是使才子載入史冊的毫無爭議的最輝煌一筆。

那就是打造了世界級別的中國大百科全書——《永樂大典》。

當今世界最權威的百科全書是《大英百科全書》，西方人稱其權威性「僅次於上帝」，它是十八世紀末英國人編撰的。而解縉主持編撰的《永樂大典》起於十五世紀初，比英國人早了近四百年。

《永樂大典》的創意有說是朱棣，有說是解縉。翻看歷史紀錄可知，這是兩人一拍即合的成果。《明史》記載，永樂元年七月初一，解縉陪朱棣祭拜太廟之後，朱棣召他到殿上，說：「散載諸書，篇帙浩繁，不易檢閱。朕欲悉采各書所載事物，類聚之，而統之以韻。庶幾考索之便，如探囊取物。」

朱棣對解縉提出了想纂集一部古書大成的意圖。此想法正合解縉十五年前在〈大庖西室封事〉中向朱元璋提出的纂修大書建議。父親那裡沒實現的東西，要在兒子這裡實現了。兩人一拍即合，啟動了這項文化工程。

朱棣交給才子一支編輯大軍，先給了他一百四十七人，去打造這部史無前例的文化巨著。解縉工作情緒十分高漲，率領這支大軍晝夜奮戰，進展飛快。不到兩年，永樂二年（西元一四〇四年）年底，解縉就完成了巨著初稿，上呈朱棣審閱。

朱棣粗略瀏覽後，感到比較滿意，親自揮毫題字，給這部大書賜名《文獻大成》，後改稱《永樂大典》。《永樂大典》正文為兩萬兩千八百八十七卷，光目錄注解就長達六十卷，裝訂成一萬一千零九十五冊，總字數約三點七億字，其篇幅之大，蒐羅之廣，書寫之工整，裝潢之精湛，為世所罕見。《永樂大典》是中國第一部由國家編修的大型典籍，在世界文化史上，被譽為編纂時間最早、規模最大、內容最廣的大百科全書。它的編纂，把解縉的人生功業推上了最高峰，也顯示了這個大才子身為領軍人物的卓越組織才能。解縉也因其對中國歷史文化所做的傑出貢獻，從此與《永樂大典》一起名垂青史。

連出四部大作，打了四場漂亮仗的解縉，博得了永樂帝朱棣的高度信任與讚揚。於是君臣二人親密無間。

怎麼個親密法呢？比如，朱棣有時與解縉商議朝中大事，徹夜長談，期間朱棣在寢殿上床歇息了，還賜座讓解縉在一旁「論思獻納」。皇帝躺在床上，解縉坐在椅子上，一個滔滔不絕地說，另一個津津有味地聽。

請注意，此時的解縉已是內閣首輔，五品官員，但在皇帝面前，還沒有坐著說話的資格，皇帝坐著時，他只能站著說。大臣不僅實質卑微，而且形式上也必須比皇帝矮半截。唯有朱棣上床就寢時，才賜座給解縉，讓他坐在床前，繼續商議朝中諸事。前人曾把解縉比作宋代歐陽脩，其實是過譽。歐陽脩在皇帝面前，可是這般乖順模樣？宋英宗曾勸歐陽脩不要太剛正，否則容易招致許多莫須有的罪名。但歐陽脩當面頂撞皇帝，引用故相王曾的話說：「恩欲歸己，怨使誰當？」只要是正義的，於國於民有利之事，我歐陽脩萬死不辭。

但不管怎麼說，這君臣二人表面上還是親密無間。對於君臣二人的親密關係，朱棣毫不掩飾。在朝會上他甚至公開對大臣們說：「天下不可一日無我，我則不可一日少解縉。」這個國家一天也離不開我，我呢，一天也離不開解縉。形影不離，就到這程度。

朱棣不僅寵信解縉，而且還恩澤他的妻子。一次，他給解縉賞賜五品官服，又傳喚他的妻子到柔儀殿朝見皇后，由皇后對她進行賞賜。

親暱所至，朱棣還當起了才子的媒人。一天晚上，解縉與胡廣兩人一同侍候朱棣在宴席上用膳。朱棣跟他們開玩笑說：「爾二人生同裡，長同學，仕同官。縉有子，廣可以女妻之。」你們既是同鄉又是同學還是同事，乾脆結個親家算了。解縉不是有兒子嗎，胡廣你把女兒嫁過去算了。

胡廣點著頭說：「臣妻方娠，未卜男女。」我老婆剛懷上，不知生男生女。

朱棣笑著說：「定女矣。」朱棣說：肯定是女孩，就這麼定了。

可見，這君臣關係親密到了何種境地，都可以涉及生活情趣、插科打諢了。

甚至，就連解縉調戲皇宮女人，都能得到朱棣的諒解。

一次，解縉去宮中探訪駙馬，偏巧駙馬不在家。公主久聞才子大名，但不便出來，就叫傭人給解縉上茶，然後隔簾偷看才子真容。解縉成心逗趣，叫傭人拿來筆硯題下一詩：

錦衣公子未還家，紅粉佳人喚賜茶。內院深沉人不見，隔簾閒卻一團花。

這首詩被收錄在民間流傳的《滑稽詩文》中。詩中明顯是有些調戲的味道。公主不高興地向父親奏報。不想朱棣卻笑著說：這等風流學士，見怪他做什麼？

可見當時解縉在皇帝心中是何等受寵，才子在宮中活得何等歡快得意。

然而，月盈則虧，水滿則溢，才子的才氣是擋不住的，傲氣也是藏不住的。而且，尺有所短，寸有所長，解縉無疑是個大才子，傑出總編輯，但事實證明，好編輯不一定是好祕書。編輯之功，在於學識，而祕書之功，也需要學識，但更需學識之外的功夫，比如在上級面前要「會做人」，揣摩上意是必修課。如果你不能按照上級意圖行文，想充分發揮想像力和創造力，最後只能當編輯而不能當祕書。

事實證明，解縉是個好編輯，但卻不是好祕書。因為他是個有個性的筆桿子，想把筆桿子攥在自己手中，這就犯了祕書的大忌，祕書必須跟著上級的思維走，豈容你獨立思考！

於是，祕書的悲劇也就降臨到才子頭上了。達到人生巔峰的解縉，再次犯了恃才放曠的老毛病，最要命的是，他高調參與了一場宮廷權力鬥爭，從而令自己的命運急轉直下。

第七章　恃寵越位，高調議儲犯皇子

古希臘哲學家赫拉克利特曾說過這樣一句話：「人不能兩次踏入同一條河流。」意思是說人不要重複犯同樣的錯誤。

達到人生巔峰的解縉，忘了自己在洪武時期是怎麼被趕回家的了。因為一件事，他的同事關係再度緊張起來。

其實，這事也不能完全怪解縉，是皇帝朱棣非讓解縉表態的。事情的緣由是這樣的。

因為朱棣是從北平打到應天坐天下的，所以他從北平帶過來的大都是武將，如此做了皇帝後的朱棣，在應天就不得不啟用洪武和建文時的舊文臣。但是朱棣生性多疑，對屬下充滿戒心，他對這些舊臣是否跟自己一心抓不準。所以，沒事就愛思索這些舊臣，思索來思索去，還是拿不穩。於是，朱棣想讓一個明白人替他把把關，號號脈。

這個人是誰呢？他就是首輔解縉。

朱棣開列了一串名單，要解縉對名單上的每一個人下評語，並以書面奏摺的形式呈送給他。解縉一看名單，全都是朱棣現在寵信重用的各部尚書、內閣大臣，一般人一見這陣勢會特別小心，出言謹慎。但解縉個性使然，率真敢言，他實事求是，將大臣們各自的優缺點毫無顧忌地寫了出來。

對吏部尚書蹇義，他的評語是「其資重厚，中無定見」。

對戶部尚書夏原吉，他的評語是「有德有量，不遠小人」。

對兵部尚書劉雋，他的評語是「雖有才幹，不知顧義」。

即便和自己關係好的同僚，他也沒有客氣。比如對左春坊大學士李至剛，他寫下了這樣的評語：「誕而附勢，雖才不端。」

說李至剛這個人，有才是有才，但品行不端。善於欺詐，是個勢利眼。用現代話說，就是有才無德。

史稱，朱棣看了解縉對群臣的品評後，點頭微笑，說：我再觀察觀察。似乎基本認同了解縉的評語。解縉很得意。殊不知秉性直率的他，雖然奉命對人事進行評價，表達了對皇帝的忠心，但卻犯了官場大忌，埋下了後患。

尤其是其中一個被評的人，與解縉開始化友為敵。對後來解縉的命運產生了重大影響，這個人是誰呢？他就是遭解縉惡評的李至剛。

李至剛，西元一三五五年出生，松江華亭（今上海松江區）人。他不是正式科考出身，而是在洪武二十一年（西元一三八八年）「考中明經」做官的。何謂「考中明經」？就是推薦加考試上來的，考試內容就是背誦儒家經文，相對科考容易很多，相當於現代的內部函授考試。

在建文年間，李至剛任湖廣左參議，因過失被關進監獄。永樂年，李至剛時來運轉，成為朱棣寵臣，朱棣任他為右通政，參與修撰《太祖實錄》，李至剛朝夕不離皇上左右，很得朱棣信任。

在永樂初年，解縉與李至剛都是有名的才子。解縉的才華展現在編創方面的「鬼斧神工」，而李至剛的才華主要展現在「能把複雜的問題簡單化」上，史書稱他「為人敏給，能治繁劇」，尤「善傅會」。「傅會」是個古詞，用今天的話來說，叫「會揣摩上意」。他是怎麼會揣摩上意呢？比如，朱棣從北方發家，很想把都城從應天遷到北平去，可是不好提這事，李至剛於是第一個跳出來，說北平是龍興之地，力倡遷都。此舉立刻博得朱棣好感。

所以李志剛和解縉一樣，兩人都是永樂初年皇帝身邊的紅人，都是內閣成員，關係也相當不錯，史稱「交甚厚」。解縉右春坊大學士，李至剛兼左春坊大學士，由於工作上的緊密聯繫，他們經常在一起吃吃喝喝，作詩逗趣。

但是，這一回，在皇帝面前評點大臣，解縉卻沒為這位好友說好話。

解縉評點諸大臣的事很快外洩，李至剛知道了，大為不滿，從此與解縉結了仇，暗自找機會要報復解縉。他是怎麼報復解縉的呢？這個留待後面交代。

其他被解縉點評的人，雖然沒有李至剛那麼恨解縉，但也大多對解縉不滿。本來嘛，人無完人，解縉指出同僚的長處和短處，也是客觀的。但人性都有弱點，喜歡聽好話，長處你盡可說，短處就不能隨便說，更不宜張揚，否則一定會引人不滿。尤其是古代中國官場，最忌諱給人揭短。一般老道的近臣，大多會借給皇帝當參謀的機會替人說好話，然後把所進的好言洩露給當事人博取好感，如此便能結交下一批人。而解縉個性使然，不屑說違心話討好人，結果把這個結交人的良機變成了得罪人的口實。

當然，應該說解縉是個好評論家，具有一雙看透事物本質的慧眼。被評人後來的人生演進，十有八九被解縉說中了，客觀地說，解縉的評價是到位的。但忠言總是逆耳。

慢慢地，一些大臣們就有意和解縉拉開了距離。大家都不捧你，你受寵時尚好，失寵之後這就難辦了。這個官場規則，後來被解縉的遭遇一一應驗了。

得罪同僚，在朝中是件大事，但並非天大的事。因為皇家才是主人。只要你不得罪主人，大臣們煩你也不敢動你，但如果你連主人一起得罪了，那就致命了。

解縉就是按照致命方向發展的，接下來，他得罪的可不是一般人物，這個人足以致他於死地。這個人究竟是誰？到底是怎麼回事呢？

永樂二年（西元一四〇四年），解縉投身於一場大明宮廷的最高權力暗戰——立儲大戰。

這得從朱棣當皇帝後的最大一樁心事說起。打下應天做了皇帝的朱棣，已經過了不惑之年。自從成為天子，他就開始為一件事發愁。什麼事呢？那就是接班人問題。

在接班人的選擇上，他主要在兩個兒子間犯難。長子朱高熾，次子朱高煦。如何二選一，繼承自己的皇位呢？

朱棣的長子朱高熾，性情溫和，做事善良厚道，外界的口碑特別好，但厚道的人，一般都很心軟，這種心軟的人，是否適合做皇帝？本身即為強人的朱棣，心中要打個問號。而且，對於這個大兒子，他對其還有身體方面的擔憂。《明史》記載，朱高熾「體肥重，且足疾」。用現在的話來說，朱高熾是個胖子，而且腿腳也不方便，形體肯定是不佳的了。這個樣子的兒子，沒有自己的半點威猛影子，能被朱棣欣賞嗎？

從朱棣的內心講，他喜歡的是次子朱高煦。

那麼，二皇子朱高煦又是個怎樣的人呢？

如果說，大兒子朱高熾沒有其父親的半點影子，那麼，二兒子朱高煦活脫脫就是其父親的翻版。朱高煦從小就不喜歡讀書而酷愛練武，成年後好勇鬥狠，能征善戰。在朱棣由燕王轉為永樂大帝的過程中，這個二兒子立下了汗馬功勞。朱棣造反的時候，把朱高熾留守北平，帶朱高煦出征。期間朱棣多次瀕臨危難，都是在朱高煦的力戰下方轉敗為勝的。

甚至有一次，二兒子還救了老爹的命。《明史紀事本末》記載，靖難大戰中期，燕軍並不占上風，一次，燕軍在浦子口被中央軍擊敗，朱棣危在旦夕。在這千鈞一髮之際，朱高煦率軍趕到，做了一把長坂坡趙子龍，救下了精疲力竭的父親。

轉危為安的朱棣，此時為了鼓勵二兒子奮勇作戰，拍著朱高煦的背部，說了一句令其永生難忘的話：「勉之！世子多疾。」好好幹吧，兒子，你大哥身體不好，大明江山，以後可能要看你的了！

可以說，這句話等於給二兒子預留了嫡位，給了朱高煦無限遐想和希望。

而今，父親真的當皇帝了，要立儲了，他會踐行自己的戰場諾言嗎？

朱高煦滿懷希望，同時也非常忐忑。

他在戰場上救過父親的命，父親曾給予他勉勵，令他看到了天子之光。但是，他的忐忑說明他沒有完全的自信，而且父親和大臣對他也沒有完全信任。

坦白說，朱高煦跟老爹還是有差距的。雖然他的偶像就是父親朱棣，他也想像父親那樣，做一把明朝的李世民，但是他有李世民之野心，卻無李世民之品能。

《明史》記載：朱高煦「性凶悍。……言動輕佻」。這個人從小就是個很殘忍的孩子，一副無賴相，而且還有偷盜濫殺的習慣。「舅徐輝祖以其無賴，密戒之。不聽，盜輝祖善馬，徑渡江馳歸。途中輒殺民吏，至涿州，又擊殺驛丞，於是朝臣舉以責燕。」朱高煦大舅，也就是中山王徐達的大兒子、朱棣正室徐皇后的弟弟徐輝祖，看不上這個二外甥，經常訓他。於是他存心與大舅作對，有一次乘人不備偷了舅舅一匹寶馬。一路上看誰不順眼就殺誰，管你是官是民。朱高煦就是這樣一個人。

大兒朱高熾，二子朱高煦，一個是好人，一個是猛人，誰是皇帝的最佳接班人？

朱棣犯難。這其實暴露了中國式皇帝接班制度的標準兩難：皇位如何有序地高品質地繼承。保障前者，保障不了後者，保障後者，保障不了前者。一個皇帝接班人，既有才又有德，還有合法性，機率非常低，打著燈籠也難找。中國歷代統治者經常為此犯難，比如三國魏王曹操，在立接班人時，也猶豫過，在二兒子曹丕和三兒子曹植之間犯難。最後，徵詢近臣的意見，才下定了決心立曹丕。

既然人家魏武帝都這麼幹，那麼自己也問問大家的意見吧。於是，朱棣私下裡開始徵詢大臣的意見。

他問的第一個人，是大將丘福。

結果丘福力挺皇次子朱高煦。

丘福，西元一三四三年生人，濠州（今安徽鳳陽）人，行伍出身，早年跟隨朱棣，任燕山中護衛千戶，後在靖難之役時屢立戰功，成為靖難名將，朱棣登基後拜為中軍都督府左都督，封淇國公，位居武將之首。

由丘福的簡歷可以看出，他是朱棣起兵奪權的主要將領，在靖難之役中跟著朱高煦一起衝鋒陷陣，與朱高煦來往甚密，所以當然力挺朱高煦。

《明史紀事本末》記載，丘福私下裡和一批武將多次勸說朱棣，立朱高煦為太子，對朱高煦更是一口一個「二殿下」，親近得很。

丘大將軍勸皇帝立二皇子，但卻並不代表全部功臣的意見。

另一個靖難功臣、時任兵部尚書金忠，在朱棣問到立儲人選時提出相反意見，提出應該立皇長子朱高熾為接班人。

金忠，西元一三五三年生人，浙江寧波人，出生賢門旺族，自小博覽史籍，熟讀兵法，自學成才。早年投奔燕王府謀事。他為人謙虛低調，做事兢兢業業，且擅長占卜算命，為人謙和厚道。朱棣起兵，金忠隨軍征伐，屢獻良策，成為朱棣手下著名謀臣，朱棣稱帝後任兵部尚書兼詹事府詹事。

因為金忠在許多關鍵問題上都曾參與決策，並且取得了非常有效的成果，可以說是朱棣起兵奪位的大功臣之一，因此深得朱棣的信任和器重，屬心腹之臣。

為什麼金忠支持皇長子朱高熾呢？

當然是兩人關係近。朱棣取得靖難之役勝利、在應天府登基後，非常重視「老巢」的安危，於是就派金忠去北平，與朱棣大兒子朱高熾守家在業，金忠與朱高熾共事久了，感情很深，所以力挺朱高熾。

功勳之臣在立儲人選上兩極對立，朱棣感到十分為難，游移不定。

這時有人提醒：何不問問內閣的意見。

於是朱棣就去徵詢內閣的看法。聰明的閣臣此時多出言謹慎，或以「皇帝家事」避之，或很好地拿捏分寸，給皇帝以不偏不倚「中間派」的錯覺。這是深諳用人潛規則的智臣的應對方式，他們懂得「重心越低越穩定」的道理。

但是，首輔解縉卻是個異人，他喜歡直來直去。

那麼，他是怎麼表現的呢？

在朱棣徵詢內閣意見之前，兵部尚書金忠就將立儲之爭一事告訴了解縉，本來這事是金忠打頭陣的，憑金忠的資歷和對立的丘福也是分量相當。但聽了這件事解縉卻衝動起來，覺得「天將降大任於斯人也」，本已年近不惑的他瞬間變身熱血青年，把自己放在了風口浪尖。

當朱棣問詢解縉意見時，解縉當仁不讓，表達了鮮明立場：「皇長子仁孝，天下歸心。」您大兒子仁厚孝順，他當接班人眾望所歸。

朱棣聽了，默然不語。解縉見狀，又跟進一句，切中皇帝心思：「好聖孫。」何況，您還有一個好孫子啊！他指的是朱棣喜歡的大孫子朱瞻基。

聽了這話，朱棣很受用，君臣二人相視大笑。

當然，立儲事大，雖然朱棣有譜了，但還是下不了最後決心。為了令朱棣下定決心，解縉順勢而上，又進行了一番表現。

有一天，朱棣心情不錯，招來近臣賞畫，這幅畫叫《虎彪圖》。所謂「彪」，就是虎崽。畫中，一老虎帶一群虎崽，親暱形態令人動容。朱棣以此暗示解縉，自己為虎，所選之子，應當兇猛如己。言外之意，仍想把皇位傳給朱高煦。他命朝臣題詩。解縉借題發揮，題道：「虎為百獸尊，誰敢觸其怒？唯有父子情，一步一回顧。」

顯然，解縉是在用詩勸誡皇帝，不要再猶豫了，以免誤會加深，手足相殘，終於，朱棣被打動了，下了立儲的最後決心。

永樂二年（西元一四〇四年）四月，永樂帝朱棣舉行冊封儀式，立長子朱高熾為太子，同時封次子朱高煦為漢王。

顯然，這個結果有解縉的一份努力。

那麼，解縉是出於什麼目的，力挺長子朱高熾呢？

在對這段歷史進行解讀時，有史學者說解縉這是政治投機，筆者以為這是大大庸俗化才子了。解縉是個有功利心的才子，這不錯，但他決非庸人俗人。以筆者看來，他力挺朱高熾，主要出於兩個原因。

一是儒家正統價值觀使然。儒家素來講究名正言順，嫡長制是封建正統的皇帝接班制。皇帝的大老婆所生的第一兒子，嫡長子天然擁有皇位繼承權。

而解縉的思想也是極正統的。各位知道明朝官方制定意識形態是什麼嗎？有人說了，當然是儒家學說了。中國兩千年封建王朝，大多獨尊儒術。這沒錯。但隨著歲月的延伸，儒學漸漸也出現了門派，在不同朝代，尊重的儒學門派不同。諸如南宋，就出現了程朱理學，主張「存天理滅人欲」，大唱道德高調。自南宋理宗時起，理學成為日漸保守的中國大一統王朝指定的意識形態。大明王朝也是尊奉程朱理學的。身為皇家祕書，解縉當然也受此影響。他做翰林侍讀時，有一次有個叫朱季友的教書先生寫了一本書，拿給才子看，內容主要批評宋朝理學虛偽，說很多宋儒都是偽君子，朱季友以為才子思想進步，希望與才子產生共鳴。誰知解縉讀後大怒，大罵此書「謗毀聖賢」，要將朱季友繩之以法，後多人求情，才定了個「押還鄉里」、「杖一百」，銷毀所著文字，不許教學。

從這件事看，解縉很有些儒家正統衛道士的味道，所以，在皇位繼承問題上，他能不堅持正統的「嫡長制」嗎？這是第一個原因。

第二個原因，是受到皇帝鼓勵，把明太宗當成了唐太宗。

本來，解縉歷經洪武罷黜風波之後，謹慎了許多。但新帝朱棣不停地鼓動他講真話，君臣關係親密無間。朱棣曾對解縉說：「王（安石）、魏（徵）之風，世不多有。若使進言者無所懼，聽言者無所忤，天下何患不治？朕與爾等共勉之。」

朱棣這番話很煽情，希望解縉像宋神宗身邊的王安石，唐太宗身邊的魏徵，給自己大膽提意見，知無不言，言無不盡。

既然為「唐太宗」工作，那麼我這個「魏徵」豈能不知無不言、言無不盡乎？可以說，帶著理想和感恩，解縉在立儲之戰中，勇敢選邊站。

就這樣，大明永樂朝立了太子，朱棣了卻了皇室大事，解縉也算盡了忠。但是事情沒完。雖然太子已立，可是最高權力爭奪戰並未就此結束，反而愈演愈烈。圍繞兩個皇子和皇帝接班人問題，朝中形成了「太子黨」、「漢王黨」兩大政治集團，儲位之戰後半段戰役正式打響。

朱高熙雖然太子沒當成，成了漢王，但並沒有喪失奪嫡信心。他心有不甘，且自信滿滿。認為只要父親一天不死，他就還有機會。問題是如何消滅太子黨勢力。

朱高煦不由先想到了解縉。朱高煦之前與才子關係尚可，因為沒有根本利益衝突。而這一次，才子卻深深觸怒了漢王朱高煦，他十分懷恨解縉，認為是解縉左右了父親的意志，才會推翻事先的許諾，讓他的太子夢落空。

對於這個已成為政敵的才子，帶著藐視和仇恨，朱高煦開始設計，必將置其於死地。而解縉對此不以為然，自以為，狠毒的二皇子不會得到聖明父皇的支持。

第八章　大帝起意，他要下盤很大的棋

高調選邊站的解縉，得到了勝利，心態相當輕鬆樂觀。皇帝朱棣立了大兒子，這個大兒子應該對自己也是心存感念的。自己堅守正統嫡長制，完全是為了朱家政權萬年永固著想，能有什麼錯呢？況且，日後新君一旦即位，作為擁立者，自己能不繼續受重用？彼時他的心裡可能還有點自鳴得意，以為立儲這件事已經塵埃落定。

然而，樹欲靜而風不止。他的政敵漢王朱高煦可不這麼想。算了？沒那便宜事！自己要重整旗鼓，誓死逆襲。

為什麼太子已立，朱高煦已經落選，卻還不死心呢？

因為他太了解父親朱棣的性格了，知道父親本質上是什麼樣的人。

那麼，這個朱棣到底是什麼樣的人？在這裡有必要仔細說明。

朱棣，明朝第三任皇帝，年號永樂，廟號太宗、成祖。

古代皇帝的稱謂一般有兩種：一種根據年號，一種根據廟號。二者的重要區別是：一個是生前叫的，一個是死後叫的，也就是說，年號是跟著當朝皇帝日曆本走的，而廟號是前皇帝死後由繼任皇帝根據先皇的作為和順位給予評定的。沒有大臣對當朝皇帝稱「廟號」，或者皇帝自稱「廟號」。譬如朱棣，他的廟號先為太宗，後升格為成祖。如果影視劇中出現大臣對皇帝朱棣稱「太宗、成祖」，或者朱棣向大臣自稱「本太宗、本成祖」云云，那背後的製作團隊的專業性是會受到質疑的。

年號永樂的朱棣，雖然嘴裡嚷嚷說要做唐太宗，廟號也是「太宗」，其實際作為卻是明太祖朱元璋的延續，可以說，是個權力欲極強、非常殘忍、非常保守的暴君。史學家對他的評論，多有「恣行誅戮」之語。這個人隨意殺人，弒殺成性。我們前面講過，他殺建文帝舊臣方孝孺，株連十族，一人惹怒了他，八百多人要跟著一起死。他的殘暴和保守指數，一點也不亞於他父親朱元璋。這個樣子的皇帝，除了權力能帶來安全感，還能對誰真正放心呢？

表面上，朱棣創造的永樂朝取得了非凡成績：天子守邊，六征蒙古；藩拜鼎盛，萬國來朝；開疆拓土，遠邁漢唐……《明史》中對他讚揚：「文皇少長習兵，據幽燕形勝之地，乘建文孱弱，長驅內向，奄有四海。即位以後，躬行節儉，水旱朝告夕振，無有壅蔽。知人善任，表裡洞達，雄武之略，同符高祖。六師屢出，漠北塵清。至其季年，威德遐被，四方賓服，明命而入貢者殆三十國。幅員之廣，遠邁漢、唐。成功駿烈，卓乎盛矣！」

明朝時期，朱棣統治下的永樂年間，「大明統一萬方，天子文武聖神，以仁義禮樂君師億兆，故凡華夏蠻貊，罔不尊親。際天極地，舉修職貢。自生民以來，未有如今日之盛者」，中國出現了前所未有的朝貢盛況，此時期甚至被稱「永樂盛世」。

應該承認，朱棣在位時期，明朝外交軍事經濟方面確實取得了一定的成績。傳說他愛民如子，常常喜歡微服私訪體察民情，這些都給他的「雄主」光環加了很多印象分。所以朱棣的帝王形象，在有些人眼中，比起他父親朱元璋還高大，於是給他戴上了一頂永樂大帝的高帽。

查考史實，這位永樂大帝武功確實不輸朱元璋。在陰險毒辣、多疑嗜殺、羞辱文人等方面，更是「青出於藍而勝於藍」。

諸如對特務與宦官的態度。

朱元璋喜歡使用特務，朱棣更加喜歡。朱元璋後期廢除了錦衣衛，而朱棣又恢復了，且擴充了這支隊伍。

提及錦衣衛歷史，很多人都清楚，它最初是由明太祖朱元璋在洪武十五年（西元一三八二年）創立的，原屬皇家衛隊，後擴展為「國家特務部隊」。洪武二十年（西元一三八七年），朱元璋發現錦衣衛某些軍官有越權和濫權行為，擔心危及皇權，對太子朱標這個接班人產生不利，於是下令解散了這支部隊。永樂元年（西元一四〇三年），搶班奪權的朱棣即位次年就恢復了錦衣衛，並徵調了他信任的許多軍官做指揮使，擴大了錦衣衛權限。這些指揮使擁有各種祕密調查之權，可以拘捕和處罰一切向皇帝朱棣挑戰之嫌犯。

永樂初年，死灰復燃的錦衣衛為清除建文舊臣，樹立永樂權威，立下了汗馬功勞。

但朱棣還嫌不夠，為了加大對大明臣民的控制，錦衣衛之外，後又加上了東廠。

這就需要重用提拔另一類奴才——宦官。

明太祖朱元璋不喜歡宦官，在位期間將宦官邊緣化了，以防範太監干政，但他兒子明成祖朱棣卻特別喜歡用太監。

明朝正是從朱棣起開始大量起用宦官的。

永樂十八年（西元一四二〇年），東廠正式開廠，專由太監負責。所謂「東廠」，就是個特殊的調查機構，全稱「東緝事廠」，專為皇帝緝拿欽犯，不受刑部等國家司法機關轄制。借此，宦官權力與日俱增。

關於宦官，太祖朱元璋本來有祖制：「內臣不許讀書識字。」成祖朱棣卻一反其制，聽憑太監們「學文墨」，後來在內廷設內書堂，派大學士專門教小內侍們書寫。這些小太監們就這樣茁壯成長，日後欺世盜名，以皇權名義，作奸犯科。所以，明朝中後期太監之禍愈演愈烈、積重難返，一直伴隨至明朝滅亡，不能不說始作俑者即成祖朱棣。

為什麼朱棣比他父親還喜歡特務，而且重用父親不屑的太監？

說明他的權力欲和霸道心不遜父親，但政治能力不如父親。據稱廢相之後的朱元璋，每天可以處理上千份文件，不知疲倦。而朱棣呢，沒有「祕書」幫忙，根本做不成什麼像樣的「報告」，這就是他成立內閣的重要原因。

而太監呢，是「心有餘力不足」的君主的另一類幫手。

朱棣權力欲強，戰鬥力也強，但治國理政卻相對遜色。所以，善假於物，用好奴才就是他棋局的重要一招。

朱棣認為，宦官作為皇帝的私人僕役，直接聽命於皇帝，對皇帝絕對忠誠，可以為皇帝做任何事。所以，他給宦官們的信任大於士大夫。

早在朱棣還是燕王時期，就顯露出了對宦官的好感。而在靖難之役，他又得到了中央政府裡的宦官內應，於是自然對宦官信任有加。

那麼，為什麼在靖難之役中，宦官不支持建文帝朱允炆而支持燕王朱棣呢？

因為建文帝秉承太祖遺訓，對宦官的抑制相當嚴厲。宦官外出稍有不法，地方官便有權將違法宦官綁縛起來，押往京城，交由朝廷處置。而朱允炆處理宦官也不含糊，稍有過失嚴懲不貸。

正因如此，朱棣發動靖難之役時，一些宦官就開始密謀投奔新主子。他們老早就聽說燕王朱棣對宦官很信任、很倚重，所以朱棣尚在北方謀反時，應天府皇宮裡就有宦官偷偷地給朱棣送情報。當燕軍南下逼近江北時，朱允炆皇宮裡一些宦官不再滿足於泄露機密當內奸了，而是乘人不備逃到朱棣的軍營中，「漏朝廷虛實」，充當燕軍南下的 GPS（定位導航）。由此，便使得朱棣的反圍剿更加順利，最終奪取了皇位。

可見，朱棣對宦官的好由來已久，宦官們對朱棣也青睞有加。稱帝後的朱棣不僅一次次地犒勞殺人如麻的靖難「英雄」們，而且還要對曾經有功於自己的宦官們表示一下心意，但因大明祖訓的政治高壓線在，朱棣不會明目張膽地去破壞。可制度是死的，人是活的，既然明的不行，那就來暗的。

於是自登基起，「文皇以為忠於己，而狗兒輩復以軍功得幸，即位後遂多所委任。永樂元年，內官監李興奉敕往勞暹羅國王。三年，遣太監鄭和帥舟師下西洋。八年，都督譚青營有內官王安等。又命馬靖鎮甘肅、馬騏鎮交阯。」

《明史》記述了永樂時期宦官時來運轉的過程。朱棣心腹有許多宦官，其中還有幾個是胡人，朱棣用之不輟。他們替朱棣執行很多不同尋常的任務，不僅刺探各種不同人物的情報，而且被任命為特派員甚至全權大使，為皇帝尋寶，執行外交使命。

有人美化朱棣，說他實行特務政治，是為了治理官員，不致坑害百姓，這是睜眼說瞎話。

誠然，特務們確實揭露了某些貪汙腐敗分子，但這些腐敗分子其實就是與皇帝權力鬥爭的對手。比如，朱棣利用錦衣衛暗中監視他的異母弟弟寧王朱權，甚至他還刺探他的長子朱高熾，即後來的洪熙帝。還有，朱棣利用特務也抓了些他認為的貪官，如廣西布政司參議吳翔、山東布政司參政何潒等人。但他這樣做，並非為蒼生，而是為了鞏固個人極權。歷史上，凡是暴君，都不會將任何生命放在眼裡，何況草民。

但有些事還是不以他的意志為轉移。雖然坐上皇位，看似天下之主，可天下人不一定均表認同。面對這種情況，怎麼辦？朱棣採取的是歷代暴君的老方式：一手持刀，一手洗腦。他一邊令人修史，一邊大開殺戒，將那些不順從自己的士大夫，一個個押赴刑場，用最殘忍的手段一個個處死。

朱棣一生無改嗜殺氣度，其所作所為令身邊奴僕都膽顫心驚，據說一位在他身邊服侍了他二十年的老太監，看過主子無數次殘酷殺人。但後來朱棣殺人殺到變態地步，也不免令其膽寒，從而因過度恐懼而生病。

重用宦官的朱棣，主要目的就是強化監控。即便士人口服，也未必心服，所以必須加強監察力度。於是永樂時期，宦官對皇帝的安全來說是不可或缺的。用好身邊這些特務，既可以隨時掌握士人動態，又可及時打壓、瓦解他們的士氣。可以說，這是永樂打造的明朝專制主義的一種形式。

殘暴不遜父親的朱棣，在疑心方面更不遜父親，朱棣可以說是歷史上著名的多疑之君，加不加之一都可以。他所始終信任的人基本沒有。

我們舉個例子。

禮部侍郎胡濙號稱朱棣所信任的人之一，但從他們君臣之間的相處之道，我們或許能夠看出多疑朱棣之帝王心術。

胡濙本來是建文二年中的進士，被授予兵部給事中之職，應該算是建文帝的舊臣。但在朱棣當皇上以後，他不僅沒受到牽連，還很快就被提拔為戶科都給事中。很多人推測，很可能胡濙在當兵部給事中的時候，就已經投靠了朱棣，當了臥底建文朝的特務，經常向朱棣通風報信，算是朱棣的心腹了。

胡濙曾經很受朱棣信任。他有多受朱棣信任，從兩件事可以看出來。

一是他曾經受命監督皇太子朱高熾。

我們前面講過，朱高熾長得很胖，腿腳還不好，朱棣本就不喜歡他，再加上次子朱高煦經常在一旁煽風點火講皇太子的壞話，朱棣就產生了懷疑。有一次朱棣對胡濙說：「人言東宮多失德。」讓胡濙暗中調查。幸好皇太子老老實實做人，認認真真做事，感動了胡濙，他認為並無此事，「以皇太子誠敬曉謹七事密奏之，自是上疑始釋。」

還有一件事，那就是胡濙受命尋找建文帝。朱棣讓他以尋訪仙人張三手為名，走遍天下州郡，祕密查找建文帝的下落。這既是一項最隱祕的工作，也是一項苦差事。胡濙要常常化裝成百姓，祕密打聽消息，一去就是十四年。後來回來休息了三年，又被派出去找了四年。一直到了永樂二十一年，一天晚上，朱棣已經就寢，胡濙找上門來，二人深談至半夜，胡濙「漏下四鼓乃出」。二人的談話內容雖然祕不可知，但據《明史．胡濙》記載，「先濙未至，傳言建文帝蹈海去，帝分遣內臣鄭和數輩浮海下西洋，至是疑始釋。」估計是胡濙帶來了建文帝的確切消息，朱棣終於放心了。

尋找建文帝、監督皇太子這樣隱祕的事都交給胡濙，可見他是朱棣最信任的人之一，這一點恐怕連胡濙自己都是認同的。但事實是這樣嗎？

還是讓史實說話吧。史料記載，一次胡濙回京向朱棣匯報尋找建文帝的情況，把所見所聞向皇帝詳細匯報。匯報完之後，胡濙準備起身告辭，朱棣突然問他：都匯報完了？

胡濙說：是啊。

朱棣接著問道：你還曾經請一個土司寫過一封信吧？

聞聽此言，胡濙大驚失色，他驚的倒不是他曾與土司來往，而是朱棣是如何知道此事的。他常年奔波在外，去的都是窮鄉僻壤，做的事又非常隱密，很多時候連個僕人也不能帶，知道的人寥寥無幾。可是朱棣竟對自己的行蹤瞭如指掌，可見在胡濙出巡暗訪的同時，朱棣還派了人監視、跟蹤他，只不過胡濙被蒙在鼓裡罷了。朱棣這句話其實是在警告胡濙，你的行動我一清二楚，給我老實點。

第八章　大帝起意，他要下盤很大的棋

朱棣這句話讓胡濙驚出一身冷汗，又讓他心裡涼了半截。他含辛茹苦二十餘年，甚至連母親病故也沒能回家，竟然還是得不到皇帝的完全信任，能不心涼嗎？但是，坐在皇帝寶座上的朱棣，權力欲達到了變態程度，會絕對信任哪一個臣子呢？

誓死駕馭一切——這就是愛用宦官的永樂大帝的本質。歸根結柢，他是個迷信暴力的武夫，依靠暴力，他奪取了皇位。依靠暴力，他殺光了政敵。依靠暴力，他篡改了歷史。依靠暴力，他令文人五體投地。

解縉不知道，永樂帝的雅量並不比洪武帝大多少，但疑心和報復心卻有過之而無不及。誰敢越雷池半步，有一絲雜念，等待他的就是粉身碎骨。

立儲風波過後的朱棣，對於解縉顯露的狂士本性，應該已經起了毀念。不排除，看著才子自鳴得意，他要下盤很大的棋，把才子當棋子來用。

但他很沉得住氣，表面上不動聲色，因為他知道，殺掉一個卒子，並不用動老將，一個車就足夠了。

第九章　縱子反攻，天空飛來兩頂帽

對才子已產生想法的朱棣不動聲色。而那一邊朱高煦卻要動手了。

朱高煦了解父親，且是個深諳「治人之道」的人，怎麼整治解縉才能讓父親討厭這個才子、不保這個才子呢？

針對父親和才子的特點，朱高煦決定使用「兩小戰術」，除掉解縉。

哪兩小戰術？

那就是：抓小辮子，打小報告。

為什麼朱高煦要採取這種策略呢？

因為才子做事高調，不可能不露破綻，「小辮子」一抓一個準。而自己的父親呢？比爺爺朱元璋還多疑，喜歡打小報告的人。朱高煦知道，在父親面前，除了打仗能立功，打小報告也能立大功，如果既立了功，又消滅了敵人，豈不兩全其美？

可以說，朱高煦還是吃準了父親和才子的軟肋，他的這兩招可謂對症下藥。

常言道：不怕賊偷，就怕賊惦記。

在朱高煦的嚴密布控下，才子的「小辮子」很快就露出來了。「洩密」是才子被漢王黨抓到的第一個「小辮子」。

這起「洩密事件」，說起來就要舊話重提。

此前不是我們講過，朱棣立儲的事嘛。朱棣在立大兒子朱高熾還是二兒子朱高煦做太子的問題上，游移不定，陷入「長考」，於是找了許多大臣商量，因為涉及國家最核心的權力交接問題，所以君臣都是內部交流，自始至終，皇帝和大臣的言論都是保密的。

但是，慢慢地，朱棣關於立儲的一些言論，在朝廷外部甚至民間都傳播開來，說皇帝有意廢長，看不起大兒子，想讓二兒子當太子。從史料的一些記載看，消息確實走漏了。但洩密者是誰，卻難以定論。

有史料稱，洩露消息的始作俑者，本來是漢王朱高煦的盟友淇國公丘福。

前面我們也說了，丘福是靖難時期跟著朱棣出生入死的功臣，有什麼心裡話朱棣偶爾會跟這個戰友說。這個丘福也是比較直、比較愣的武將，或許就將皇帝的話嚷嚷出去了。當然，朱棣也對解縉說了不少心裡話。不排除解縉「政治局會議」後也走漏了這個消息。總之，朱高煦認定解縉「泄禁中語」。

什麼是「禁中語」？禁中也作「禁內」，指封建帝王所居的宮苑，諸如今天的故宮，過去就叫「紫禁城」。凡是加了「禁」字，就不許人隨便進出。皇宮深院，宮廷門戶有禁，非侍御者不得入，故曰禁中。

而「禁中語」，是指皇帝在深宮所講不宜公開的談話。

那麼「泄禁中語」在古代中國，算不算是一種罪，是怎樣一宗罪呢？

我們知道，唐朝是中國歷史上比較開明的一個王朝，但對「泄禁中語」的處理非常嚴厲，唐德宗時代，有個宰相叫竇參，僅僅因為把皇帝對大臣的任免意見提前洩露給當事人，就被皇帝果斷賜死。

可見，「泄禁中語」在古代中國，不僅是罪，且是了不得的重罪。

至於解縉所處的明朝，由於統治者的保守化，「泄禁中語」就更成為一項不可饒恕的滔天大罪。明朝開國皇帝朱元璋得了天下不久，就曾召集大臣開「研討會」，主題十分嚴肅：元朝曾經那麼強大，為何不到百年就滅亡了？大臣們普遍認為，元朝的統治太寬鬆了。朱元璋糾正說：元朝是對官員管得太寬鬆了！

總結了這番教訓的朱元璋，當然對國家的管制空前嚴格，對大臣的管制也達到了「官不聊生」的地步。保密條律不斷增補，尤其是對在皇帝身邊工作的人員，《大明律》嚴格規定：「若近侍官員漏泄機密重事於人者，斬。」使皇帝的話走漏風聲者，殺無赦。

為什麼中國歷代統治者，都把洩密尤其是「泄禁中語」看成不可饒恕的大罪呢？

韓非子曾在〈說難〉一文中，告訴了他們帝王之道八字要訣：「事以密成，語以泄敗。」凡事做好保密工作才能成功，天機一旦洩露就會失敗。

韓非子在另一篇叫〈主道〉的文章中，把帝王要建立保密制度的門道如此說透：「君無見其所欲，君見其所欲，臣自將雕琢；君無見其意，君見其意，臣將自表異。」說君王不能讓臣子猜透心思，以免被臣子操縱。所以一定要保密，甚至要故弄玄虛，讓臣子思索不透。

韓非子的這句為君之道，從另一個角度告誡臣子：皇帝的心思你別猜，你猜來猜去要上斷頭臺。「泄禁中語」者，是把皇帝的心思大白於天下，將皇帝露了底，以達到自己的目的，故此是皇帝不能饒恕的。

歷代皇帝在這一點上都是很有悟性的，他們特別聽韓非子的話，對「泄禁中語」者嚴懲不貸。對於皇帝的寵臣來說，守口如瓶是必修課。一旦發現哪個寵臣「泄禁中語」，輕者會被帝王疏遠，重者將遭滅頂之禍。

那麼話說回來，關於永樂年間的這起洩密案，朱高煦一口咬定是解縉所為，他進宮向父親朱棣舉報，解縉「泄禁中語」。朱棣聽了，沒有直接表態，但之後，對解縉不再知無不言。

離間父親和才子的親密關係，只是朱高煦的第一步，除掉才子才是他的最終目的。朱高煦當然不肯就此罷手。他要繼續抓才子的「小辮子」，扣更大的帽子。

這頂帽子確實更嚇人，「結黨營私」，說解縉利用考場結黨，組建江西幫！

說起這件事，朱高煦還真不是空穴來風。

具體說來，牽扯到當時沸沸揚揚的一起「科場私授狀元」事件。

明人筆記《萬曆野獲編》對此事進行了較為生動的記載。

永樂二年（西元一四〇四年）春，永樂朝舉行科舉大考。

此時正是解縉的人生得意期，他和皇帝的關係無比親密，故被朱棣任命為主考官。春風得意的才子出盡風頭。想當年，他曾作為考生出過風頭，而這次，他風頭更足，擔任全國會試統考的主考官。這是永樂朝第一次為國選拔人才，解縉就充當了首席伯樂，可見永樂帝朱棣對科考的重視，對解縉的寵信。

解縉主持的這一屆科考很順利。很快來到最後一關：殿試。殿試之前，已經結束的會試考生卷子呈到了主考官解縉那裡，解縉開始閱卷。

在一大堆考卷中，解考官看中了一篇好文章，文筆出彩，於是準備將這個卷子的考生定為第一。

這名考生名叫劉子欽。解縉很欣賞劉子欽的學識，令人查這個同學的檔案，一查籍貫，居然還是同鄉——江西人。解縉是江西吉水人，劉子欽是江西泰和人，兩地同屬現在的江西省吉安市。劉子欽一貫成績優秀，在考舉人的鄉試中也是第一，解縉雖然恃才傲物，輕易看不起人，但一旦碰到自己欣賞的人，愛才之心就擋不住了，他很想親手扶植一個同鄉為當朝狀元，於是忍不住召見了劉子欽，面談少許，暗示劉子欽要照顧他：殿試好好表現，我會適當給你提示重點。

這位劉子欽也是個狂士。一般考生得到主考官的勉勵和關照，會喜不自禁，感激不盡。而這位劉子欽，面對主考官如此關照，卻反應冷淡，回答很冷很傲：謝謝老師，不過我想，即使您不照顧我，我也照樣中狀元。

大明第一才子解縉的自尊心被深深地刺傷了，《萬曆野獲編》稱：「劉（劉子欽）直任不讓，解（解縉）心薄之。」

雖然解縉也是個高傲的士大夫，但對同樣高傲的人還是難以認同。於是解縉一轉身就將殿試考題洩露給了另一個同鄉：江西永豐的曾棨。

這個曾棨倒是乖巧得很，對解老師說了一番感激涕零的話。

廷試開始了。

這永樂二年的考題比往常有些改變，當朝皇帝十分重視禮樂制度建設，解縉就按這個方向出題，此類題目重考據，重基礎，發揮餘地不大。等到朱棣面試的時候，沒把握到考試重點的劉子欽答題時有點支支吾吾，而據說早有準備的曾棨對答如流，結果可想而知。

發榜了。狀元曾棨，劉子欽二甲進士，在進士榜中位列十名開外。

史料稱：「然則曾襄敏（曾棨）重名高第，亦不免以關節得大魁矣。」

曾同學也是讀書人中的佼佼者，可還是因為這事得了個「關節狀元」的不好名聲。所謂「關節」，就是靠人情，走後門。

這件事也讓解縉的胸襟暴露無遺，不僅如此，此次科考，還有更令人議論的「眉角」。就是解縉選才，轉來轉去總是在同鄉的圈子裡。

狀元曾棨不消說了，江西永豐人，解縉同鄉；榜眼周述、探花周孟簡是江西吉水人；二甲第一名的楊相是江西泰和人，第二名宋子環是江西吉水人，第三名王訓是江西廬陵人，第四名王直是江西泰和人。前七名都屬江西吉安府也就是今天的吉安市，不是解縉老家吉水，就是解縉老家屬地。

這個廷試結果，使天下舉子大嘩，認為其中或有鄉愿隱情。但各方反響僅僅是質疑，也無確鑿證據。

當然，平心而論，解縉的做法，無論有無徇私舞弊行為，都確實犯了科場大忌：鄉愿。他這等於「欽點狀元」，「內定」第一，而且提拔的全是同鄉，給了政敵攻擊其「結黨營私」的口實。

一般聰明官員擔任主考官，為了避嫌，會注重錄取的同鄉比例，甚至刻意不點同鄉為第一，以免給人「鄉黨」詬病。但天馬行空的解縉不管這一套，我行我素，不講避諱。

此事既然引起天下人議論，那麼必然就會成為政敵攻擊解縉的口實。漢王黨聽說此事，經過添油加醋，舉報到朱棣耳朵裡。同時朱高煦鼓動朝中妒恨解縉的權臣，奏請皇帝朱棣徹查此事，以解天下舉子之惑。

「科場組建江西幫」，解縉做主考官，前七名全被同鄉包攬。朱棣接到這個舉報，大為不悅。和他的父親朱元璋一樣，大臣結黨，是他最難容的事。

想當年，明太祖朱元璋為了鞏固帝業，防止大臣結黨，內外勾結，首創奸黨罪。什麼叫「奸黨罪」？《大明律》對其界定處罰相當嚴苛，「凡奸邪進讒言，左使殺人者」屬奸黨，處以斬刑；「若在朝官員交結朋黨、紊亂朝政者，皆斬，妻子為奴，財產入官。」凡是拉幫結派，打一個拉一個，擾亂朝政的人群，都屬於奸黨，涉嫌奸黨罪。

以上是《大明律》中有關奸黨罪的界定。在大明王朝統治者看來，官員之間的往來，同鄉之間的關照，都是禍亂朝綱的大事。例如朱元璋洪武時代，吉安侯陸仲亨、平涼侯費聚有事沒事老往同鄉丞相胡惟庸家跑，結果跑出事來，被朱元璋治罪，「胡黨大獄」來了。在明朝，上級官員不向皇帝舉薦人才，而擅自提拔任用下屬官吏，也以奸黨罪論處。而下屬呢，如果公開讚美上司，為自己的上司歌功頌德，不僅不允許，而且還要被治以奸黨罪。

一旦被定為犯有奸黨罪，受到的處置將十分嚴厲。洪武時期，奸黨罪名列十惡大罪。罪犯本人處斬，家產沒收，親屬為奴，情節嚴重的凌遲示眾。

作為明朝的開國者，朱元璋之所以嚴懲奸黨罪，就是要加強君主專制，嚴防大臣結黨，篡權變亂。而行事作風酷似父親的朱棣，能對大臣結黨營私無動於衷嗎？

接到舉報後的朱棣馬上進行徹查，他親自調閱三甲考卷，又派員查核。但查來查去，未有舞弊行為。這說明解縉這個人雖然任性，但做事還是比較規矩，他可能會將桀驁不馴的人才打入「冷宮」，但不會將草包視為人才。於是，審查透過。朝廷最後還是頒榜，賜該科人等進士及第。

朱高煦的漢王黨一時沒有打倒解縉。然而，洩密、結黨、一連串舉報，無疑給朱棣留下了心理陰影。他對解縉的寵信開始動搖了。他是靠得住的近臣嗎？這個才子是不是目中無人，搞不懂自己的位置呢？朱棣對解縉產生了疑心，甚至厭煩。而接下來又發生了一件事，令朱棣下定決心，必須給才子一點顏色看了。

第十章　手伸太長！免職首輔驅交趾

永樂六年（西元一四〇八年）冬，《永樂大典》正式成書，但慶典上卻不見解縉的身影。原來此時才子業已失寵，他被皇帝調離京城，派到「天涯海角」去了。

這是怎麼回事呢？

具體說來，解縉失去朱棣寵信，是有一個過程的。

筆者之前已經說過，因為漢王黨舉報解縉「洩密」、「結黨」，朱棣對解縉的信任已經動搖。但這僅僅是動搖，君臣關係還沒有僵。而導致解縉徹底失寵、壓垮君臣互信駝峰的，是最後這兩根「稻草」。

一是「干預皇室待遇」事件。

我們之前講過朱棣立儲的事，雖然朱棣更喜歡二子朱高煦，但最後還是選擇大兒子朱高熾做了太子。在宣布太子人選之後，朱棣對沒當上太子的二兒子一直心懷歉疚，因為自己確實暗示過朱高煦，是有機會當繼承人的，但最終還是立了他大哥，所以朱棣覺得自己輕諾寡信，有點對不起二兒子。怎麼辦呢？

一個人對另一個人感到歉疚，肯定會想方設法加以補償。

朱棣是怎麼補償二兒子的呢？

首先是慣著他。朱高煦被封漢王，當然按慣例也是有封地的，親王必須到封地居住，這叫「就藩」。本來朱棣給漢王安排的封地是雲南，天高皇帝遠，這不挺好嗎？可是朱高煦不去。朱棣一看，那就封近點，青州，就是現在的山東省青州市。朱高煦還是拖著不去。朱棣也就聽之任之了。

其次，是提高生活待遇。父親對不起你，在立接班人這事上食言了，那麼給你提高待遇，補償你，讓你的生活更舒適，更有面子。出於這個目的，朱棣就給了二兒子朱高煦很多特殊待遇。

哪些特殊待遇呢？

首先，警衛級別高。高到什麼什麼程度？每當朱棣御駕親征，留守應天府的朱高煦總把皇帝的護衛天策營調來護衛自己，而且即便皇帝回來後，他還提出要求，需要兩個護衛營，讓兩大「中央警衛團」保護自己。而朱棣呢，悉數滿足朱高煦的要求。警衛、儀仗、宅院、隨從……這些待遇與太子並駕齊驅，甚至有過之而無不及。

皇帝寵兒子，大臣們看不順眼，一般也不敢說不便說，但別人不說，解縉卻跳出來給皇帝「上課」了：「是啟爭也，不可！」

解縉告誡朱棣，這麼做不對，漢王不是太子，待遇嚴重超標，等級高過了太子，會引發更大的爭端，望皇上不要這樣做。

解縉制止的理由當然是正當的，他的出發點，也是為了維護皇家秩序和尊嚴。解縉這麼做，就諫臣職責而言，也並沒有越位。比如唐太宗時代，諫臣還管過皇帝女人的髮型呢。唐書《妝臺記》記載：「唐武德中，宮中梳半翻髻，又梳反綰髻、樂遊髻。」於是中牟縣丞皇甫德參向太宗上書，說：婦女喜歡梳著高高的髮髻，這是受到了宮中的影響。奢靡之風，也往往是從小事開始的。上行下效，成為風氣。就會千里之堤，潰於蟻穴。唐太宗覺得有理，於是下令身邊女人改變髮型，宮中禁止高髮型。所以說就看你輔佐的是什麼樣的君主。

問題是，明太宗不是唐太宗啊。

才子不知，大明王朝實行保守的封建君主專制，皇帝雖然還講些「唐太宗式語錄」，但事實上開明之風早已不復存在，這個朱棣比朱元璋還保守專制，在他心目中，臣子不過是自己的一個家奴。皇帝的內事臣子是不能主動參與的，皇帝要做的事臣子也不能貿然反對。

《明史》記載了朱棣的反應，「謂其離間骨肉，恩禮浸衰。」受到解縉告誡的朱棣，十分暴怒，徹底撕去往日君臣之間溫情脈脈的面紗，將一大股火氣向解縉發洩，直指著解縉的鼻尖罵：你這是離間骨肉。

這是解縉第一次挨罵，其事態可想而知，有多嚴重。

朱棣一動怒，驟然間對解縉產生了極深的厭惡、戒備和疏遠。

常言道：牆倒眾人推，破鼓亂人捶。平日間朝臣與解縉的是是非非，竟在朱棣盛怒的情緒中攬和成一團。永樂四年（西元一四〇六年）初夏，朱棣在殿上召集幾位內閣大學士議事，會後，朱棣賜給每人一件二品紗羅衣官服，卻唯獨沒賜給解縉，可見朱棣對解縉是真的冷落了。

接下來，最後一根「稻草」接踵而至。那就是「對越戰爭」。

永樂四年七月，大明王朝的藩屬國安南，就是今天的北部越南，宣布獨立。

我們知道，越南這個國家，本是由「中國的第一個南下大臣」——秦朝嶺南縣令趙佗開創的，在歷史上被稱南越、安南，是中國傳統的藩屬國。中國是越南的宗主國，越南國王要接受宗主國冊封。

但是這個安南反覆無常，對宗主國經常搞些服了又叛、叛了又降的把戲。到了永樂初期，它故技重施，又開始反叛了，宣布脫離大明這個宗主國。

怎麼辦呢？朱棣傾向討伐，派兵收復安南。

朱棣為什麼要打呢？

這和他的性格有關。在對外政策方面，可以說朱棣比他父親還強硬。說打就打，而且動不動就親征。朱棣一生曾親征蒙古無數次。而小小安南，難道比蒙古還難對付？朱棣不信邪。

皇帝決定打了。識相的大臣們一般會隨聲附和。然而，作為內閣首輔，解縉卻和皇帝唱反調，主撫安南。解縉說，對安南這樣的藩屬國，不要動輒使用軍事手段，還是用外交和政治手段解決問題更為合適。

他的理由在哪裡呢？

解縉這麼說，還真不是信口開河，存心和皇帝作對。作為一個學者型官員，解縉對安南人文地理很有研究。在古代，越南與中國的關係比日本還要近——或為中國的藩屬國，或為中國的一部分。兩國的文化有不少大同小異之處，但民風卻有很大差異。越南民風明顯比中國剽悍。

從生存環境而言，越南雖然不是草原部落，但由於其獨特的地理位置，為生存廝殺爭鬥的激烈程度不亞於草原部落。舉國抗戰、全民皆兵——越南的這些特點，與草原部落特點差不多。大凡草原部落，一般奉行兩種法則：一是叢林法則，好戰，認同弱肉強食；二是實用法則，見利忘義。反覆無常，不念舊恩。

解縉看透了安南文化——好戰忘義。覺得安南叛服無常，即使鎮壓下去，也會再起波瀾。於是力勸皇帝「攻心為上」、「懷柔遠人」、「崇德抑武」，「宜安撫為由」，不要輕率出兵。

朱棣完全不聽解縉的意見，以為其是儒生之見，太過溫柔。

解縉不知，作為「職業軍人」出身的皇帝，朱棣好大喜功，甚至窮兵黷武，無非是想成為歷史上一位偉大的君主。他傾向於用軍事征服來達到這個目的。因而登基之後，為使「四夷安服」，便四面出擊：出擊北方、西北和東北的邊境地區；深入亞洲內陸；透過亞洲海路遠至波斯灣以西的各地。他想方設法到處擴大他的帝國影響力。

這主要靠兩個手段來完成。

一是朝貢貿易。用外交手段和給予貿易特權，來達到目的。

二是征討戰爭。即軍事對抗或公開徵占。永樂帝即位初年，北方邊境的局勢是相對平靜的。在中國北方和西方的大草原上，成吉思汗後人中的蒙古帝位覬覦者們，主要已被非成吉思汗子孫的部落領袖們所取代。西北部的幾個蒙古部落已向明朝投降，併入了明帝國的軍事結構中，成為它的兀良哈三衛，也稱為三衛；有些部落在明朝內戰中跟隨朱棣一起打仗，並贏得了他的信任。其他蒙古人已歸順漢人統治，並已遷入華北；許多人服明帝國的兵役或者做各種其他工作，對新的統治者繼續效忠。

顯然當時永樂朝的外部環境是有利的，大明整體處於強勢。但朱棣意猶未盡，還力圖把他的影響無限擴大，遠遠擴大到南海、印度洋和極東地方的國家和王國中去。為了達到這個目的，朱棣分別在西元一四〇五、一四〇七、一四〇九、一四一三、一四一七和一四二一年對當時所謂的「西洋」進行了六次壯觀的海上巡航。也有史學家稱之為遠征，其實這是不確切的。因為所有的海上團隊都由宦官鄭和及他的副手王景弘、侯顯指揮，而且帶著大量的貨物。你見過這樣的遠征軍嗎？所以更像是一次次外事活動。遠洋航船所載的貨物包括上等絲綢、刺繡和其他奢侈品，在航程中是作為贈送給當地的統治者禮物來用的。

永樂帝的國內計劃和對外征戰的花費是巨大的，給國家和黎民百姓造成了異常沉重的財政負擔。這些計畫的耗費引起了一些言官的批評，雖然他們沒有被朱棣像對付解縉一樣處理，但也沒有造成絲毫制止作用。

下定決心要拿越南人開刀的朱棣，誰也拉不住。就這樣，雄武好戰的朱棣，迅速派出強將新城侯張輔，實行大軍壓境，號稱八十萬大軍的明遠征軍僅用了半年時間，就占領了安南東都升龍與西都清化，並生擒了叛亂首領胡朝胡氏父子，安南之亂很快於永樂五年（西元一四〇七年）年初初步平定。朱棣當即詔告天下，改安南為交趾，設三司布控，至此，安南回歸中國，正式成為中國的一省。為了這個交趾新省的重建，朝廷要抽調一批與交趾相鄰的廣西官員，派往交趾任職。這樣一來，廣西就出現了大量的官員空位，需要中央選派官員補任。

朱棣第一想到的就是解縉。他對解縉勸諫罷兵十分惱怒，這次平叛正想挫挫解縉的銳氣，此前其又捲入皇室爭鬥，挑撥皇帝父子的關係。所以，教訓才子的時候到了。

永樂五年二月，朱棣宣布，免除解縉翰林侍讀、右春坊大學士之職，由胡廣接任內閣首輔。轉任解縉為廣西布政使右參議，調離京城。

從建文四年十一月到永樂五年二月（西元一四〇二年末至一四〇七年初），解縉的首輔生涯四年又四個月。四年又四個月的時間，對首輔這個位置上的人來說，不算太長，但也不很短。但對人的一生而言，肯定是短暫的。而這短暫時光，即是解縉官場生涯的最美好時光。之後，解縉一心還想回到當年，但這樣的好日子卻似乎離他越來越遠了。

這次調職，朱棣是頗有心計盤算的，為了不傷天下士子之心，採用「明升暗降」之術。雖為貶謫，解縉卻是從朝廷五品官階遷變為行省從四品官，級別不但沒降，反而升了半品。當然，不排除這樣的處置，包含著朱棣對解縉的複雜情感，實際上他這一次並不想把才子置於死地，只是要把解縉在朝廷的官位罷黜，逐出宮廷，易地為官，讓自己眼不見心不煩，以免他在朝廷這個漩渦中再引發事端。

從建文四年到永樂五年初，解縉這顆「明星」僅僅在永樂朝閃亮了四年多，就又一次跌入人生的低谷，這個滿腹經綸的才子，再次失寵了。

我們今天回過頭來看，永樂時期解縉的失寵，既有主觀因素，也有客觀因素。主觀因素是什麼？和洪武時期類同，解縉個性使然，恃才放曠，言行失度。客觀原因又是什麼？這個和洪武時期就有些不同了。可以說，解縉遇到的永樂朝，是一個很特殊的時代。這個時代，特殊就特殊在，出現了較大的階段性變化，先是大亂，然後大修，最後大治。

解縉的作用主要展現在「大修」階段。對於朱棣而言，解縉的最大價值是筆桿子，尤其是在他篡位之後的「大修階段」，在篡改歷史方面作用巨大。而今，皇位穩固、歷史篡改基本呈完成式，大修完成了，要立規矩大治了，高調、放浪不羈的才子卻恰恰成了昭示皇威神聖不可侵犯的絆腳石。

還有，就是寵臣與血親地位的對比。

筆者前面說了，因為明朝實行保守專制，臣子的地位嚴重下降，臣子和皇子，絕對不可相提並論。解縉是寵臣，朱高煦是血親，而在朱棣眼裡，一個是奴，一個是主。因為立儲一事，朱高熙和解縉已經結為死敵，你死我活。臣子縱然有用，也畢竟是奴，兒子再不濟，也是主。如果在骨肉和大臣間做取捨，朱棣當然毫不遲疑地會選擇兒子。

就這樣，才子解縉再一次被排擠出了中央。永樂五年（西元一四〇七年）二月，才子再次離開京城，離別家人遠行。這次離京距離第一次離京已近二十年，此時的解縉三十八歲，已近不惑之年，但還是因為政治上的不成熟遠離了權力中心。

與妻子臨別時，解縉寫了一首詩——〈赴廣西別甥彭雲路〉：

多情為我謝彭郎，採石江深似渭陽。相聚六年如夢過，不如昨夜一更長。

從這首詩中不難看出，時年三十八歲的解縉，雖然充滿了對朝廷生活的留戀，但已坦然面對現實。或許朝中的束縛早已令他厭倦，他也有一種從鳥籠裡飛出去的衝動。

做了地方大員的解縉，情況還不算太糟糕。廣西布政使參議，是個正廳級官員，如果順利在廣西做廳長，解縉也許更加悠哉。但事情的發展沒有他想像得那麼好。解縉這樣的寵臣，個性鮮明，得罪的人多，一旦離開皇帝身邊，處境就會急遽惡化。果然，經過長途跋涉，解縉剛到廣西，事情又起了變化。廣西布政司接到聖旨，將解縉再次調動：直接貶到新建省交趾，「督餉化州」，去戰區當押糧官了。

解縉大感驚愕，朝廷明明指令他出任廣西布政司右參議，卻怎麼又將他遣往交趾了呢？這一突然變更，解縉全然不知內情。

這是怎麼回事呢？

原來，解縉離京後，馬上遭同僚落井下石。

我們此前講過，解縉受寵時，皇帝朱棣曾拿來重臣名單，讓他逐一點評。因為個性使然，才子便將每個大臣的長短處一一道破。如此便埋下了禍根。平日得寵時同僚敢怒不敢言，到了失寵時刻，就不免牆倒眾人推了。尤其是遭到解縉惡評「有才無德」的禮部郎中李至剛，此時給了失寵才子熱烈的「回報」。

第十章　手伸太長！免職首輔驅交趾

當解學士「牆倒」之時，李至剛適時出手了，上疏揭發解縉「怨望」，就是背著皇帝發牢騷。李至剛的狀紙專捅朱棣敏感部位：皇上你那麼器重解縉，可他連皇上骨肉也離間。皇上出兵討伐安南，他居然極力反對。皇上讓他到廣西，他在一些朝官面前大發牢騷，對皇上極是怨恨不滿。臣以為，吾皇武功蓋世，大軍平定安南小菜一碟。為了讓解縉心服口服，不如把解縉放到前線，一邊督運軍餉，一邊接受實踐教育。

聽了李至剛這番話，朱棣深信不疑。他對解縉已懷有很深的成見，知道以解才子的傲氣，他受此委屈，抱怨肯定是有的。李至剛一揭發，他立即採信，解縉還在半道上，就接到了公文：廣西不必去了，你直接去交趾上任吧。

從這個事情也可以再次看出，朱棣是個非常喜歡群臣告密的一個皇帝，他不是明君而是暴君。行告密之風，這也是區分明君與暴君的一個重要標誌。

一般來說，開明的皇帝，大都對告密者嗤之以鼻。譬如千古一帝唐太宗，起初當皇帝時，也有不少告密者透過告密前來邀寵。一開始太宗還以為這些人是忠臣。但丞相魏徵對太宗說了這樣一番話：

以訐為直，以讒為忠。……陛下縱未能舉善以厲俗，奈何昵奸以自損乎！

魏徵說，以告發別人的隱私表現「正直」，這是哪門子的「正直」呢？以向上司打小報告表現「忠誠」，這又是哪門子的「忠誠」呢？如果陛下欣賞重用這樣的屬下，那麼整個大唐就會人人自危，陛下無異於縱奸犯科，自毀聲名！

唐太宗一聽，言之有理。不兼聽無開明，不開明無盛世。於是，他從此遠離告密者，剎住告密之風。

話說回來，解縉要去的地方交趾，局勢很不穩定，可以說一直處於戰時狀態，在那裡做官比較危險，一般皇帝最不待見的貶官都放到那裡。貶官最後能不能從那裡活著出來，主要看命。

好在此時的解縉，承受能力強了很多，雖然從一人之下萬人之上的寵臣變成了前線押糧官，但他隨遇而安，盡心工作，幾年下來，竟也平安無事。

安南討伐戰，從永樂四年開打，由於安南統治者的反覆無常，前前後後打了四年，永樂八年春，終於告捷。朱棣鬆了口氣，才子的使命也告一段落。

第十一章　求用心切，鬼使神差會監國

永樂八年（西元一四一〇年），解縉已外放三年，此時安南戰事終告一段落，解縉也終於完成了前線押糧官的使命。

這三年的解縉，因為被皇帝冷落，狂傲之氣早已泯滅，所以行事變得低調，中規中矩，非常敬業。

然而，真如俗話所說：江山易改，稟性難移。隨著戰事的鬆弛，境遇的改善，解縉心中的那團火再次燃起：他想重新被皇帝起用。

但是光想沒用，一定要做點什麼，打動皇帝。

怎麼才能再次引起皇帝注意，回到朝廷中央呢？

解縉首先做了一件取巧的事——上賀表。

我們之前交代過，安南反叛大明，在打不打的問題上，解縉和朱棣是有分歧的。朱棣要打，解縉主撫。戰事結束後，安南被改名交趾，正式成了明政府的一個行政區。曾進言反對朱棣對安南作戰的解縉，仍然憂心忡忡。他感覺朱棣不立安南王室管理安南，南人治南，而是把安南劃歸明政府版圖，肯定會引發安南民眾不滿，後患無窮。但是，轉念一想，自己遠離中央，屬於被貶官員，人微言輕，夫復何言？不如服個軟吧，和皇帝緩和下關係。於是放下身段，給皇帝上了一道賀表。

解縉在這份賀表中寫了什麼呢？現存的《解學士文集》收入了解縉的〈賀平交趾表〉，我們摘取一個段落欣賞：

恭唯皇帝陛下德合重華，功高神禹，萬里救民於水火，六師致討於渠魁，肅清嶺徼之餘，風光復唐堯之舊境，實有同於開天闢地之功，啟運肇基之盛也。臣某職守南都，躬逢盛事，同歡情於億兆，祝聖壽於萬年。

賀表中，解縉把朱棣吹捧為「聖人」，建立了超過堯舜的豐功偉績，他討伐安南，是把那裡的百姓從火坑裡解救出來，安南歸於中國，是千古盛事。最後，解縉祝賀皇帝萬壽無疆。

顯然，透過賀表，才子向皇帝服軟了：我錯了，還是您偉大正確。

這封賀表讀下來，讓人感覺到肉麻，也有一絲心酸。為了重新被皇帝起用，讓皇帝念及君臣舊情，才子極力討好皇帝，已接近喪失人格尊嚴的地步。

但接到〈賀平交趾表〉後的朱棣，對解縉的示好未做任何回應。反而對解縉增加了厭惡，這是為什麼呢？

因為〈賀平交趾表〉這樣的「歌德」、「頌聖」大作，朱棣見得多了，解縉的這篇「頌聖」體，並無什麼過人之處。對於解縉頌聖的目的朱棣也心知肚明：你不就想討我歡心，回京做官嘛。如果遠離朝廷的解縉，真的不問政事，安心做一灑脫的隱者，享受外放的「帶薪公休假」，可能

第十一章　求用心切，鬼使神差會監國

讓朱棣放心之餘，也會產生幾分對「超凡脫俗的高儒雅士」的敬意。但是，五體投地，搖尾乞憐，這個樣子的解縉，只能讓朱棣愈發看不起。此前你不是反對朕遠征嗎？

於是，朱棣將〈賀平交趾表〉置於一邊不予理睬。

可憐解縉，遠在南疆交趾，每天眼巴巴地等著朱棣的回信，他等不到啊。望穿秋水的才子，並不氣餒，回皇帝身邊的痴心不改。既然皇帝對自己的賀表沒反應，那麼也許是對自己的赤子之心體會不深，所以自己應該更主動，要採取進一步的行動。乾脆，找上門去。

解縉想得很好，如果進京面聖，當面向皇帝表露心跡，事情就應該好辦多了。

皇天不負苦心人，面聖的機會來了。

永樂八年二月，交趾布政司奉命進京匯報工作，因為交趾布政司的最高行政長官、布政使王偁和解縉私交不錯，所以就把這個好差事給了解縉。指定解縉作為布政司參議，代表布政司進京向中央政府匯報工作。

這是一次難得的覲見皇帝的良機，如果匯報成功，不僅交趾布政司會受到嘉獎，也許解縉本人也有可能重回中央。

解縉做了充足準備，寫了詳實報告，時年四十二歲的他，信心滿滿地來到京城。但不巧的是，他卻沒有機會見到皇帝。皇帝不在京城，朱棣外出征戰韃靼，率軍北徵了。

在永樂年代的史料中，我們經常看到朱棣北征的紀錄。那麼，這個北征韃靼是怎麼回事呢？

事情是這樣的。我們知道，明朝雖然滅了元朝，但並未完全消滅蒙古鐵騎的勢力，一部分蒙古鐵騎跑到了北方沙漠地帶，分裂為韃靼和瓦剌等部落，繼續襲擾大明。為了徹底解決北部邊患問題，朱棣穩定國內局勢後，從永樂八年（西元一四一〇年）開始，親率明軍前後進行了五次北征。此次北征為第一次，特點是作戰的週期非常長。

史料記載，永樂八年朱棣第一次北征，二月十日師出京城，在路上行了整整三個月，直到五月八日，才發現敵軍，斷斷續續交鋒了兩個月。七月中旬北征結束，朱棣率大軍折返應天府，返程時間小半年，等到達都城應天府，已經是歲末，十一月了。為什麼北征軍行軍速度這麼慢？這就和朱棣親征的目的有著直接的關係了。對於朱棣執意北征且五次親征的動機，一般學者都認為不是雄武偉略，就是窮兵黷武。其實，還有一個軟性因素，卻被忽略了，那就是「郊遊、狩獵」心態。行伍出身的皇帝大都不願悶在宮中，但外出遊玩的方式各有所好。比如有的皇帝喜歡下江南，打著微服私訪的旗號遊山玩水，而朱棣的出遊方式是遠征。

史料記載，朱棣的北征軍一路遊山玩水，狩獵賞景，所獲者野馬、狡兔、黃羊甚多，一路上，朱棣的談話也無非圍繞著風景：「汝等觀此，方知塞外風景……四望空闊，又與每日所見者異。」這和軍國大事沒有關係，實乃遊客觀光之語。如此，行程能短得了嗎？

就這樣，從二月等到十一月，解縉等得花兒開了又謝，實在是等不了了。本來，解縉在京城閒居等皇帝前期，心情非常好，還詩興大發，寫了不少詩，其中有一句很能展現彼時的心情：「丈夫有志亦如此，筆下自有鬼與神。」

第十一章　求用心切，鬼使神差會監國

可見，他是躊躇滿志，準備東山再起的。

但是，一等半年多，布政司那邊還等匯報結果呢，老這麼等下去也不是辦法，漸漸地他失去了耐心，於是做了一生中最不該做的一件事。

未能等到皇帝的解縉，靈機一動：當今皇上不在，不如去拜見監國，如此也算完成了使命，對布政司也能交差了。

監國，用今天的話來說，就是國家代理元首，總統外出訪問，國不可一日無主。那麼，總統行前就要任命代理總統，臨時執掌國家最高行政權。

那麼，當時誰是大明的監國呢？

在古代中國，如果不出意外，監國一位大都由儲君，也就是皇帝的固定接班人——太子擔任。保守的大明王朝當然更不例外。朱棣在出征前，任命太子朱高熾為監國，替皇帝代理朝政。

既然皇帝不在家，那就向代理皇帝匯報吧，於是解縉走入東宮，向擔任監國的太子朱高熾匯報工作。不知解縉是怎麼向朱高熾匯報工作的，朱高熾給解縉說了什麼。總之，匯報結束後，才子高興地回交趾覆命去了。史料沒有關於這場會見的詳實紀錄，但根據解縉的表現，可以做個合乎邏輯的版本猜想：

朱高熾見到昔日恩師登門，又驚又喜，師徒二人惺惺相惜，好一番敘舊。

解縉對朱高熾匯報工作的同時，還訴說了思念之情，和自己所蒙受的委屈。朱高熾大為同情，對解縉高度評價並加以勉勵。

透過這次匯報，解縉以為自己要否極泰來了，即便當今皇帝不用自己，下屆皇帝心中也已經給自己預留一席了。殊不知，他這不是否極泰來，而是走向深淵。

如果從我們常人的角度來看，皇帝不在，地方大員來京匯報工作，去朝見正在留守監國的皇太子，這種事，於公於私，都是很正常的。但實際上，古代老皇帝和現代一些上司一樣，出於對最高權力的迷戀，最忌諱「人未走茶先涼」，最恨「忘本」屬下，所以儲君之位就非常敏感。

老皇帝即便立了儲君，這個儲君在接班之前也要備受煎熬和考驗，單以權力而論，儲君個人幾乎與國家統治大權絕緣，往往沒什麼實權，且地位充滿變數。歷史上，太子被老皇帝懷疑、監視、廢除，甚至被殺，遭遇非正常死亡，以悲劇收場的情況屢屢發生。

譬如西漢時期，漢武大帝劉徹很早就立了兒子劉據為太子。但時間一長，疑心病加重，再加上一些覬覦接班人寶座的人群鼓噪，漢武帝總覺得太子要提前對自己下手，搶班奪權。常言道：「日有所思夜有所夢。」某一天，漢武帝突然做了一個噩夢，他所擔心的事情都在夢中發生了！於是，夢醒之後，漢武帝便將已經當了二十年儲君的太子廢掉，處死。漢代的情況是這樣。歷代儲君的情況都好不到哪兒去，據史料統計，即便是輝煌的大唐，儲君的命運也多舛，未能最終繼位的儲君多達十二位，其中有十人被廢或被害。

而到了大明王朝，雖然趨於保守，堅守嫡長制，儲君的確立相對有序，但太子的地位也並不十分安穩。永樂二年，朱高熾雖被父親朱棣立為太子，但沒過上一天安穩日子，因為二弟朱高煦奪嫡之心仍在膨脹，戀權的父親生性多疑，所以自己受到的狐疑和審查並未消失，反而加重了。他的儲君生涯，一開始就戰戰兢兢，如履薄冰，壓力巨大。

朱高熾做了五年太子後，由於北部邊關戰事吃緊，父親朱棣要在外面建功立業，所以不得不把他叫來擔任監國。雖然給了監國之位，但監國之權卻是處處受限。朱棣給朱高熾的授權不包括以下三項內容：文武除拜、四裔朝貢和邊境調發。這三項內容中，第一項是人事任免權，第二項是外交權，第三項是軍事指揮權。可以說，人事權、外交權和軍權都沒交，這三權才是最高權力的歸屬。即便是臨時，也不屬於朱高熾。

為了顯示自己至高無上的權威，朱棣還不時打擊太子。比如，永樂七年，朱高熾在擔任監國的一次朝會上，批評了刑部尚書劉觀。不久，卻遭到父親寫信批評。因為這個劉尚書是朱棣的寵臣，父親的人，豈是兒子你想批評就批評、想動就動的？朱棣時時告誡兒子，朝中大事，「必須奏決」，明確大事必須向他請示匯報。什麼事，你得提前向我報告，我批准了你才能做。

朱棣這樣做，自有他的盤算。他長年在外，萬一太子私啟權柄，將帝國官場操縱在他一人手裡，把自己架空了怎麼辦呢？一旦自己班師回朝，成了太上皇了，還有什麼意思呢？所以，朱棣在離京前嚴格規定：不允許太子獨留私見官員。目的很明顯，防止結黨營私，圖謀不軌。

為了確保最高權力不被接班人盜走，朱棣在離京之前，雖令太子監國，但卻加派了特務耳目，對東宮的一舉一動進行了嚴密布控。朱高熾監國，朱棣則監子，權力的傳導過程完全置於朱棣的祕密管控之下。在這種監控下，別說一個外人，就是一隻鳥飛入東宮，也休想躲過皇帝特務的法眼。

所以，東宮的這次君臣會，朱高熾與解縉的一舉一動，早已被人盯上了，他們看得一清二楚。這是才子的劫數，也是太子黨的一難。

《明史》記載：「永樂八年，縉奏事入京，值帝北征，縉謁皇太子而還。」

才子與太子依依惜別，懷抱希望回到南疆職位。他以為不久可以東山再起，再度成為皇帝寵臣。但是，一個自己鑄下的大錯卻被他忽略，把一個沒有一點實權的「傀儡監國」真的當成了「執行皇帝」，豈不是所托非人？

盯上才子的，不僅有皇帝的探子，還有仇敵的眼線。漢王黨對解縉的一舉一動早就在暗中監視了。對這些暗中的窺伺，解縉一無所知。

陰差陽錯，時間總是就差那麼一點點。當年十一月，解縉前腳剛走，朱棣後腳就回來了。特務紛紛來到老皇帝跟前匯報工作，尤其是漢王朱高煦的眼線，供出了一個重大事件：有人暗中串聯，搞陰謀詭計，舉報解縉「私會太子」。

《明史》記載：「漢王言縉伺上出，私覲太子，徑歸，無人臣禮。」

一個「伺」字，展現了朱高煦的毒辣，說解縉是看準了「老上司」出差機會，有預謀地來和「新上司」私會的。

那麼，朱棣的反應如何呢？《明史》記述了三個字：「帝震怒。」

「無人臣禮」，捅到了這位強人帝王的最敏感處。

什麼是「無人臣禮」？

用今天的話來說，就是分不清大小王，搞不清楚位置，不懂政治規矩。被指責為「無人臣禮」的大臣，一般為行事張狂、目無領導的下屬，放到今天，可能也就是紀律問題，但在古代中國，可了不得，不是違紀，而是彌天大罪！

我們知道，唐朝有個著名女官上官婉兒，是中國唯一女皇武則天的得力助手。她的父親上官儀就是因為這項罪名被殺。《新唐書》記載，上官儀在唐高宗李治手下位居宰相，因「離間二聖、無人臣禮」的罪名被殺。上官儀在皇帝面前說了皇后武則天的壞話，被皇帝出賣，結果遭到武則天的瘋狂報復，人被處死，家屬也被連累，女兒上官婉兒官賣為奴，後被武則天見憐起用。

為什麼「無人臣禮」罪不可赦？因為古代最神聖不可侵犯的，就是君權皇威，誰敢把皇家規矩不放在眼裡，那就近似犯上作亂，非遭到王法嚴辦不可。所以犯了此罪者，輕則撤職查辦，重則處以極刑。

真是屋漏偏逢連夜雨。本來，朱棣就對不甘寂寞、寫賀表吹捧自己的解縉已經反感，這下又出現「無人臣禮」行為，他的反感變為憤怒。

其實，在朱棣心中，他對文人士大夫是有很大偏見的，尤其對沒有氣節的文人，一邊使用一邊鄙視。

早在靖難之役成功，登上皇位之初，他就表現了對文人無形的厭惡。

史料顯示，在朱棣第一次永樂朝會時，為了表現自己英明神武、從善如流，朱棣命人抬出了一口大箱子，裡面全部是建文帝在位四年來大臣們寫的奏章，其中多為削藩及靖難的應對之策，對於朱棣當然是多為不利。

朱棣笑著對眼下投靠新主的文人們說：這些奏摺裡，是不是也有你們的啊？

大臣們面面相覷，生怕災難降臨在自己頭上。這時候，從大臣中走出一位文官，他叫李貫，曾是建文帝的近侍，也就是皇帝身邊的人。李貫上奏道：啟稟皇上，在這些奏章之中絕對沒有我的。因為建文帝登基四年來，我沒有寫過一次奏章，更沒有建議削藩這等事情。

李貫，江西吉安人，解縉同鄉，也頗具才華，算是讀書人中的佼佼者，建文二年科舉考試的探花，皇帝欽點的進士第三名，建文帝很器重。

李貫對朱棣講這句話的本意，是說他從來沒有與朱棣為敵，因此應該重用他。誰知朱棣聽了，未置可否，並沒有露出欣喜之情。他反而問道：李貫你為官幾年？朝廷一年給你多少俸祿？

李貫如實說了，做了幾年官，享受多少俸祿。聽後朱棣勃然大怒，說道：你為官幾年，作為臣子，不寫奏章，不知道為君王分憂，白白浪費了國家幾年糧食。該當何罪？

李貫聽了，嚇得戰戰兢兢，手足無措。最後，這個李貫受解縉案牽連，被朱棣免去官職，發配雲南，而且要求其三世不得為官。

建文事件，征安南事件，以解縉為代表的文人士大夫前倨後恭的表現，令朱棣大為不屑。同時多疑的他開始懷疑，解縉這麼做是不是在為下一場邀寵新君做準備？等我死了再來個鹹魚翻身？

朱棣非常憤怒。但是成祖畢竟是成祖，心有城府，老謀深算。他沒有立即發怒，而是等待時機，讓解縉繼續露馬腳，然後抓他個措手不及，以便對才子及太子黨進行一次殘酷清算。

第十一章　求用心切，鬼使神差會監國

如果此時，才子對朝廷動向和自己處境有所察覺，就此收聲不再作為，不給皇帝新藉口，那麼或許大禍會延緩甚至避免。但還是應了那句老話：江山易改，本性難移，率真與進取是才子可愛的品性，卻也是他的禍源。在官場潛規則方面缺少悟性的解縉，繼續高歌猛進，第二年懷揣驚天報告再次進京。

他不知道，這一次，他踏上的將是死亡之旅。

第十二章　請「縉」入甕，新仇舊恨算總帳

永樂九年（西元一四一一年）九月，解縉由交趾再次踏上了奔向京城的路。

此時永樂還未遷都，首都還是應天府南京，不是後來的順天府北京。解縉面聖心切馬蹄急，很快就到達京城。這一次，他像一個凱旋的將士，懷揣一件寶物，要給皇帝獻上「戰利品」，以期得到皇帝嘉獎。

解縉懷揣的是什麼寶物？

這是一個驚天的水利工程提案，提案的名字叫〈請鑿贛江通南北奏〉。

這個水利工程設想，注定要引起轟動。因為前無古人敢嘗試。

解縉的想法足夠大膽，就是要在中國五嶺之首大庾嶺，建設一個史無前例的水利工程。具體做法是，將大庾嶺中間打通，令贛江和珠江兩江交會，把珠江水引入江西，打通兩江水陸通道，永久解決江西乾旱問題。

我們知道，歷史上江西經常發生大旱。不能不說，才子的出發點是好的，是為了解決家鄉的乾旱和交通，這項工程一旦實施完成，功在千秋。

但是，就當時中國的人力物力而言，這個工程設想還是有些不切實際。

當然，解縉的這個水利工程提案，也不是躺在被窩裡想出來的，他確實進行了大量的考察研究。上次往返京途中，經過老家江西，才子目睹了大災，那裡發生了百年不遇的大旱，旱情嚴重。於是就萌生了巧奪天工的水利工程的想法。他把目光放在了中國五嶺之首的大庾嶺。大庾嶺位於江西西南，是贛江與珠江的分水嶺，只有陸上通道，沒有水上通道。如果劈開大庾嶺，水路和陸路打通，那麼中國另一條「京杭大運河」，豈不是呼之欲出嗎？

類似想法，歷代不是沒人想過，但都沒有實施。即便是創造華夏最輝煌篇章的盛唐的開元盛世，在丞相張九齡的堅持下，大唐也不過就開展了一點局部工程——開鑿了大庾嶺梅關古道驛路。而大明比大唐如何？解縉又比張九齡如何？

顯然比不過，難度相當大。

這說明才子還是在修改歷史、編書立說的文科方面可靠在行，而在具體水利科技等理工科方面，經驗和眼力都頗為不足。當然這也不能全怪他，古代科考，只考作文，勝出的大多是文藝青年，不具備自然科學方面的常識。如果不經過長年實踐歷練，根本不可能成為造福一方的工程師。

但是才子就是敢想敢寫，為了書寫奏章，他用了一年時間進行考察。

為了實現自己的宏偉計畫，保障水利工程的經費，解縉上疏考慮得很細緻。他了解到朱棣正在大興土木，修建北京，所以在〈請鑿贛江通南北奏〉中，特別建議皇帝修改興建北京新都計畫，或延緩建成時間，從中撥出一些銀子，賑濟災民，留出水利工程的經費。

解縉這樣做，自認為是為了大明江山社稷著想，皇帝應該理解並讚許。但殊不知，就一個被貶官員而言，如此上書皇帝，已犯了大忌，且不說這個提案的可行性，僅就提案的動機上，就可能被解讀為兩個陰謀論：一是收買人心，為家鄉謀利；二是勞民傷財，激發民間對皇帝的不滿。

而在這方面，解縉的前輩劉伯溫是有過前車之鑒的。

我們在胡黨案中曾講過，大明開國皇帝朱元璋的重要謀士劉伯溫，就是因為建議在老家一個三不管地帶設立巡檢司，而遭到懷疑，從而被朱元璋冷落處罰的。前事不忘，後事之師，前輩劉伯溫的遭遇，解縉不可能不知，但立功心切的他把一切危險拋在了腦後。可見才子的IQ很高，但官場EQ並不高，覺察不到危險。懷揣提案，他躊躇滿志進京面聖，就此掀開了自己命運最悲慘的一幕。

歸心似箭的解縉，進京之後，馬上遞上奏章，然後才到驛館休息。他懷著激動的心情，等待著皇帝的嘉獎。

事情並未按才子想像中那樣發展，而是起了變化。準確地說，是惡化。

接到奏章之後的朱棣，發出冷笑。他的耐心換來了才子的自投羅網。終於，才子觸碰了朱棣最後的底線。

朱棣收網了！他果斷下手，令錦衣衛抓捕解縉，投入詔獄。可嘆才子，滿心歡喜地在驛館等著皇帝的召見嘉獎，但等來的卻是錦衣衛冰冷的鐐銬！

至於罪名，朱棣早給解縉預備好了：「人臣受事輒引而避去，乃更欲勞民如此。」朱棣這句話的意思，是指責解縉身為人臣，不安本分，到處亂竄，不守規矩，還鼓動皇帝勞民傷財。顯然，這是新帳老帳一起算，此時的朱棣，肯定是回憶起了才子「無禮」的前前後後所有事。可見，雖然朱棣是從解縉的水利工程提案發難的，但實際上解縉觸犯的最敏感罪行是「無人臣禮」。我們前面說了，犯了這項大罪，非貶即死。

既然性質這麼嚴重，解縉會承認此罪嗎？此案會成立嗎？

解縉入獄後，起初還為自己辯解，但不久之後就非常配合審理工作，招了。解縉為什麼要承認自己有罪呢？

因為他進的是詔獄。如果對明朝錦衣衛詔獄有所了解，就應該知道，那是個人間煉獄，誰進去誰都得招。

什麼是詔獄？在明代，只要一提詔獄這兩個字，人們無不為之顫慄。那是人人談之色變的死牢。詔獄，顧名思義，就是專門羈押欽犯的地方，設在錦衣衛管轄的鎮撫司，分南北兩處。南鎮撫司相當於拘留所，北鎮撫司相當於看守所。但這個看守所，由錦衣衛都指揮負責，和現代看守所不同，審案人員自由裁量權巨大，可以自行逮捕、刑訊、處決犯人，不必經過司法機構。這裡要抓人殺人，刑部管不著。

詔獄之所以令人害怕，一是沒有申訴管道，人容易進來不容易出去；二是刑訊逼供手段令人髮指，這裡審訊所用的刑具可謂泯滅人性。

每當嫌犯一到，獄卒就要基本使足五種刑具，對犯人進行夾、拶、棍、槓、敲。還有身上釘釘子，蒙上被子澆開水，不由你不招。如果還不招，好辦，打成殘疾扔到一邊，還不管了。這裡由於是特務天下，缺少專門法官斷案，有些倒楣嫌疑犯關在獄中，二十多年也沒被提審，被關得精神錯亂。

進了詔獄的解縉，當然也被採取了手段，遭到了刑刑逼供。

解縉是個書生，個子矮，身體本來就不壯，這麼一番非人待遇的皮肉之苦，很快承受不住，被迫按照審判官的意思招供。而這裡的審判官，都是錦衣衛的指揮僉事之類的特務頭頭，他們做的是命題作文，當然要秉承皇帝主子的意思辦案。那麼，皇帝朱棣是打算以什麼罪處理解縉案呢？

落在朱棣手中的〈請鑿贛江通南北奏〉竟變成了解縉的主要罪證。朱棣認為，這不是一起孤立的個案，而是一場有預謀、有組織的欺君罔上大案。不僅解縉本人要追究，而且涉及這個提案的，還有上次解縉私會太子所接觸的東宮人員，都要追查嚴辦。

不得不佩服，朱棣的辦案風格很像其父朱元璋，而且，在借題發揮、擴大治人上，比他父親還有想像力，青出於藍而勝於藍。

在朱棣的授意下，錦衣衛的特務們開始將解縉案按照「太子黨窩案」方向發展，挖同黨。特務們不停拷打解縉，讓其指認同黨。

史料記載，被抓到詔獄裡的解縉，因為「拷掠備至」，所以，按照通判的意思，陸續招認了十個同黨。他們是誰呢？

交趾布政使王偁、大理丞湯宗、宗人府高得抃、中允李貫、贊善王汝玉、編修朱紘、檢討蔣驥、潘畿、蕭引高，禮部郎中李至剛。

這十人還沒弄明白怎麼回事呢，就紛紛被捕下獄。

為什麼解縉的供詞會牽連這些人呢？恐怕他們都是上次解縉向太子匯報工作時接觸到的人。比如宗人府，是皇家收發文件的機構，想必解縉第一次匯報工作給太子，都是他們轉發的，難辭其咎。

那麼具體說來，這被株連的十個人，和解縉是怎樣的關係？

我們看湯宗、高得抃、李貫、王汝玉、朱紘、蔣驥、潘畿、蕭引高這八個人，史料記載比較少，他們入獄，就是因為他們是太子黨，東宮官員，朱棣要殺威，他們成了代罪羔羊。而十人中的另外兩個人，比較特殊，他們一個是解縉的好友，另一個是解縉的死敵。

先說好友王偁，福建人，是閩中著名才子，學問淵博，二十一歲便科考為官，任授翰林院檢討官，為太子講經。解縉很賞識他，認為其文章「奇偉浩瀚」，當在蘇東坡之列，詩則凌駕漢唐，連蘇軾怕也要擊節讚歎。

在解縉的大力推薦下，他做了解縉的副手，擔任《永樂大典》副總裁，以前解縉很關照他。當解縉被貶時，他反過來又關照解縉，是個有情有義的人。

在解縉被外放之後不久，王偁也被外放，到地方任職，任交趾布政使，成為解縉的上級。

解縉上次能入京匯報工作，就是王偁給的機會，他希望解縉能借此回到中央，誰能想到會幫了倒忙。而解縉呢，也不忘感恩。王偁自到交趾後，情緒多少有些消極，為避不測，已不太願意多做規劃了，只在布政司內收錄戰況情報。是解縉再次點燃了他的工作熱情，拉著他寫奏章，二人一起考察水利工程。解縉這麼做，也希望好友有朝一日和自己一起飛黃騰達，誰知最後卻把好友送上了一條不歸路。這二位，都屬「好心辦壞事」。

再說死敵李至剛。

解縉為什麼把他供出來呢？

歷史上，往往擴大化的案子會出現這種現象：反咬。誰是我的敵人，我就說誰是我同夥，借此反報復一下。

這個李至剛我們前面說過，是個有才無德的人。事實也確是這樣。我們舉一個實例。有一次，李至剛的岳父犯了重法，李至剛為老丈人乞求免罪。

朱棣說：「定刑輕重，外面的人何以得知？」

李至剛說：「都御史黃信對臣說的。」

朱棣大怒，誅殺了黃信。

為了自保，關鍵時刻出賣朋友，李至剛就是這樣一個人。

他和解縉的關係一度也是不錯的，同為內閣成員，一個是左春坊大學士，一個是右春坊大學士。但後來解縉發現，這個朋友品行不端，所以在皇帝朱棣請他點評重臣時，解縉就客觀評慣了此人，說李至剛「誕而附勢，雖才不端」。結果這話傳到李至剛耳朵，二人的關係徹底決裂。後來，解縉失寵被貶，李至剛落井下石，令解縉的發配地一下從廣西跨到越南。

這回，解縉又遭了大難，朝廷要挖同黨，解縉也沒忘記這位老朋友，說見太子時還接觸了禮部侍郎李至剛，李至剛沒想到會受此牽連，竟然進了大牢，與反目的老朋友陪坐。這對昔日同僚、死對頭，如今又一起在獄中共事了，恐怕這也是一種「殊途同歸」吧。

十個同黨，加上解縉一共是十一人，應該夠得上是一起「窩案」了。

但不知什麼原因，朱棣遲遲沒有給出結案意見。因為沒有主子的旨意，錦衣衛特務們對解縉案無法畫上句號，案子就一直處於審理期，從永樂九年秋審起，一直審到永樂十二年年底，依然沒有結案。

在這場漫長而痛苦的「馬拉松」審理中，才子的情緒低落到了極點。回顧自己從才子到閣臣再到囚徒的經歷，解縉可能至此才明白過來，在皇家的眼裡，自己連同外面那些風光一時的所有大臣們，都不過是皇帝隨意驅使的奴才。用你是為皇權永固，殺你也是因為這個政權已不再需要你，給你天堂還是地獄，生殺予奪全在皇帝一己之私念。

因為情緒低落，獄中才子失去了寫作慾望，漫長的獄中生活，只留下兩篇文章。一篇是為朋友寫的悼詞，〈翰林藍君日省墓誌銘〉；另外，就是寫給朋友的一首思念詩，題為〈憂患中寄友人〉，這首詩表露了才子的心跡：

手扶日月歸真主，淚灑乾坤望孝陵。

身死願為陵下草，春風常護萬年青。

這首詩什麼意思呢？解縉說，我每天度日如年，以淚洗面，望著皇宮，盼望著能回到真正賞識我的君主身邊。如果我死了，願意成為主人陵墓旁的一棵小草，伴著春風，萬古長青。

此時的解縉，懷著屈原對楚懷王般的心境，絕望中還抱有一絲對皇帝寵信的眷戀和期待，但他心中的真主，是舊主朱元璋，當今天子朱棣，還是下個真龍天子朱高熾呢？人們不得而知。

出獄無望的才子，牢底會坐穿嗎？

漫漫長夜，等待解縉的最後命運會是什麼呢？

第十三章　一網打盡：朱棣東閣立臣規

就在解縉獄中期盼期間，內閣又出了一件大事，大學士們幾乎全軍覆沒。

那是永樂十二年（西元一四一四年）閏九月，朱棣親征瓦剌勝利而歸。此時朱棣已經做了十二年皇帝，志得意滿，越發霸道，不容內外對他有一絲不敬。

但偏偏就有人對他不夠恭敬。

朱棣凱旋，一路向南，奔京歸朝。按照禮法，朝中是要派人出城迎駕的。此時主持朝政的監國太子朱高熾，不知是溝通不順，還是另有公務，總之遣使迎駕來遲。讓朱棣一番好等，非常不快。入城後，二皇子漢王朱高煦趕來煽風點火，舉報大哥朱高熾，說那是成心的，故意拖延派史，慢待遠征軍，對父皇無禮。

沒有見到使者遠遠來迎的朱棣，本來一肚子氣，見點火的來了，果然發怒，下令將朱高熾手下東宮官屬全部逮捕下獄。

一件簡單的禮儀事，被小題大做，成為轟動朝野的「東宮迎駕事件」。太子黨被一窩端了，作為東宮官僚的那些內閣學士，悉數被關入詔獄大牢，無一倖免。

朱棣為什麼這麼幹？難道他是被一心奪嫡的二兒子朱高煦利用了不成？

非也。永樂大帝雖是暴君，卻不昏庸。與其說他被二兒子讒言蠱惑，不如說他是借題發揮。一來展示神聖不可侵犯的老皇帝權威，二來整治內閣學士，徹底立下永樂版臣規。

那麼，這些內閣學士都是些什麼人呢？為什麼朱棣整治完解縉還要整治他們，到底要他們懂什麼規矩呢？

這就要涉及這位永樂大帝的通盤棋局了。

永樂八年（西元一四一〇年），朱棣罷黜解縉後，讓胡廣接任首輔之職，就開始有計畫地馴化內閣大學士。

朱棣把閣員主要分成兩撥，一撥自用，一撥給皇儲備用。

朱棣在幾次討伐蒙古的戰役中也隨身帶著幾位大學士，但更多大學士還是留給了留守京城的太子朱高熾，幫其看管政府，做太子的諮政顧問。這使得太子和大學士連在一條線上。但是，這根線卻始終攥在皇帝手裡。

自永樂元年（西元一四〇二年），朱棣組建內閣，就陸續挑選了六名大學士，讓他們輪流坐莊，出任首輔。

他們分別是黃淮、解縉、胡廣、楊榮，候補楊士奇、楊溥。

其中黃淮屬試用，在永樂初年，解縉是這些人中的首席學士、正式首輔。解縉被免後，是胡廣，胡廣之後是楊榮，楊榮之後是楊士奇，楊士奇之後是楊溥。當然，後面「兩楊」是朱棣死後仁宣時代頂替上去的。而這些學士，除解縉遭罷黜外，其餘幾位都一直在位，壽終正寢。

所以，解縉之後四首輔即「一胡三楊」可以說是朱棣馴化的閣員樣本。

那麼，他們被馴化成了什麼樣子呢？

先拿那位解縉的親家胡廣老兄來說。解縉被罷後，他頂替上去了，晉升翰林學士，兼左春坊大學士，內閣首輔。他在這個位子上做了什麼事呢？

史料記載，首輔胡廣心思細密，行事謹慎，他吸取了前任解縉的教訓，在朱棣面前俯首貼耳，皇帝對自己說過什麼話，也能藏在心底，出來後不予告人。他緊跟朱棣，從其左右，出謀劃策。他的主要工作就是給皇帝樹碑立傳。史料顯示，每次朱棣遠征凱旋，要勒石立碑，「帝必命善書的胡廣書之」，所以胡首輔深得朱棣信任。

胡首輔最拿手的，就是「頌聖」文章。史書記載，永樂十四年（西元一四一六年），朱棣做法會祈福，胡廣獻上〈聖孝瑞應頌〉，朱棣作佛曲命宮中歌舞和之。有時候，在沒有風險的前提下，胡首輔也做些假裝批判、實則表揚的事。諸如有人認為朱棣雄才大略，豐功偉績，勸他辦個泰山封禪活動，胡廣卻認為不妥。於是朱棣下令禁止封禪。之後，胡廣順勢而上，呈上〈卻封禪頌〉，對朱棣大肆吹捧，把批評變成了表揚，說皇上你英明無比，你就是活菩薩，永樂臣民何必去求助什麼神靈呢？如此的諛文，可謂震古爍今，再次得到朱棣青睞。

為了保住榮華富貴，胡廣不惜背信棄義。同鄉親家解縉入獄後，考慮到自身安全，胡廣甚至要割掉兩家姻緣，與解縉劃清界限。我們前面提到過，朱棣與解縉、胡廣一起宴席時，一時高興，要求胡廣把未出世的女兒嫁給解縉之子解禎亮。但解縉出事後解家家道中落，胡廣就想解除婚約。而他的女兒比他仗義，對父親的不義之舉非常生氣，割耳朵發誓，非解家不嫁，說毀約的話只有死。胡廣這才作罷。

胡廣的首輔生涯從永樂五年二月到永樂十六年六月，一共十一年，比解縉任職時間長得多，但除了拍馬屁就是變相拍馬屁，基本上淪為了皇帝的「三陪」文人，所以朱棣才一直讓他在首輔的位置上直到燈枯油盡。

媚上，自賤，自保，滿腹經綸的胡大學士，就被朱棣馴成了這個樣子。

當然，僅僅馴化個人、篡改歷史是不夠的。和他父親一樣，朱棣自登基起，就謀劃了一盤很大的棋局。他要一勞永逸地把內閣和大學士改造成功，如果說朱元璋的廢相局是去掉了權臣的土壤，而他則要設下東閣局，束縛內閣，替士人訂定規矩，讓他們徹底搞懂位置。

於是，前述所說的太子迎駕事件就在這種設計下，不可避免地發生了。

回顧歷史，像朱棣這樣為禮節小事而大動干戈地關押和懲治東宮官屬之事，非常少見。這說明朱棣的暴君指數是奇高的，在這場棋局中，他把自己定位為棋手，而將那些大學士們視為棋子，肆意擺弄於棋盤間。

在這場棋局中，不少棋子被吃掉了，當然也有棋子倖免被吃。例如胡廣，因為跟隨皇帝遠征，是朱棣隨員，所以倖免於難。而胡首輔之外的「三楊」命運則耐人尋味。

三楊之首楊士奇，雖是東宮屬官，但算是迎駕案中最幸運的，竟然沒有被關進去。後來，他接任首輔，做了二十一年，是明朝最長命的首輔。

那麼，這位最長命的首輔，是怎麼從朱棣棋局中逃脫出來的？

楊士奇，西元一三六六年出生，江西泰和縣人。他幼年家貧，在外祖父的教導下，學業大進。建文元年（西元一三九九年），經縣令舉薦入翰林充編修官，也參與編修了《太祖實錄》。永樂元年（西元一四〇三年），楊士奇被選入內閣，管理機務，與時任首輔解縉風格迥異。他行事謹慎，為人和善，從不私下談論朝廷政事，好稱道別人的長處，不貪不占，不與人結仇。令人以為其謙虛厚道，不圖虛名利祿。這個樣子的大學士，令朱棣很難找到毛病。

迎駕事件中，楊士奇的命運與其他東宮官員形成鮮明對比。例如東宮屬官大理寺丞耿通，面對朱棣責難，直言太子無過，結果被朱棣以挑撥父子關係的罪名殺害。而楊士奇這邊，也為太子說了好話，卻被寬恕免罪。

這是為什麼呢？

原因在於楊士奇會揣摩上意，順著聖意討巧。當朱棣問太子迎駕來遲這件事，楊士奇沒有為主人辯解，而是將罪責攬在自身。朱棣聽後就沒有處理他。事後，太子黨的對手漢王黨不斷上疏彈劾楊士奇不應獨宥，朱棣遂命錦衣衛將其投入詔獄，但不久就又放了。

同為東宮屬官，共為太子說好話，耿通被殺，楊士奇卻被朱棣網開一面。是由於楊士奇定位準確，不輕易表立場。就連老謀深算的朱棣也認為他不是太子黨，是個中間派。於是，同樣是為太子說好話，耿通被疑為偏袒太子而被殺，而楊士奇的意見卻被朱棣看作是公道話。

很多像耿通這樣的冤死士人，都沒有掌握住朱棣的心理。朱棣申飭太子監國時的過錯，不是因為太子真的有錯，而是要打擊內閣，防止他們幫助太子提前搶班奪權，所以是在雞蛋裡挑骨頭。楊士奇明白皇帝的心思。當朱棣問太子監國表現如何，楊士奇答道：太子監國期間努力處理政事，能夠聽取大臣的合理意見，對於不對的意見絕不會隨便同意，對於近臣不恰當的要求他會當面駁斥和批評。這個回答，既沒有明顯褒，也沒有故意貶，把朱棣的心理把握得恰到好處。因為如果太明顯地表揚太子，不僅有可能會重蹈耿通的覆轍，而且會加劇朱棣對太子的猜忌，讓太子的地位更加岌岌可危。如果貶太子，又會導致朱棣擔心自己的繼承人是個廢物，自己百年之後所託非人。楊士奇的這個回答，分寸拿捏得十分到位，表明太子既能夠黨而不群，又能禮賢下士，沒有野心提前搶班奪權，而且十分勤懇，兢兢業業。同時，也等於向朱棣表明，自己就是為你們朱家看家護院的一個好奴才。

所以，朱棣放過了楊士奇，視之為改造成功的模範大學士。

第二楊，楊榮，也相當幸運，因為隨朱棣出征，是皇帝屬官，沒有受到此事絲毫牽連。

為什麼朱棣把楊榮帶在身邊呢？因為楊榮這個人很是機敏，擅長察言觀色。楊榮受賞識主要是因為這樣一件事。

楊榮，生於洪武四年（西元一三七一年），福建人，建文二年（西元一四〇〇年），二十九歲的楊榮高中進士，任職翰林編修。史書稱他「性警敏通達」，就是善於察言觀色的意思。

在靖難之役後，他的這個特點表現得淋漓盡致，為自己帶來了榮華富貴。

那是應天府被攻破的那一天。

打下應天府的朱棣急於進宮，路上忽遭一人阻攔，只見那人施過禮後從容說道：大王且留步，我有話要奏稟。

此人正是翰林編修楊榮。朱棣命他請講。

楊榮說：「殿下先入城耶？先謁孝陵耶？」說你是忙著先入城呢，還是應該先拜謁太祖皇帝的陵寢呢？意思是提醒朱棣走合法程序。

朱棣心中一驚，為什麼沒先想到這一層呢？自己以奉太祖皇帝寶訓而起兵，又以恢復祖制號召天下，怎能不謁陵便入城呢？再說當初起兵揭出的一條理由就是由於奸臣阻擋，太祖病時不能侍藥，死時不能會葬。朱棣想要不是楊榮進言，幾乎誤了大事！於是就坡下驢，脫口說出：此行正為謁陵。馬上謁陵，給天下臣民看看「仁義聖君」的辦事程序。就這樣，楊榮博得了朱棣寵信，逐漸成為其帶在身邊的心腹家臣。

永樂十六年（西元一四一八年），首輔胡廣去世，朱棣讓楊榮進文淵閣大學士，輪值首輔。楊榮在內閣一做就是三十八年，成為政壇常青樹。

第三楊，楊溥，洪武五年（西元一三七二年）出生，湖廣石首人。和當時的楊榮都是建文二年的時候成為進士，授翰林編修。史書稱他為人謹慎，有時就連上朝時也總是低頭「循牆而行」，就是貼牆根走，不擋任何人的道。

在朱棣取得皇位之後，由於楊榮北徵去了，楊溥成為當時太子朱高熾的官僚。永樂初年，楊溥任太子洗馬，就是太子的先導官、馬前卒，東宮五品隨員，楊溥在朱高熾的東宮服務了長達十二年。太子監國時，楊溥喪父在家丁憂，而太子卻令守喪的楊溥歸京任職。小主人離不開他，這卻害了他，因為大主人不容。迎駕事件中，楊溥受牽連被捕入獄，是三楊中比較不幸的，他蹲了十年監獄，吃盡了苦，好在熬到最後，活著出來了。

楊溥是靠什麼熬過來的呢？主要有兩項原則：一是不抱怨，二是默默讀書。史料記載，獄中楊溥吃飯都成問題，因為家人供應的食物多次斷絕，而另一面皇帝朱棣的心意也不可預測，隨時都有可能死去。但楊溥卻默默讀書從不間斷。獄中十年，他把經書史籍通讀了好幾遍。後來，朱棣問起楊溥的反應，見他如此乖巧，所以沒有下達死刑令。

由上述「一胡三楊」的命運可見，在永樂的棋局中，那些被朱棣視為棋子的人，最終不是成了犧牲品，就是成了應聲蟲。

朱棣東閣，馴化大學士，不僅壓縮了士人的政治權利，甚至給士人的文風都帶來了嚴重的消極影響。我們知道，明朝之前，唐詩宋詞，內容大都是圍繞生命、蒼生、愛情、理想而歌，多數沒有歌功頌德，極少數的詩文歌功頌德成分微乎其微。即便是應皇帝之命而作的命題作文即應制詩，也基本上沒有歌功頌德，更非諂諛之辭。如寇準的〈應制賞花釣魚〉、蘇軾的〈應制舉上兩制書〉等，或言景，或論事，皆無歌功頌德或諂諛之詞。而到了明代，情況突變。應制詩文大量出現，而且真正是「爭獻諛辭」。幾乎每一首應制詩文都是歌功頌德和諂諛帝王的。出現了一大批「臺閣體」作家。以「一胡三楊」為代表。

且欣賞胡廣詩選〈春日扈從幸北京〉：

曉隨仙仗出時巡，聖主恩深四海春。
萬馬踏雲開輦路，六龍扶日度天津。
陽和布澤初回暖，別苑飛花不動塵。

豈是揚雄能獻賦，空慚載筆列詞臣。

不難看出，這首詩了無奔放，通篇都是對君主的歌頌。

而三楊更甚。當時出現的「臺閣體」，是明代第一個文學流派，說白了即頌聖體，就是以三楊文集——《東里文集》、《楊文敏集》、《文定集》為代表。

他們以「歌頌聖德，施之詔誥典冊以申命行事」為主要內容，在他們的詩文中，把人主喻為「雨露」、「紅日」、「日初升」，面對人主高呼「億萬壽」、「萬萬齡」，將一切成果歸功於「吾皇聖德」、「神功聖德」，充分顯示出這一派文人士大夫的奴性品格。

如楊榮的《楊文敏集》卷一便是〈應制〉。第一首〈瑞應騶虞詩・有序〉云：「欽唯皇上莅阼以來，天清地寧，五行順序，仁覆四海，澤洞幽冥……」在序之後的這首小詩中，楊榮又反覆提到「聖皇德被八垠」，「聖皇乃文乃武」，「皇仁以彰信義」，「皇繼往聖、澤洞九垓」，「皇聖」，「皇仁如天光昭鴻業，傳序萬年」等數處，除了歌頌「聖皇」的一片諛辭外，幾乎沒有什麼實際內容。這在明初之前，所有的應制詩中是根本沒有的。

三楊創立的「臺閣體」帶動的是文風下墜。永樂年間，有人獻一隻兔子給朝廷，名其曰「玄兔」，即月宮之兔。這明明是無稽之談，但卻引發群臣藉機拍馬屁。有人寫詩，有人作畫，借玄兔以歌頌皇帝，爭獻諛辭，而朱棣對此不屑一顧。

但這，正是他想要的結果。

朱棣從小喜武，讀書不多，基本上是個文盲，更談不上文采，據說他為開國功臣兼親家翁徐達之墓撰寫的碑文，全大明的文人沒一個能讀通的，因為沒法斷句，然而卻得到了大學士們的一致吹捧，以為談吐高遠。

這就是朱棣打擊馴化之下的結果。書讀不多的他不迷戀書籍但迷戀武力，因為他深知，武力可以輕易征服那群文人。對此他屢試不爽。

例如遷都之議。眾所周知，朱棣即位後意欲遷都，將首都南京遷往他的老巢北京。可一些倔強的大臣們堅絕不同意，朱棣罷了三個倔臣，反對的聲浪漸息，成功遷都。可遷都北京後，新建的三座宮殿起了大火，那些對遷都一事耿耿於懷的臣僚借題發揮，把火災與遷都掛鉤在一起，私下互相議論天譴之說。朱棣想治他們的罪，又沒有證據，遂下詔讓大臣可以隨便議論，「言者無罪，絕不追究」。一幫士大夫以為遇上明君了，就人人寫摺子。等他們鬧夠了，朱棣弄了個「謗訕罪」收網，「反遷派」全栽：一網打盡！

朱棣打擊士大夫是持續的，人人都知道皇帝脾氣暴躁，一旦觸怒龍顏，輕則關押，重則砍頭。一次，一個小士官犯了小錯，被監國太子從輕發落，而朱棣為了「整風」，下令將此士重新逮捕，判處死刑。這還不夠，事後他將處置不當，歸罪於太子的官屬贊善梁潛和司諫周冕，二人據實申辯，說臣秉公辦案並無過失，朱棣見其竟敢反駁，下令將二人也一併處死！從此朝臣皆唯君命是從，朝夕惴惴，但求自保。

這一次，朱棣挑到朱高熾迎駕誤時的小錯，便又故技重施，肆意發揮，將太子東宮的侍從官員通通下獄，以示懲戒。

但朱高熾仍是隱忍。

第十三章　一網打盡：朱棣東閣立臣規

因為迎駕事件大興牢獄的朱棣，事後多次召來楊士奇，反覆問起太子的情況，楊士奇始終就說一句話：太子孝敬如初。凡有稽遲，皆臣等罪。

小臣楊士奇將所有的責任攬到了自己身上，朱棣見馴服若此，這才回心轉意，不再繼續追究，迎駕事件終於告一段落。

第十四章　標準家臣：前「忠」後「順」姚廣孝

在對士人的馴化上，朱棣有自己的一套辦法。

永樂九年（西元一四一一年），朱棣在罷黜解縉首輔之職後，拿起了解縉監修的《太祖實錄》，越讀越不對勁，先前的讚譽都像是反語諷刺。於是心態多疑的他，又採取了行動，重新聚集人馬，下令三修《太祖實錄》。

這次修史，他派了心腹姚廣孝出任監修。

姚廣孝是朱棣心目中的標準家臣。

姚廣孝生於元末，即西元一三三五年，幼名天僖，長洲（今江蘇蘇州）人，本是一個醫生世家子弟，但卻年紀輕輕進入佛門，十四歲就剃度出家了，去蘇州妙智庵為僧，法號道衍，是個精通儒釋道三教的半儒半道之僧。

為什麼一個醫生子弟要學佛呢？史料顯示，這是曲線入仕策略。在決定此子為僧的家庭會議上，姚廣孝的伯父姚震之給出的理由耐人尋味：「為學有成則仕於朝，榮顯父母，不則就學佛，為方外之樂。」說與其當官光耀家門，不如就近學佛，超然物外，或可得更大收穫。可以說姚家目光長遠，劍走偏鋒，將仕朝與學佛有機結合在了一起。

法號道衍的姚廣孝事佛，從一開始便不循常途。他讀書工詩，曾師從道士席應真，「得其陰陽術數之學」，並研習兵法。同時，雲游四方，廣交名士。如果考慮到當時紅巾軍起義於元末爆發，天下已然動盪，處此之時，道衍的所學所為該是意有所圖的。

元至正二十五年（西元一三六五年），天下大亂即將破曉之際，姚廣孝寫了一篇〈斥牟文〉，對民間疾苦大發慈悲，說：「至正乙巳夏六月，余行壟上視苗之長否，有老農泣於旁。余問其故，曰：『夫蟲牟食苗之根，苗概死矣。』」

此文以田間蟲牟指斥人間惡相，表露了姚廣孝身為出世之人，卻時刻關注著現實社會。事實上，當時便有友人這樣評價他：「有當世才，雖自匿，欲有所用之。」

說他有平天下之才，只是暫時蟄伏。其實以隱者姿態示人的道衍，一向是不甘於寂寞的。

不過，元末亂世紛擾十數年，卻並沒有給道衍什麼機會，隨著朱元璋定都應天府，開國功成，元帝北遁，由亂而治的歷史週期規律又一次履行完了自身的使命，開始了下一個輪迴。儘管道衍於洪武八年因為通曉儒學被召至京師，但並未在仕途上有所斬獲，而是於第二年春被「賜還吳門」，回到蘇州西山海雲院，過起了「無過客則終日危坐澄想」的生活。

四年後，道衍再次出遊，在浙江揚帆之時，四十七歲的他已是倚杖而行了，老態已現的道衍和尚只能慨嘆「死期將至，故痛自鞭策」了。

歷史與姚廣孝即將擦肩而過。但歷史的詭譎與精彩也恰恰在於出其不意的機緣巧合。

洪武十五年（西元一三八二年），朱元璋廣選天下高僧，隨侍諸王，為已故的馬皇后誦經祈福，道衍被推薦成行。因與時為燕王的朱棣言語投機，隨即北上北平，成為慶壽寺住持。

姚廣孝一生的功業便由此發端。

史載，道衍至北平後，「出入府中，跡甚密，時時屏人語」。

我們知道，太子朱標是在洪武二十五年（西元一三九二年）去世的，在此之前，皇位繼承人根本不是個問題，面對身為嫡子的大哥，老四朱棣恐怕也不敢有什麼非分之想。而在此之後，隨著皇太孫朱允炆被確立為繼承者，朱棣必然在考慮「後朱元璋時代」的境遇了。道衍在洪武二十五年前後究竟在與朱棣密謀些什麼？很有可能，他很早就預見到了未來必有一戰。

建文帝朱允炆的削藩，在改變了大明朝歷史走向的同時，也給了姚廣孝一把開啟事功的鑰匙。

當朱棣正為姪子皇帝的步步緊逼而惴惴不安時，道衍卻已嗅到了遲來的歷史機遇。他給予朱棣最大的幫助，不是謀略，而是超凡信心。在起兵靖難之初，以地方軍對中央軍，朱棣心裡並未完全有底，擔心大明國民不會跟他走。而姚廣孝以一句「臣知天道，何論民心」的天意玄機，力勸朱棣起兵奪位，並以術士「異日太平天子」的斷語來對朱棣不斷施加心理暗示。

當然，他並不是全部玩玄的，也有現實謀劃。在心理暗示的同時，道衍理性分析了朱棣眼下的處境以及所擁有的優勢資源，斷言成功機率極大，並透過在燕王府中開鑿地下室、飼養雞、鴨、鵝等手段為遮掩練兵製器聲音提供了「技術上」的支持。

這些都為朱棣起兵做了最基礎的理論支持和實踐準備。

建文元年（西元一三九九年），在「清君側」旗號下朱棣向姪子開戰，靖難之役爆發。靖難之役是姚廣孝的成名戰，在這場戰爭中，他運籌帷幄，如魚得水，充分展示了「劉伯溫二世」般的智慧。

戰爭初期，中央軍趁朱棣進襲大寧、老巢空虛時，圍攻北平，道衍作為當時北平實際上的大幕僚，負責了守禦戰，成功地保住了燕軍老營。

之後，燕軍先後遭遇「圍濟南三月不克」、東昌大潰、主將陣亡危急時刻，姚廣孝因勢利導，充當了政委角色，為朱棣打氣，使得燕軍將士堅持將這場看似希望渺茫的戰爭打了下去。

隨後，戰爭進入相持階段，交戰雙方處於膠著，僵局遲遲無法打破。姚廣孝又出高招，提出「毋下城邑，疾趨京師，京師單弱，勢必舉」的策略決策，說白了，就是讓朱棣不要計較一城一地的得失，集中主力直插都城應天府，這一招終於使這場曠日持久的消耗戰得以結束，燕軍大勝收官。

一場以「一隅對天下」的不對稱戰爭，只四年就見了分曉，據有北平、保定、永平三府之地的朱棣居然笑到了最後，這不能不令人驚訝。同時，也不得不佩服姚廣孝在戰前的先見之明與戰爭中的縱橫捭闔。

朱棣靖難之役的成功，改寫了大明歷史，同時也為姚廣孝打開了入仕之門。

朱棣成為永樂帝後論功行賞，道衍和尚因「首贊密謀，發機決策」、「論功以為第一」，成為創建永樂朝的第一功臣。永樂二年（西元一四〇四年），道衍被授予太子少師之職，成為當時文臣最高級別，並複姓，被賜名「廣孝」。孝者，前忠後順，可見朱棣心儀的臣子是何標準。

從此，「姚廣孝」三字便成為明史中令無數人追憶的身影。有關姚廣孝曾以對聯、占卜等方式促使朱棣起兵的傳聞便成為民間話坊乃至文人墨客筆端不斷被渲染的傳奇。這給君臣二人的關係也增添了神祕色彩。但是，世人不知，姚廣孝功業成就後，遭遇了一次次拷問，做了高官的他，並不十分開心。

在「僧」與「士」身分間搖擺的姚廣孝，在政治上似有大得，但朝堂生活卻讓他生出無以名狀的自抑。因為他漸漸認識到，自己陷入了新一輪的士人悲觀命運的輪迴。

姚廣孝早年有不少志趣相投的詩友，例如名士高啟等，在朱元璋為政嚴酷的風暴中，他們多成為洪武年間的冤魂，這使姚廣孝對於血腥酷政持有強烈的反感，恐怕這也是他積極策劃靖難之役，以求推翻朱元璋既定政治框架的動機之一。

但當朱棣登上皇位，重構大明政治格局時，卻以一場更加血腥慘烈的屠殺開啟了「永樂之治」，人所共知的方孝孺事件就成了那個時期政治風氣的範本。

在方孝孺之死上，姚廣孝展現的是一個家臣的無力。當朱棣聽從了他的建議，準備直襲京師之際，姚廣孝曾特意提及方孝孺，說：「城下之日，彼必不降，幸勿殺之。殺孝儒，天下讀書種子絕矣。」勸朱棣莫殺大儒。可當朱棣為「死即死耳，詔不可草」的士人氣節所激怒時，便展開了「誅十族」這樣前所未有的嗜血清洗。而對建文諸臣無所不用其極的殺戮，則構成了明初政治史上最為慘烈的畫面。面對這樣一派「新政」之初的景象，姚廣孝怕是於心難安。

對朱元璋酷政極端抗拒的他，卻淪為又一場慘劇的始作俑者，這士人宿命，恐令姚廣孝只能無奈長嘆。

永樂開朝後，姚廣孝得到了榮華富貴，朱棣給姚廣孝的太子少師是正二品實職，朱棣和姚廣孝談話，從來不叫他的名字，而稱他為少師，可見皇帝對他似乎是極為尊重的。此外，朱棣還允許姚廣孝蓄髮，賜給他府第和宮女，在朝堂上，他的衣著和身分，不僅在當時獨一無二，而且在歷史上也是少有的。

但這都是表面上的，實質上，姚廣孝對朱棣，沒有說不的權利，只有聽命二字。

永樂九年，起疑解縉版史記的朱棣，決定三修《太祖實錄》，於是任命年已七旬的姚廣孝主持兩部大書的編修。

皇帝讓少師發揮餘熱，少師不敢不從。晚年姚廣孝，兢兢業業開始「修史」。

在《太祖實錄》編修之前，朱棣還讓姚廣孝頂替解縉，把關《永樂大典》的編修，於是這部大百科全書也成了姚廣孝的業績。其實《永樂大典》主要是解縉之功，而在當世，其影響力亦比較有限。大典編纂好之後直接封存，並沒有流傳於世間，不排除朱棣編纂《永樂大典》的出發點純粹就是表面文化工程，並無實用目的，所以在《永樂大典》編纂好後不聞不問，扔到一邊了，以至於其中的好多孤本到了明朝中葉的時候都已經找不到了。

但《太祖實錄》則是朱棣處心積慮想要的一本書了。永樂九年，七十七歲的姚廣孝受任監修官主持《太祖實錄》的重新編修，孜孜不倦地完成了此項工作。他不是掛名的監修官，而是名副其實的組織者。這次修成的《太祖實錄》就是今天我們所見的三修本，這是一次真正的重修，所用的時間和全書的內容都大大超過了前兩次的修纂。

此次修史更加「仔細」，費時六年，刪除了一切對永樂帝朱棣不利的史料，增加了不少朱棣自以為是的「史實」。

這些增添的「史實」，主要是繼續為朱棣篡位的合理性製造理論依據。諸如為了證明朱棣當皇帝乃天命，史臣們又編造了這樣一則故事：

老皇帝朱元璋在臨死前一直噝不下氣，反覆問：「燕王來未？」

這應該屬於中國版天方夜譚。一直相信「父子家天下」的朱元璋，如果臨死前念叨燕王，肯定是告誡皇太孫和大臣們要提防這位四皇子，絕對不會在臨駕崩前想把皇位傳給他，更不會說什麼「國有長君，吾欲立燕王」。況且，建文帝即位時已經成年，根本不是什麼不懂事的「幼君」。

姚廣孝這所謂的成就被後世詬病，學術史稱他：「晚著《道餘錄》，頗毀先儒。」這句話的意思是說，因為修史編故事，姚廣孝受到儒者的鄙視，晚節不保。

永樂十六年（西元一四一八年）五月《太祖實錄》成書，朱棣設宴賞賜有關人員時，為此耗盡餘生的姚廣孝卻已經在兩月前與世長辭了。而朱棣對家臣姚廣孝的遺作非常滿意，拿到成本後他「披閱良久，嘉獎再四」，並對跪伏於殿下的幾個姚廣孝跟班文人高興地說：「庶幾少副朕心。」

終於，這個版本基本符合皇上心意了。

不知九泉之下的姚廣孝，得知皇帝此言，是欣慰還是慚愧呢？

功成名就後的姚廣孝，曾有過一次衣錦還鄉。但是，回到故鄉時，他的父母均已去世。父母沒有看到他的功成名就，這不免使他感到有些悵然。姚廣孝帶著複雜的感情，將父母的靈位放進了少時出家的妙智庵。史料記述，姚廣孝回京後，養了一隻雄雞。每天聽到雞叫，他就起床，可謂「烈士暮年，壯心不已」。就這樣，他度過了他一生中最後的年頭。但更為尷尬的紀錄是，他回家鄉長洲看望同母姐妹時，不但不納，反而將他大罵一通。衣錦還鄉的他，遭到姐姐痛罵，還導致與老友絕交。他去訪問老友王賓時，王賓不見，只遠遠地對他說：「和尚誤矣，和尚誤矣。」

在朋友眼裡，像姚廣孝這樣的出家人，至少是「不正」的，甚至是民族一罪人！你對洪武時期文人好友的命運痛徹心扉，你希望改朝換代，換來朗朗清平世界，但是去了朱元璋，來了仁慈的建文，不是很好嗎？偏偏你又利用聰明才智，助紂為虐，扶植了一個比朱元璋更狠的屠夫上臺。

一生蟄伏的姚廣孝曾作〈雜詩八首〉，其中一首寫孔子，一首寫秦始皇。

孔子一篇云：

仲尼昔在魯，裡呼東家丘。

誰知百王師，聖德與天侔。

要令臣子懼，筆削成春秋。
遺經勸後來，一變乃從周。
秦始皇一篇云：
祖龍並六國，勢大莫與爭。
欲愚世上人，肆暴坑儒生。
群經化灰燼，法令從吾行。
劇政若牛毛，哀哉苦疲氓。
鴻鵠驟一舉，四海如沸鐺。
不逢赤帝子，天下誰能平。

這兩首詩，其實是變相地頌聖，意欲二者合一，自己做孔聖傳人，朱棣做取代秦始皇的斬蛇之漢劉邦。

而他的這個偉大志士夢，算是實現了嗎？自古道「伴君如伴虎」，帝王無友。歷史常態往往是做臣子的從死人堆裡爬出來，好不容易混到了太平盛世，想安享幾年的清福，卻被做君主的莫名其妙地給殺了。而且，這樣的事件貫穿整個歷史，此起彼伏。但是，姚廣孝與朱棣卻是一個例外，姚廣孝活到耄耋之年，壽終正寢。究其緣由，這是以臣子忠順為條件的。姚廣孝善終，是因為找準了家臣定位。

有不少史料對姚廣孝高度讚譽，稱之為「黑衣宰相」，這分明是言過其實。夫家臣者，以君為國，故利君未必利民也。對於國家民族，他毫無貢獻；對於主子朱棣，他卻肝腦塗地。策劃靖難之役，為明朝送上第二位暴君；編修《太祖實錄》，篡改歷史；冒名編纂《永樂大典》，貪解縉之功。這個高人，一生做的這三件事，哪一件利國利民，能令他垂名青史？

即便姚廣孝本人，追憶自己所為，怕也是難如意的。想當年，姚廣孝千叮嚀萬囑咐，懇請朱棣不殺方孝孺，而朱棣卻滅了方孝孺十族。這不禁令人發問：在皇帝朱棣眼裡，姚廣孝究竟是高人還是家奴？如果他不識趣，是不是會比方孝孺死得更慘？又會不會和解縉一樣，成為另一本「反面教材」呢？

答案應該是肯定的。

第十五章　終棄解卿，大赦不赦下殺令

從永樂九年秋入獄，到永樂十二年年底，解縉在牢裡一待就是三年多。

那麼也許有人會問：解縉入獄，這麼長時間，沒人替他在皇帝面前求情嗎？

這個真沒有。因為解縉個性使然，朝中大臣都讓他得罪光了，他們巴不得看才子的熱鬧。而僅有的幾個朋友王偁等，都被株連抓進去了。

當然，解縉並非一個人都指望不上，他最指望一個人救他，這個人也是除皇帝外分量最重的人，然而，這個人終究沒有說話，始終沒為解縉求情。

這個人是誰呢？他就是太子朱高熾。

可以說，解縉這個牢，有一半是為朱高熾坐的。但是，朱高熾卻沒敢公開領這個情。這是為什麼呢？

這和朱高熾所處的敏感而尷尬的地位有關。

我們前面已經說過，朱高熾雖然在解縉等文臣的力挺下，被朱棣立為太子，但卻沒過上一天安穩日子，因為皇帝朱棣一刻也沒停止對他的考察與監視。他是靠自己出眾的「忍功」熬過來的。朱高熾時刻需要忍：他無端受到朱棣的訓斥，要忍；面對兄弟朱高煦的誣陷，要忍；東宮

第十五章　終棄解卿，大赦不赦下殺令

大臣一關就是三年、五年、十年，他也要忍。

他堅信韜光養晦者笑到最後。這個樣子的朱高熾，敢公開為解縉求情叫屈嗎？不僅老師救不了，而且弄不好把自己也搭進去。

所以，他隱忍不發。

如此一來，解縉就注定要成為犧牲品了。

三年半地獄般的日子，令解縉這群書生熬不住了。首先是解縉的好友王偁倒下了，悲慘地冤死在獄中。接下來，王汝玉、李貫、朱紘、蕭引高、高得抃等人也相繼被疾病折磨而死。古代稱這種死法為「瘐死」，也就是在獄中病死。他們的屍體被抬出去時，猶如一根根枯木乾柴，慘不忍睹。

而解縉雖然身體也不怎麼壯，但總算挺住了，有史料說，解縉之所以沒瘐死，是因為後期受到一個「特殊朋友」的照顧。

這個「特殊朋友」是誰呢？

他就是錦衣衛指揮使紀綱。可以說，在解縉的後半生，除了朱棣父子之外，這是對解縉命運產生影響的重要人物。

紀綱是解縉的好友還是死敵？

史料說法不一，甚至呈兩個極端。有說是解縉的摯友，有說是解縉的死敵。但毋庸置疑的是，這是非同一般的人物。提起此人大名，當時永樂朝的臣民都不免膽寒，因為他是朱棣的心

腹，也是朱棣最信任的特務頭頭。這個皇帝身邊的紅人，對進入人間地獄的詔獄罪臣而言，可以是一個催命判官，也可以是一個救命菩薩。

這期間，漢王黨和太子黨都在爭取紀綱。有人稱，紀綱是朱高煦漢王黨的人，刻意陷害解縉，也有人稱，紀綱是同情太子黨，在獄中關照了才子，否則，三年牢獄早把解縉送上西天。

據清末民初著名明史專家黃雲眉《明史考證》記錄，紀綱既不是漢王黨，也不是太子黨，紀綱對兩大集團既不親近，也不疏遠。他對解縉的態度，是看最高統治者的眼色行事，既要看皇帝朱棣的臉色，也不想得罪日後的皇帝朱高熾，他也要給自己留後路。所以，在沒處置解縉之前，他對才子還是有點惺惺相惜的。筆者認為這種說法比較合乎邏輯。

有了這種認識，接下來發生的事就好理解了。

無論紀綱對獄中才子如何，反正才子在獄中挺了三年半，沒有瘐死的跡象。但是，解縉好歹是個四品大員，他的生死似乎只能由皇帝來決定。而才子有生之年，還能跟皇帝見上一面嗎？哪怕是託人帶話，讓皇帝知道他的期盼呢？

機會來了，可以說，這是決定才子生死的最後時刻。

永樂十三年（西元一四一五年）正月，朱棣帶著群臣到午門觀燈，期間突然颳起狂風，將燈籠颳倒一片，因為周邊沒有採取適當的防火措施，導致發生了嚴重火災，宮女太監燒死了一群，連都督馬旺也被燒死了。如果放到今天，應該算是「重大安全」事故，但這種情況發生在古時是不能以「重大事故」看待的，而是視為「天譴」，相當於「國喪」。古代遇到國家級別的喜、喪事，皇帝是要大赦天下的。

關於大赦，也是中國的一項古老法律制度，所以這裡簡單介紹一下。

中國的大赦制度可以上溯三千年，早在周朝就有了。之後，出現了各種演變。但萬變不離其宗，有一定規律性：開明王朝大赦頻繁，保守王朝大赦較少。

例如奉行嚴刑酷法治天下的秦朝，三十多年從無一赦。這也是造成農民起義的一個重要原因。陳勝、吳廣本為農民壯丁頭目，因為恐懼不赦之法而造了反。而漢朝的統治者們就吸取了教訓，於是赦免應用空前興盛。西漢開國皇帝漢高祖劉邦在位七年共施九次大赦。東漢開國皇帝光武帝劉秀在位三十三年，大赦十九次；東漢末年，赦令幾乎是一年一次。

而到了隋朝，又開始實行嚴刑酷法，赦免的次數逐漸減少，隋文帝楊堅為人苛刻，隋朝法律嚴苛到了「盜一錢以上皆棄市」、「三人共盜一瓜，事發即死」。偷一錢就判死刑，三人偷個西瓜，一起處死。楊堅還將「重罪十條」定為「十惡」，不予赦免。這「十惡」是什麼呢？謀反、大逆、謀叛、惡逆、不道、大不敬、不孝、不睦、不義和內亂。所謂「十惡不赦」就是這麼來的。

在唐朝，赦免制度日趨成熟，唐太宗在貞觀四年、貞觀九年兩次下詔大赦天下，赦令中都特別申明：官吏枉法受財者不在赦免之列。官員受賄不赦免。

到了開明的宋朝，天下大赦的頻率相當之高，大概平均十八個月，皇帝就要來一次大赦天下。所以，宋朝的徒刑，規定最高只有三年。我們看《水滸傳》裡的那些梁山好漢，動輒殺人，但卻沒有死刑之虞，一有了人命案，出去避風頭，等天下大赦。即便選擇去吃官司，也沒關係，反正也坐不了幾年牢。

當時光走到明代，統治者再度回到「重典治亂世」的老路，對於官民的犯罪行為，特別是危害統治者的犯罪行為都予以嚴厲打擊。因此明代的皇帝很少實行大赦，五年以上實行一次大赦就不錯了。後來到了更專制保守的清朝，大赦越來越少，平均十四年多才會大赦一次。

話說回來。雖然到了明朝，刑罰趨於嚴苛，大赦的頻率不如歷朝，但總還是有的。於是皇宮大火幾天後，朱棣準備大赦天下。

既然要大赦，就要查閱欽犯名單，欽點所赦人員。

史料記載，永樂十三年正月十三，朱棣來到詔獄，令錦衣衛呈上詔獄犯人名冊，紀綱不知出於何意，特意奉上解縉靠前的名冊，這是決定解縉生死的最後時刻。朱棣一下子就看到了這個熟悉的名字，他有什麼反應呢？

朱棣說了一句耐人尋味的話：「縉猶在耶？」

這句話不註明語氣，可以譯為意思截然不同的兩句話：一是，解縉還活著呢！恨他不死。二是，解縉怎麼還關著呀？快放他出來。

朱棣為什麼要說這句話？其深意何在呢？是哪個意思？

我們還是讓史實來說話吧。

翻看《明史》，朱棣不止一次講過類似的話，「某某猶在耶」。譬如永樂七年（西元一四〇九年），他就對一個叫平安的手下說過這樣的話。當朱棣還是燕王時，這個平安是朱棣的部下，後

第十五章　終棄解卿，大赦不赦下殺令

平安歸順建文帝朱允炆，被封為統帥，成為朱棣靖難之師的剋星。南京失守後，平安向朱棣投降。有一次，朱棣在翻看官員名單時看到了平安的名字，便說了一句「平保兒尚在耶」，「保兒」是平安的小名，這句話意即「平安還在嗎」?而此時他身邊站著的，正是錦衣衛指揮使紀綱。聽了皇帝這話，紀綱馬上傳了出去，平安聞聽此言，知道朱棣這是恨自己不死，於是為了不連累家人，被迫自殺。紀綱將平安死訊報告朱棣，朱棣毫不驚訝，令妥善安置死者家屬。

從上面這個實例不難看出，「某某猶在耶」，是永樂帝下達死刑令的特有方式。這一次，皇帝又說了同樣的話。有歷史小說描寫，聽了皇帝這話，紀綱一震，驚愕地窺察朱棣的神情，慌忙答道：尚在，未瘐死。朱棣用力翻過名冊，繼續往下看。

可以間接證實的是，這一次大赦，皇帝沒有將解縉勾入赦免人員名單。

而紀綱已從主子的舉止中嗅出了其心跡。於是按第一種理解領會，當晚就執行了主子的意圖。

執行的方式非常特別。

那是一個風雪交加的夜晚，紀綱備好烈酒，吩咐囚廚備了菜餚，親自去把解縉放出來，一起暢飲。面對才子期盼出獄的眼神，紀綱只能好言安慰。坐了三年半牢的才子，可能很長時間沒聞到葷腥了，或許以為出獄有望，或許也隱約感到這是一頓斷頭飯，所以也想一醉方休。就這樣，兩人一杯接一杯對酌。才子的酒量不及特務頭子的，飲了許久，解縉終於爛醉如泥。而紀綱相當清醒，他叫來獄卒，吩咐他們把解縉背回囚牢，放在前院空曠的雪地上。這一晚雪下得非常大，厚厚的積雪很快堆過了解縉的腰身，覆蓋了解縉整個臉龐。雪越積越厚，越堆越

高。才子的全身被埋沒在了雪中。囚牢院落靜得一片死寂，無聲無息。就這樣，解縉沉在醉鄉中，靜靜地睡著了。

第二天早上，人們發現解縉已經活活凍死了，年僅四十七歲的才子人生畫上了「白色」句號。

有人說紀綱處死解縉的方式太過殘忍，其實這是不太了解明朝特務處死犯人的方式有多殘酷。對於進入詔獄的重犯，錦衣衛將他們處死的酷刑很多，比如「五刑」、「湯燙油煎」、「鐵釘貫耳」。比照這些，紀綱給予解縉的死法還算仁慈。

關於解縉之死，還有另一個版本——買通殺人說。說是漢王朱高煦買通紀綱，加害解縉。本來朱棣講的那句話，是想赦免解縉的，但已經成為漢王黨的紀綱，存心誤讀，痛下毒手。

我們還是讓後續史實揭開解縉的死因吧。

紀綱「天殺」解縉，馬上向皇帝報告才子「瘐死」的消息。朱棣聞訊，做出了一連串決定：令紀綱率錦衣衛對解縉進行抄家，將解縉家屬流放。

如此已經不難看出，朱棣講那句話的真實意圖，就是宣判解縉死刑，紀綱果然沒有領會錯。

那麼，朱棣為什麼要殺解縉呢？

動機一句就能說清：不想把這個才子留給兒子朱高熾。此時的朱棣，年事漸高，他不想讓才子笑到最後。等到自己西去，兒子朱高熾繼位，解縉繼續受寵，這是他絕不允許的。朱棣對這個想做「三姓家奴」的才子厭惡至極，沒有半點憐惜的意思，確實是想置才子於死地。

而紀綱呢，不會也不敢誤讀主子的旨意。

當然，這位最能領會主子意圖的大明頭號殺手，其最後下場也不太好。在殺害解縉的第二年，紀綱便被朱棣以謀反罪凌遲處死，有人善意地解讀紀綱之死，說這是皇帝怪罪紀綱錯殺才子，其實這種解讀完全是牽強附會。朱棣殺紀綱，是因為紀綱野心膨脹，朱棣殺之，不為解縉，而完全是為了自己。

明史專家黃雲眉先生考證說，在殺解縉這件事上，完全是朱棣的旨意，而紀綱只不過是朱棣的一把刀，這把刀在主人指向才子時，還有些不捨：

「綱退而與縉對泣，沃以燒酒，埋雪中立死。」

像紀綱這樣兇殘少恩的人，在殺解縉前還與他相對流淚，並且讓他死得像個堂堂正正的文人，在大醉中埋於雪地裡結束性命，黃雲眉說：「則獄之冤可知。」可見解縉這個案子有多牽強，才子死得有多冤了。

在這裡，筆者要特別強調下解縉之死的取證問題。關於解縉的史料，民間要比官方多，野史要比正史多，這是因為才子的遭遇涉及大明三任皇帝的隱私，官方撰史「為尊者諱」，而民間又想像力豐富。然而，筆者認為，無論正史野史，細節與制度環境是最難造假之物，它們能使我們最大限度地接近真相。故此，在解縉之死的史料中，筆者儘量採用貼切史料，進行推理敘述，還原一個真實的才子及其所處時代，從而將其死因大白於公眾。

話說回來。無論後人怎麼記述描寫。冤與不冤，解縉已無語。

不知在生命最後時刻，才子是帶著什麼樣的心緒上路的。解縉的死，引起了很多讀書人的嘆息，至今還有人寫詩緬懷。有些詩文讀來深覺才子見憐：

幾起幾落，愛一時憎一時，寵一時貶一時，終是來一個真正的「一醉」方「休」，把才子還給了寂寞。寂寞如雪，一地茫茫。安靜如初，乾淨如常。

永樂二十二年（西元一四二四年），解縉死去九年後，永樂大帝朱棣亦死。

解縉曾力挺的太子朱高熾，歷經二十二年的苦熬，終於等來了揚眉吐氣這一刻，他即位後改元洪熙，朱高熾就是洪熙帝、明仁宗。

太子朱高熾「轉正」了，成為名副其實的真龍天子，他的屬臣楊士奇等也長舒一口氣，據說想起過去的苦難日子，君臣們禁不住相擁而泣。哭過之後，朱高熾想起了那些支持他、為他犧牲的臣子們。朱高熾想起了解縉，也想起了解縉案中還在獄中殘存的東宮屬臣，他該怎麼做呢？

倖存的四位東宮屬臣得到釋放，尤其是那位李至剛，三起三落，再次被重用。這位官場「油條」，實屬能熬，真夠長命。但是，縱然能熬，他這一生整人復被整，反反覆覆折磨下，晚年也極為不堪。

洪熙帝即位後，李至剛被任命為左通政，正四品。坐了十幾年大牢的他，有點得意忘形，此時還是國喪期，群臣均要為先帝服喪，服喪期間，要停止一切娛樂活動。但李至剛每日回家，卻該吃吃，該喝喝，該睡睡，樂此不疲地過起了久違的安穩日子，結果遭到同僚舉報，以

「恬無慼容」對他發起彈劾。洪熙帝其實此時在後宮也沒閒著，但總要做做姿態，於是將「恬不知恥」的李至剛調離中央，派到福建興化府做知府。此時李至剛年已七十，一年之後就死在任上。想想他這一輩子，雖然比解縉多活了二十幾年，但活得也很沒尊嚴。在洪熙帝心中，他的分量遠不及解縉的。

此時交趾歸而復叛，永樂重臣也分別有了歸宿。所以即位後不久，對於解縉，洪熙帝朱高熾便發表言論，高度評價：「言縉狂，觀其列論，皆有定見，不狂也」。人們都說解縉張狂，我看所有的事都被他言中，哪裡狂呢。

朱高熾讚嘆解縉有先見之明，宣布解除解縉家屬流放，賜還南京。已經有了給才子平反的跡象。但是遺憾的是好人不長命，這個新皇帝僅僅做了十個月，還沒來得及為解縉平反就駕鶴西去。

此後，解縉案雖然常被提及，但平反一直沒有提上議事日程。

第十六章　再無狂士，朱明臣子皆妾身

平反「第一才子」的工作比人們期望的時間來得晚了些。

直到解縉死去五十年後，大明王朝又走過了半個世紀，成化年間，朱高熾的曾孫——成化帝明憲宗朱見深才下達正式平反令，恢復並追任解縉官職「朝議大夫」，解縉案終得昭雪。解縉終於洗去了「大明罪臣」的不白之冤。

雖然朝廷對解縉案做出了官方認定——冤案，解縉是冤枉的。但是後人對解縉案還是眾說紛紜，其中有同情解縉、肯定才子清白的，也有一些對解縉的微詞，認為他不懂規矩，搞不懂自身定位，一再無禮犯上，遭此結果是咎由自取，死得並不冤。

而筆者認為，從法理上講，解縉的「無人臣禮」罪責並非捏造，但從性質上講，純屬小題大做、借題發揮。解縉所作所為，除了個性使然，其出發點無一不是為朱明政權考慮，其情可憫。也許大明後來的統治者正是考慮到這一點，才對解縉案做出了平反決定，如果堅持把解縉這樣的士子定格為罪臣，誰還為朱家的政權殫精竭慮呢？

雖然解縉死後五十年又被官方洗白，但是，一代才子就這麼如煙散去。解縉死後，明朝再也沒有出現像他一樣的士人：高才，高位，率真，敢言。

第十六章　再無狂士，朱明臣子皆妾身

什麼是才子？什麼是狂士？在這裡我們要做個清楚歸納。

無論是古代還是現代，我們說一個人是才子，肯定不是誇他身體好、武功高強，而是在讀書寫作、舞文弄墨方面，有比較突出的才華。可見才子之才，主要是指文才。才子大都是文人。但是不是所有文人都可以叫才子？

當然不是，就像現在的「美女」一詞，幾乎成為性別稱謂，凡是女性都叫美女，這是不確切的。美女應該是對容貌姣好的女性稱謂。才子的稱謂也如此，沒突出才華的文人也算不上才子。準確地說，才子應該屬文人中的一個特定人群。而狂士呢，則往往是有個性的才子，所以，筆者給才子狂士下的定義是「三突出」：文才突出，造詣突出，性格突出。再說白點，就是「三有文人」：有才華，有成就，有個性。

照這麼說，在今天，如果有人被人稱為才子，肯定標誌著這個人很有出息，但是，在古代中國，稱為才子的人，一旦擁有個性，與「狂」連在一起，則往往命運多舛。特別是明清時代，混跡官場的個性才子，出路非常窄，結局大多悲慘。

對於解縉之後的大明才子狂士，後人也做過一些歸納，勉勉強強有兩位才氣接近解縉。於是有了公認的「明朝三大才子」之說。解縉排名第一，其餘兩位分別是楊慎和徐渭，當然，這兩位僅僅是才氣接近解縉，其他無論是名氣還是地位，都沒有超越前者。

但是，三人命運卻無比相似，甚至可以說一個比一個命苦。

先說明朝第二才子楊慎。

家喻戶曉的《三國演義》的開頭詞〈臨江仙．滾滾長江東逝水〉作者正是才子楊慎。本來，元末明初羅貫中版的《三國演義》出現在楊慎出生之前，當然是沒有這首詞的。但明嘉靖年間楊慎在流放途中寫了此詞，廣為傳頌，後來被清初文學評論家毛宗崗採用，置於毛宗崗版《三國演義》卷首，於是此詞便和楊慎的名字一同流芳千古了。

楊慎，號升庵。明朝著名政治家楊廷和之子。他是正德年間狀元，官居翰林修撰。楊慎入仕時，時值明朝江河日下的中後期，政治腐敗，學風虛偽，大明學界不是固化儒教的程朱理學當道，就是不務實的王陽明心學流行。而楊慎文才卓越，學術求真，自成一派，力批欺世盜名。因為在大是大非上他毫不含糊，所以在官場屢入深淵，最後倒在了「大禮儀之爭」上。

什麼是「大禮儀之爭」？在嘉靖年間，因為嘉靖皇帝朱厚熜這個皇位不是從父親那裡繼承的，而是從堂哥明武宗朱厚照那裡接班的，「兄終弟及」，所以，他當了皇帝之後，一直惦記著要給那個一天也沒當過皇帝的死去的父親沾點「皇氣」，封父親為明睿宗，給自己生父上「太上皇」禮儀。這種情結從親情的角度或許可以理解，但卻亂了綱常法紀，視國家法紀如同兒戲，正直的內閣大臣立刻提出反對意見，這就是著名的「大禮儀之爭」。

在這場爭議中，楊慎與身為內閣首輔的父親楊廷和表現得最為堅決，強烈反對，勸阻嘉靖帝不要這麼做，這樣做等於是亂了國家法紀。從而惹得嘉靖帝大怒：什麼是法，我就是法，偏這麼做。跟皇帝叫板的楊廷和被罷了官，兒子楊慎被動了兩次大刑，最後充軍發配雲南，一去三十年，結局是死在南疆。

這就是明朝第二才子的命運。而明朝第三才子徐渭的命運，比楊慎還慘。

第十六章　再無狂士，朱明臣子皆妾身

徐渭，字文長，所以徐渭又稱徐文長。徐文長這個名字更為人們所熟知些。徐文長也是嘉靖年間的人，自小被稱神童，學富五車，志在仕途，但一生都沒得到一官半職。他科舉屢試不第，後無奈中年做了師爺，給福建總督胡宗憲當幕僚。這位胡總督非常器重徐文長，但因胡總督是首輔嚴嵩的人，嚴嵩倒臺，胡總督也受到了牽連，被下了獄。主人下獄後，徐文長每天戰戰兢兢，生怕株連到自己，在巨大的精神壓力下，選擇自殺結束自己的生命，但幾次自殺未遂，最後精神失常，貧病而逝。

由此可見，這些才子的命運大同小異，他們在學術上很有造詣，但在官場卻一敗塗地。當然，並非所有的才子都像他們一樣。解縉死後，更多的大明才子向著另一個方向發展了。

那是一個什麼方向呢？

就是筆者在前文所講的丁士美之路——「縝密端重」，安身立命。為皇帝做事規規矩矩，在皇帝面前恭恭敬敬，不越雷池半步。可以說，以丁士美為代表的才子，是明朝中後期的主流。也就是說，自從解縉死後，大明才子的主流群，已漸漸嬗變為一個精緻的「御用美文士人群」。他們不得不「夾起尾巴做人」，寫寫四平八穩的「臺閣體」，去專心研究滿篇廢話的八股文。

才子文人，只能為皇帝塗脂抹粉。這是為什麼呢？

要追本溯源，這得從明朝前的中國人才制度說起。

雖然中國有長達兩千年的封建歷史，但人才體制的潛規則並非一成不變。從秦朝到明朝，這近兩千年間出現了很大變遷。譬如秦朝規定「窮人不能當官」；漢朝「孝子優先當官」；三國「唯才是舉」；唐朝「胡漢合流」；宋朝「重文輕武」；等等。人才體制的潛規則形態各異，姿態萬千。但不管怎麼變，君主專制體制下，中國封建王朝官場的用人潛規則不會變，這些潛規則可以歸結為一副對聯：

上聯是：說你行你就行不行也行。

下聯是：說不行就不行行也不行。

橫批是：不服不行。

誰說你行就行呢？皇帝。你不服誰不行呢？還是皇帝。

所有的官場潛規則，都是皇權的影子。所謂封建王朝的王法，其立法原則，就是保護皇權神聖不可侵犯。整個國家當然包括所有的人才，都是為皇帝一個人存在，全國都伺候一個人。所以，哪怕你才高八斗，即使你出發點好，可一旦你侵犯了皇權，哪怕冒犯了皇帝的一點點顏面，莫須有的罪名就會撲面而來。

這些罪名，從「泄禁中語（洩密罪）」到「謗訕（誹謗罪）」，再到「無人臣禮（藐視上級、藐視法庭罪）」，比比皆是。

而到了明朝，因為君主專制的升級，才子的存活空間已經壓縮到史無前例的程度。表面上看，解縉的悲劇是因為錯把桀紂當堯舜，暴君當明君，天真任性所致，而實際上他是被明朝極度專制者改造文人的政治環境所埋葬。

因為在明初，開國皇帝朱元璋就奠定了皇權專制基調，開闢了變態級的君主專制制度環

第十六章　再無狂士，朱明臣子皆妾身

境，廢相、八股取士、意識形態定儒教理學於一尊，徹底扼殺文人士大夫的權利和個性，使得「君尊臣卑」登峰造極，君臣關係已經完全變為「主奴關係」，主子沒表態，奴才不能發表意見，否則就是「位卑言高則為罪」。

殺戮、廷杖、八股，明二祖皇帝變本加厲，就是讓士人俯首貼耳地聽朝廷的話，不可再有自己的思想和主見。誰敢越雷池半步，等待他們的就會是悲慘下場。

於是個性突出、有主見的才子就要成為這種制度的祭品，平庸之輩卻可平安到老。在如此惡劣的政治環境下，解縉這樣的才子出路無非三條：

一是像他父親解開那樣，做個處廟堂之遠的自由撰稿人。為什麼明清中國小說家特別多？就是因為文人被逼無奈下，找了不做官後的民間藝術出路。不為皇帝文，而為民間大眾創造的文人，在封建制度趨於保守的元明清時代，取得了豐碩的藝術成果。中國四大古典小說有三部產生於明代，它們就是大名鼎鼎的《三國演義》、《西遊記》、《水滸傳》。《水滸傳》的作者施耐庵，就是明初著名自由撰稿人，朱元璋數次徵召他做官都不應。一部《水滸傳》，養活了多少文人，到今天，還能恩澤演藝界。

二是像同僚楊士奇那樣，韜光養晦，做個「清、勤、慎」的「明式政客」，言諫不露。我們前面講過，這個楊士奇出仕比解縉晚，但卻比解縉長命，解縉是歷經三朝非正常死亡，而他是四朝不倒。此人雖然也是書生出身，但在政治上卻比較成熟，很有城府。他為人謹慎，惜字如金，對任何勢力，從不輕易表露心跡。

楊士奇因為做事低調又善於忍耐，所以雖為太子黨，但卻基本沒怎麼受委屈，最後成功地幫助朱高熾問鼎皇帝寶座。朱高熾稱帝後，封楊士奇為一品大員、少保、兵部尚書兼內閣首輔。君臣二人一道，開創了明朝一個短暫盛世——仁宣之治。

三是像後來清朝的一位大才子那樣，及時調整身段，重新定位，確保一生榮華富貴。我們知道，明亡後，清朝也出現了一個公認的第一大才子，也是神童出身，起初也是和解縉一樣恃才放曠，但後來吃一塹長一智，及時明白了自身定位，從「官場討人嫌」成為官場不倒翁。

那麼，這位清朝大才子是誰，他比解縉高在哪裡呢？

此人名昀，字曉嵐，就是大名鼎鼎的紀曉嵐。

史料顯示，紀曉嵐是直隸獻縣人，原屬京師直轄區，今天歸河北滄州管轄。他中年中舉，初入官場時和解縉的職務一樣：翰林庶吉士，給乾隆皇帝當候補祕書。一開始，「紀祕書」躊躇滿志，希望能在明君面前做「魏徵」，所以大膽給皇帝提意見。史書《南巡祕記補編》記載，乾隆是個風流皇帝，經常打著微服私訪的旗號到處遊山玩水，尋花問柳。三下江南後，還覺意猶未盡，於是，便想換個玩法，外出打獵。怎麼才能盡興呢？他知道紀曉嵐懂得多，於是就找來紀曉嵐，閒談天子巡狩。這時紀曉嵐不知皇帝的真實意圖，他把歷代巡狩的皇帝事跡認真陳述了一遍，接著話鋒一轉，勸誡皇帝說：太平盛世，皇帝不可玩物喪志，否則有亡國危險。他還舉出秦始皇、隋煬帝的例子，說這些皇帝都是因為貪玩喪國了，過多巡幸完全沒有必要。

本來乾隆皇帝是想聽趣聞，增加巡玩方式的，可是一聽紀曉嵐這般上課，大為掃興，所以沒等紀曉嵐說完，便破口大罵：「朕以汝文學尚優，故使領四庫書，實不過以倡優蓄之，汝何敢妄談國事？」你紀曉嵐太搞不清楚狀況了，我不過覺得你才學還可以，所以才讓你領修《四庫全書》，實際不過把你當倡優養著罷了，你有什麼資格跟我談國事！

什麼是倡優？倡即樂人舞者，優即雜耍小丑。這是古代對藝人的統稱，在古代倡優地位極為低下，與娼妓等同。可見紀曉嵐在皇帝心目中是何角色！

乾隆的這番斥責，可把紀曉嵐嚇壞了，此時的他，可能想起了前輩解縉，深感必須記取血的教訓。明朝臣子地位低，而清朝臣子地位更低，低到什麼程度？比「奴才」還低一個檔次。清朝是建州女真部落建立的政權，滿人地位高於漢人，滿臣對皇帝稱「奴才」，漢臣對皇帝稱「臣」，但地位卻調了個兒，漢臣屬二等臣民。清朝漢族大多數讀書人，「著書都為稻粱謀」，才子入仕只為混口飯。

想通了的紀曉嵐，馬上起了變化，就像變了個人一樣。他搞懂自己的位份，奉旨編書，定位「倡優」，對皇帝曲意逢迎，對和珅這樣的滿人貴族權臣，完全不像有的影視作品演繹的那樣對著幹，倒是極盡討好巴結之能事，從無越位之舉。同時還熱衷於享樂，醉心良宅美女，終於修煉為大清官場年逾八旬第一不倒翁。

以上就是解縉死後，才子於明清兩朝的三條出路。

總的來說，解縉他既非清流，也非無信仰的政治投機分子。他不想做從一而終、認死理的烈士，也不想做一個純粹的馬屁精。他只想憑藉自己的才華，透過做事，成為皇帝寵幸的經世致用的中國正統士大夫，實現儒家「修身、齊家、治國、平天下」的人生理想。這有什麼錯？又有什麼值得指責的？

當然，我們也應該承認，為了留在官場實現政治理想，他也迎合皇帝寫了馬屁詩，以期在有限的時間裡能有所作為，但即便這點空間都得不到。最後還是因為不順上意的作為，糊裡糊塗斷送了性命。

解縉的悲劇有性格原因，但最根本的是明朝極度保守的封建禮法制度使然，那樣的制度，絕不容許有比皇帝高明的個性大臣存在，哪怕皇帝是個傻瓜，臣子也要亦步亦趨，無條件服從，否則就得出局，以致死無葬身之地。

明代史學者陳建在其所著《皇明資治通紀》中對解縉如是評價：

縉才獨高，使遇唐太宗，其所論諫，豈下於魏徵？若留於仁宣時，事業必有可觀者，（楊）士奇輩遠不及也。

陳建這段話有兩層意思：一是說，朱棣畢竟不是唐太宗，不能虛心納諫；二是說，一手締造「仁宣之治」的楊士奇、楊榮、楊溥，無論學識抑或膽略，都很難與解縉比肩。解縉的死於非命，無疑是政壇的一大損失。

但是筆者要特別強調：這卻是祖皇帝想要的結果。

解縉之死，不僅是朱明二祖根除狂士的標誌，而且還給繼丞相之後的內閣首輔定了位。解縉死後，不管表面多麼風光，首輔已牢牢定位於「妾身」。「臣」與「妾」已不可分離。

而在古代，「臣」與「妾」，這本來是兩種人，是兩類不同性別的人群。查考歷史，「臣妾」的來歷是這樣的：

第十六章　再無狂士，朱明臣子皆妾身

春秋時期，越王勾踐被吳王夫差打敗後，做了俘虜。為了東山再起，他不僅臥薪嘗膽，而且還甘心「嘗糞便」——親口品嚐病中夫差的「王糞」，彰顯其關心吳王病情，騙取征服者的信任。出於有朝一日「復國大業」的考慮，我們尚可將勾踐上述舉動勉強理解為「忍辱負重」，那麼接下來，一段不怎麼為人所知的勾踐自取屈辱之甚，就絕對令常人無法理解與容忍了。

勾踐為了表現向征服者徹底的肉體與精神下跪，竟然主動把老婆推薦給夫差做妾。《史記・越王勾踐世家》將戰敗者勾踐這段委曲求全表現得最為具體而簡潔：「勾踐請為臣，妻為妾。」

他自己降格以求為吳王的男僕倒還罷了，還低眉順首地推薦自己的大老婆充任吳王的小老婆，真可謂「舉賢不避親」！

率先進入中國古代王室的第一對臣妾，就是一位堂堂的國君與現代號稱「第一夫人」的他的太太。「臣妾」一詞最早來源於此。

勾踐主動做小，忍人所不能忍之苦，忍人所不能忍之辱，這種「成功者」實為人所不齒的「偽丈夫」，但對後世影響巨大。大明首輔凡長命的，大都是踐行了類似勾踐的「成功之道」。

解縉案之後，大明王朝一共產生了八十餘位首輔，他們的首輔生涯短則幾個月，長則數十年。他們性格各異，但卻再也沒有出現解縉這樣的狂士，敢與皇帝唱反調。

如何見證首輔在皇帝面前的卑微臣妾地位呢？

晚明首輔葉向高可謂突出一例。大明首輔裡恐怕沒有比他更可憐的人了，給皇帝提意見十有八九沒用上，數次上書提要求都被皇帝拒絕。

葉向高，萬曆十一年的進士，歷任南京國子監司業、吏部右侍郎。萬曆三十五年，進入內閣。

因為閣老死的死，病的病，他成了唯一的首輔。萬曆皇帝是明朝最懶的皇帝，三十年不上朝，朝廷積弊太多，內閣工作多，葉向高事必躬親，壓力巨大。萬曆皇帝表面看重他，但是他提的建議卻大多數不採納。諸如給太子開課講經，本來是首輔帝師們分內的事，但是葉向高一連請示了幾年，問皇帝開什麼課程，而皇帝就是懶得批，折磨得葉向高每年春、秋兩季都要打報告，反覆請示，也沒有結果。這一是說明皇帝懶，二是說明首輔沒有實權，小事也做不了主。最後葉首輔生氣了，稱病不做了。再後來，泰昌皇帝即位，點名要他回來主政，可是好景不長，天啟年又被太監魏忠賢竊權。他在與魏忠賢的鬥爭中始終占不到上風，連東林門生的性命都保不下來，於是心灰意冷辭職，天啟七年，時年六十九歲、終生大志難以實現的葉向高鬱鬱而終於鄉里。

首輔葉向高的經歷，足見首輔之位之悲微。

還有比葉向高更可憐的首輔，他們不僅在皇帝面前無足輕重，而且在皇帝家奴面前也無尊嚴，甚至人格盡失。

顧秉謙，這位大明天啟年間的七十歲老翁，為了保住首輔之位，在五十來歲的太監首領魏忠賢面前想認乾爹，但是年齡相差懸殊，怕人家難為情，於是採取曲線政策，拉著自己兒子認魏忠賢爺爺。顧秉謙間接拜乾爹心願達成。

也許有人會說了，大明首輔，並非個個都像葉向高、顧秉謙這麼慘，他們之前，不是有位

第十六章　再無狂士，朱明臣子皆妾身

很威風的首輔嗎？

沒錯，他就是張居正。

太祖皇帝廢掉的丞相制，他敢透過萬曆新政考成法變相恢復，成祖皇帝的內閣龍套，他不受約束。

民間野史叢書《萬曆野獲編》關於首輔張居正的記載：「江陵以天下為己任，客有諛其相業者，輒曰：『我非相，乃攝也。』」有人巴結張居正說，你這是丞相的千古偉業，不料他常常如此回應對方：我不是丞相，是攝政王。

但結果怎麼樣呢？

僅僅十年，劇情反轉。張居正猝逝後，年輕的萬曆皇帝只動了一根小指頭，就將超級首輔張居正打翻在地。張居正嘔心瀝血的萬曆新政一念之間，化為烏有。

萬曆皇帝給張居正定的罪名，最厲害的是這幾個字：「專權亂政，罔上負恩，謀國不忠。」在萬曆皇帝眼裡，首輔張居正罪名最核心的一點是專權亂政，打破了大明政治格局：他要做中興之相，則是亂政；要做中興之君，則更是僭越，對真皇帝不忠。從明朝政體角度上講，萬曆皇帝清算張居正是必需的，萬曆皇帝這麼做，其實也是在維護太祖朱元璋廢除丞相的祖制，他不這樣做，皇權就再無機會回到至高無上的地位了，祖爺爺奠定的君尊臣卑的格局就被推翻了。

這就是首輔僭越的下場。首輔云云，就是皇帝的家臣師爺，不是什麼治國平天下的大人物，不要痴心妄想，拿首輔當宰相，還是老老實實唯皇家馬首是瞻為好。

太祖朱元璋奠定的大明變態級君主專制，把後代子孫塑造成了權力怪胎。在掌控國家最高權力方面，明朝皇帝個個都很稱職。什麼權臣、權宦、外戚後黨，都拿不去最高權力，最後總是君主說了算，這都是拜太祖朱元璋奠定的高度集中君權制度所賜。

解首輔張狂，殺；張首輔改制，倒。從此，個性泯滅、三緘其口、多磕頭少說話的奴臣愈發成為大明首輔乃至近代中國王朝的士林主流族群。

世界各國的競爭，歸根結柢是人才的競爭。大明拉開「天殺狂士」、「首輔家臣化」大幕，使中國士人無骨，人才凋零，從而漸失世界競爭力。失去人才競爭力的中國，十九世紀末敗於日本，在中國人的心頭刻下百年屈辱。而中國敗於日本，既是體制之敗，也是人才之敗。古代日本與中國相仿，實行封建官僚制，官員做事循規蹈矩，但近代明治維新，實行開明的君主立憲制度之後，正直敢言的大臣越來越多。譬如「維新三傑」的西鄉隆盛、大久保利通、木戶孝允，都是個性鮮明、出言無忌的人，而且敢與君主分權，君臣分治天下。權力和個性的釋放，使得他們活力無限，尤其西鄉隆盛「無一事不可與他人道」，最受日本民眾喜愛。這樣的政治人物是不平庸的標誌，他們是推動近代日本實現富國強民不可或缺的一部分。

這也從側面論證了這樣一個道理：給朝野士人足夠權利，給個性才子留有制度層面的存活空間，讓每個人各盡其責，人盡其才，而不是大家都苟且過活，難得糊塗，才是一個國家人才輩出、在世界人才競爭中立於不敗之地的終南捷徑！

後記

阿貓阿狗怎成「精」

每當探尋一個民族的命運根源時，筆者常常想，民族為何與「種族」緊密相關？

筆者自從四年前受到電視文史欄目之邀，關注了士大夫系列選題後，總算得出了這方面問題的一些答案。以上兩個大明罪臣的傳記，是本人在電視系列講座的基礎上整理而成的。當初的構想只是想解析明臣之罪名，而隨著講述的深入，又有了進一步心得，發現他們的死亡，其實是明朝二祖皇帝的政治設計，由此可對其時士人乃至整個族群的生長尋根問柢。

我們知道，萬物生長均有相通之處。人乃動物，其生長亦與植物相通，也是需要土壤、水分和種子的。如果說，一個民族的社會制度是土壤，傳統文化是水分，那麼一個民族的種子又是什麼呢？

鄰國日本有個神道教，對其民族的起源，解釋為天照大神與諸多神仙降臨日本，形成了天皇與貴族，這些種子造就了大和民族。而世俗社會的中國，其主體民族漢族前身華夏族的種

後記

子，當然不是神，而是兩個部落首領炎黃二帝，但是二帝的數量畢竟太少，更多的種子，筆者想應該是圍繞在二帝身邊的貴族，再後來，是圍繞在國君與諸侯周邊的士人。

所謂士人，用現代話說，就是菁英。

夫菁英者，精選之英才也。一個民族的菁英，應該是這個民族的精華，但這是一定的麼？倘若種下的是跳蚤，結下的充其量是阿貓阿狗，又如何成「精」呢？

那麼，士人的基因到底由何而來呢？

在擁有兩千年封建史的中國，這個造化者無疑就是君主，及其建立的制度、樹立的意識形態。

如是以本作管窺明朝士大夫的變異，也便一目了然。明朝的江山是朱家人的，他們有兩個祖皇帝，這二祖皇帝透過治罪兩寵臣，大致為本族植入了「基因改造」種子，而這卻不是良種培育，而是一種逆淘汰的劣化。如是接著總結前言明朝滅亡的原因，也更順理成章。在明史大熱的今天，一千個歷史學者，就有一千種對明朝亡因的說法。而筆者的解讀是：死於二化（奴化、僵化）士大夫所栽下的劣化的種子。

為什麼這麼說呢？

通讀元明清史，作為復興華夏的一代新朝，大明肩負著民族復興的偉大使命。但是這個王朝卻深深辜負了歷史，最終將中國大好河山又一次拱手送給了北方邊陲游牧部落軍，其比亡於此部落的北宋有過之而無不及。

第十六章　再無狂士，朱明臣子皆妾身

作為大明王朝奠基人的二祖皇帝，無疑種下了失敗的種子。透過誅殺權臣與狂士，他們為本朝塑造了士大夫標準照——卑微、愚忠、守舊、文弱。

他們不敢跳出祖制獨立思考，不敢有一點非分之想。如此一具具「殭屍」，一隻隻「寵物」，如何承擔起民族復興的大任？

上兩則大明罪臣的「犯罪經歷」，足以說明，循規蹈矩是其時皇家唯一允許的士大夫作為。失去了權力與話語權的士人，必然衰萎。加之保守的儒家理學緊箍咒，形成了習慣意識——皇上聖明，微臣該死。天下無不是的君主，只有不是的臣子。皇帝打你是賞賜，挨皇帝打是臣子榮光。

變態的君主獨裁，造就了變態的奴性士人。

對於明朝之痼疾，早有高人看出端倪。明末著名學者黃宗羲就曾指出：「天下之大害者，君而已矣。」大明的最大害人精就是皇帝，及他們維護的變態級君主集權制度。

誠哉斯言。且看明朝二祖之後的皇帝都有什麼樣的特點。

愛因斯坦曾言：天才的暴君總是由無賴繼承，這是千年不易的規律。這個規律被中國大明王朝精準驗證，明朝二祖皇帝是權力野獸，二祖之後明朝的皇帝，多是無賴兒郎。

如是「家天下」政權，「二化」士人的國家，斷不會在政治文化上取得絲毫進步。朱棣時期有一百五十多個國家進表朝拜，貌似萬國來朝。但除了朝鮮，彼時世界再沒有任何國家研習中國的政治體制，近鄰日本對盛唐中國的政治充滿敬意，對明朝中國的政體不屑一顧。甚至，連

後記

明朝的文物器皿都不再進口，它們和明朝交往的目的只有一個——錢。

如果從政治上分析，明朝的衰敗，早在洪武永樂兩朝就已埋下伏筆。

明太祖朱元璋的洪武朝統治了中國三十一年，這三十一年間，大明帝國相繼爆發了八場全國性的大運動大風暴。而明成祖朱棣的永樂朝治理了中國二十二年，他之所以取年號為「永樂」，是想表達讓天下人永遠快樂之意。可在這個「恣行誅戮」的暴君統治下，那二十二年間，殺血親，誅十族，滅狂士，除了他以外還有誰會快樂？

可以說，在西方世界進入將權力關入籠中的啟蒙憲政時代，而東方帝國的開國二祖，卻以醜陋人性及倒退政制，將中國士人及民眾關入鐵籠。

朱元璋父子以暴力起家，身上流淌的血液裡沒有一絲文化基因，於是帶給他們統治下的中國的是一次次文化浩劫。他們讀書甚少，自己不是文人，在文人面前，他們的自卑感和征服欲超強。掌權前期，他們尚能尊重和重用士人，因為那時候，他們需要士人幫他們打天下、收攬民心。但取得政權後，他們骨子裡的東西顯露出來，為維護自己的獨裁統治，更出於自卑、征服雙重心態，開始殘酷鎮壓，給文人立規矩。

我們知道，就明代政治制度的構成而言，並無多少原創內容，由於開國者教育程度極低，嚴重缺乏立國者的創制智慧，所以在建制上基本上是抄襲前朝——承襲元制。而元朝的這一套制度則是蒙古與金制的拼湊。蒙古帝國的制度，是活脫脫奴隸制，金制則是奴隸制與封建制的混合。而另一邊，華夏民族的政治精華，以唐宋為代表的中原漢族王朝的開明封建政治制度，到南宋滅亡，即陷於中斷。

所以，換個角度可以說，自元朝始，中國就進入了政治制度倒退的中古近代，包括所謂「恢復中華」的明朝，施行的都是元朝的那一套半奴隸半封建制。

其中，對士人最具影響的，就是家臣制回潮。

查考歷史可知，本來元之前的宋人已有「天下為公」的政治自覺，南宋時期，一位宋臣曾如是告訴宋高宗：「天下者，中國之天下，祖宗之天下，群臣、萬姓、三軍之天下，非陛下之天下。」天下非君主私有，而為天下人共有。

而到了元明清，統治者則將他們征服的土地、人口與財富都當成家族私產。宋人相信，皇帝和士人應該分享國家權力，君臣之間乃是一種公共關係：「至於君，雖得以令臣，而不可違於理而妄作；臣雖所以共君，而不可貳於道而曲從。」君臣之間，「各有職業，不可相侵」。而元明清時，這種公共性的君臣關係被私人主奴關係代替，臣成了君之奴僕，許多大臣甚至需要入宮服役。在主奴關係下，君對於臣，當然也是生殺予奪，可任意處置。

作為復興華夏的一代王朝開創者，朱元璋本當改天換地，但因為教育程度及政治視野所限，卻抱殘守闕，他幾乎全盤繼承了元朝的家臣制等落後政體。更要命的是，人言取其精華，去其糟粕，而他卻反其道而行之，去精華取糟粕。元制中好的一面，卻被朱元璋這個「土包子」堅決扔掉，比如具有近代進步意義的對外開放與寬縱統治，竟成為這位太祖皇帝總結的「失敗教訓」。得天下後的朱元璋說，「胡元以寬而失，朕收平中國，非猛不可」。他當上皇帝后，果然剛猛嚴苛。尤其對士大夫，斷糧、斷頭、侮辱輪番上陣，動輒死罪，想怎麼整治就怎麼整治。而朱元璋四子朱棣建立的永樂王朝，看似繁榮，實則金玉其外，敗絮其中。整個國家的政治文

後記

明進一步倒退，新生帝國未老先衰，死水一潭。

歸結明朝政治制度之敗，主要敗在四點：一是皇權獨大，二是皇位低品質繼承，三是宦官弄權，四是士大夫僵化奴化。而這個格局都是在兩個祖皇帝把持的洪武、永樂兩朝奠定的。

追溯隋唐政治制度，如果有人說中國士大夫向來就是皇帝的奴僕的話，那他一定是不了解中國的整段歷史。唐朝的三省六部制，中書省、門下省與尚書省分別掌管擬旨、審核與執行的權力，與皇權相互制衡，可謂中國特色的三權分立制度。明朝以前，有三公坐而論道的說法，賈誼和漢文帝談話，「不覺膝之前席」，可見不但三公，連小官見皇帝都是坐著的。唐初的裴寂甚至和唐高祖共坐御榻，十八學士在唐太宗面前也都有坐處。

隋唐以前丞相作為政府首腦，掌管著龐大的理事機構，可以封駁聖意，具有相當的決策權力，所以出現了諸如霍光、曹操、司馬氏一類的權相，傑出的政治強人，在君主不堪時，可以挾天子以令諸侯，執掌國家。

而到了宋代，情況就發生了變化，士大夫與皇帝對話，不許坐，只能站著。而元明清時代，進一步倒退。元朝肢解三省僅剩中書省，明朝做得更絕，裁撤中書省，廢除丞相制度。這兩個舉措，利於朱家人統治，即便是無賴也能穩固權力，但對國家的政治發展而言，卻都是敗筆。沒了士人權力空間的明朝，顯然比元朝更加沒落。

明代的士大夫與皇帝對話，不但不許坐，站著都不行，得跪著說話了。從坐到站到跪，說明了三個時期的君臣之間的關係，也說明了士大夫地位的下降。本來，士大夫從漢唐共存共治，到兩宋由合夥人降作店小二，已經江河日下了，而到了明代又猛然一跌，跌作賣身的奴隸，士大夫成為皇家的奴僕了，當然後來的清朝則更慘，公開爭做奴才，士人地位掉入谷底。

政治地位的下降，導致經濟基礎的削弱。明朝士大夫既不像漢魏世族那樣有威勢，又沒有隋唐以來世族的莊園經濟基礎，所以「求皇家豢養」成了生存的唯一路徑。士人拼讀指定教材，中舉做官得懂君主的心意，揣摩迎合，以君主的意志為意志、是非為是非、喜怒為喜怒，透過辦公事分一點殘羹冷炙，建立自己的基業。一有不是，便身敗名裂，挨鞭子、棍子是日常，充軍、做苦工是從輕發落，不但尊嚴談不上，連生命都時刻處在死亡的威脅中。其中雖然偶有被寵用的酷吏特務類士人看似風光，可那也像胡惟庸一樣，不過是狗仗人勢。在朱元璋心目中，甚至口頭上，只把這些人當惡狗，養著咬人。皇帝越威風，士大夫越下賤，反過來也可以說是士大夫越受壓制，皇帝就越尊貴。君臣關係嬗變為主奴。奴化教育所造就的新士大夫，體貼入微地阿諛逢迎，把皇權抬上了有史以來的最高峰。

朱元璋與朱棣父子倆的殺士局，令中國士大夫的人格乃至整個族群的人種都發生了變化。

我們知道，自古以來，隱逸是中國士人的自由，並且會得到朝廷的鼓勵和褒揚，但明代士人連這個自由都沒有。朱元璋制定法律不準士人隱居，朱棣則是一心把天下文人都刻成一個模子。大明律法云：「『率土之濱，莫非王臣』，成說其來遠矣。寰宇中士大夫不為君用，是外其教者，誅其身而沒其家，不為之過。」

不為君用者，殺且沒其家；為君用者，不解君意，動輒得咎，結果多數還是被殺。真是無可奈何，無所適從。古代「刑不上大夫」，洪武永樂二祖時代，刑不僅上大夫，而且大夫常被侮辱，有的當朝被打死，被打屁股，被批頰，被抽筋剝皮。還有「戴死罪」和「徒流罪」辦事制度，即判刑戴著腳鐐還坐在公堂上審案處理別的罪犯，或被打了大棍後仍回原衙門上班。士人最講究自尊自重，但被朱氏父子侮辱到這種地步，還有什麼自尊呢！於是，士人們每日膽顫心驚，惶恐不安，誰也不敢亂說，更不要說寫出優秀的詩文了。

幾千年的士大夫傳統：鐵肩擔道義，妙手著文章。到了此時，已蛻變為：唯上是天命，奉旨寫諛文。

常言道：人必自尊而後人尊之。明代文人對皇帝諂諛實際上是自輕自賤，士人並不覺得自己高貴，甚至連解縉這樣的狂士才子，也因拍馬屁拍到馬蹄上而英年絕命，大明藝藝眾士，還會產生什麼精神貴族，及其可以傳世的高級文化產品！

明末大學者顧炎武認為，「洪武、永樂之間，亦世道升降之一會」，也就是說，二祖時代，是世道人心發生大面積崩塌和扭曲的時代。也就是說，朱元璋與朱棣所作所為，甚至劣化了中國人種。

對比古代史，這絕非誇大其詞。

提及中國人，我們知道，自古以來有個更榮耀的稱謂：華夏人。「華夏」這兩個字做何解？成於東漢、中國最早的大字典《說文解字》如是說：「華，榮也。夏，中國之人也。」所謂「華夏」的正解應該是：榮耀的中國人。後來，華夏族成為中國漢民族的前稱。可見，中國華夏人，自誕生以來，就帶著與生俱來的一份榮耀。這份榮耀，與祖先的年齡和人口的數量關係不大，而主要與民族氣性息息相關。

第十六章　再無狂士，朱明臣子皆妾身

為什麼今天人們提及華夏民族，無論中外，都盛讚先秦呢？因為那個時候的中國人可愛。知恥的義士、殉道的武士、持劍的文人、不屈的貴族、陽剛的君主等比比皆是。隨後的漢唐，雖然儒教三綱禁錮了中國人的頭腦，但好在彼時中國尚存政治開明空間，文化爭鳴與陽剛雄風尚在，兵家還受推崇，鐵血士大夫攜儒家五常五品「仁義禮智信」，走在尊王攘夷的正統大道。

但是到了大明王朝，中國人的精神面貌已發生大變。偉岸士人少見，太監宮女人格盛行。華夏文明中有兩個獨特的「發明」，在明朝被發揚光大，但包括近鄰日本在內的全世界是不學的，什麼發明？那就是閹割與纏足。

這世界就雌雄兩種人，朱明皇室，一是讓男人「去勢」，二是讓女人「去步」，一個令其不能繁殖，另一個使其行動不便，從而組成了最令統治者放心的「準人類」族群。

縱觀明朝士人。在朝的，忠君不渝，只求貨賣帝王家，不以探究真理、造福國家民族為崇高目的，僅以維護帝制皇權運行方略為生計前途。出於對皇權安全化的迎合，他們不同程度地做了自我精神「閹割」，這種太監化的文化行為深刻持久地存在，致使他們與西方同代獨立知識分子拉開了巨大差距。縱然他們有怎樣的美德業績與立言，都不可能超出忠君報國的封建價值體系。

在野的，即便偶有反抗者，也少有開明的。明朝的造反者李自成、張獻忠，其政治素養不及隋唐十八路反王，其政治訴求甚至不抵宋朝的鐘相、楊么，鐘相、楊么尚能喊出「等貴賤，均貧富」這樣彪炳史冊的口號，而李自成等卻只能令擁護者喊出粗鄙口號「吃他娘，喝他娘，開了大門迎闖王，闖王來了不納糧」，重複的是強盜邏輯。他們反抗統治者的目的，就是為了自己

後記

成為統治者，他們從來都不是為新世界而戰，因為他們沒有政治信仰，也無政治制度更新之想像力，不過是「權力的擊鼓傳花遊戲」。如此，即便他們坐穩了皇位，百姓還是擺脫不了受奴役的命運，甚至要面臨著一個更糟糕的強盜世界。整個民族陷入內耗、退化的深淵而在劫難逃。

提及近代中國所遭受的恥辱，人皆以為源自一八四〇年晚清鴉片戰爭，其實，當你發現這個房子撐不住了，首先不是居住者的問題，而是建築者的問題。清朝是近代中國最黑暗的時代，這是毋庸置疑的，但別忘了，明承元制，清承明制。筆者如此深刻批判明朝，並非是為清朝洗白，而恰恰是想探究，中國為什麼一步步跌入了失敗的深淵。

說來說去，筆者以為近代中國之劣化，朱元璋父子難辭其咎。可以說，後來清兵入關及中國近代百年來的恥辱，都與朱元璋廢相、朱棣束閣，製造士人劫難息息相關。可以說，中國與西方拉開距離，始作俑者就是把皇權推上頂峰的朱元璋父子。他們的皇權更集中了，但華夏文明和全體中國人卻失去了活力，集體向後退。

三國時期的士大夫，文武兼備，國家有難，上馬打仗，下馬治國，外敵來了去殺敵，奸賊生了去剿滅，皇帝難堪重任，亦可取而代之。到了宋明，士大夫取代皇帝，是嚇死都不敢想的事。一個士人僵化奴化的社會，也必是保守退化及沒有活力和精神凝聚力的群體社會，這樣一個群體，又怎麼可能在新興軍事集團面前，獲得勝利呢？

朱元璋死前留下了《皇明祖訓》這樣的教條，以防止子孫後代對他制定的制度進行篡改。但他難道不知，一個沒落的政治制度不可能永遠僵而不死？兩百年過後，人言明亡於萬曆也好，亡於嘉靖也罷，都是表象，萬曆與嘉靖朝種種症狀的病根其實早在王朝開始之初便已埋下伏筆。

第十六章　再無狂士，朱明臣子皆妾身

說到這裡，熟悉歷史王朝週期的讀者，也許會提出這樣的疑問：活了兩百七十六年的明朝，畢竟在二十四史中是僅次於漢唐宋的第四長命王朝，既然明朝制度從一開始就有問題，為什麼延續了這麼長時間？

筆者想道理很簡單。君主專制強的是君不是民，統治者把被統治者變成了羔羊，強君弱民利於國內統治，內部的對手消滅光了，當然一勞永逸。但是這種強大和穩定，卻不是真強大，其穩定也不過是僵化的代名詞而已。一旦有競爭對手、新生力量對它發起攻擊，則很容易終結它。偌大明朝，最終被一群內部饑民加外來幾萬部落軍推翻，即是最好的詮釋。

明朝滅亡前夕，除了少數個別節士為國捐軀外，絕大多數士人投降了外敵。這其實不奇怪，整個國家權力集於皇帝一人手中，全國軍隊只聽命於君主，國家是你一個人的，誰會多管閒事，自討苦吃，瞎操心呢？

因為無權即無心，無心即無動力，加之去個性則整齊劃一致愚庸，所以，明朝士大夫之無能無節操，至國破家亡時登峰造極。

這就是明朝士人對祖皇帝及祖制的「回報」。

明朝二祖皇帝，這兩個亙古少見的權力野獸，以令人髮指的極權人格，對讀書人極盡馴化之能事，他們一個廢相建錦衣衛重用特務，另一個設首輔設東廠重用宦官，給士大夫套上了只能服從而不能分權的「枷鎖」。

而結果確如他們所料，他們種下了「跳蚤」，收穫了「阿貓阿狗」。終明兩百七十六年，明

後記

朝士大夫無一「成精」。其中翻牆投敵者有之，臨陣脫逃者有之，殺身成仁者亦有之，但就是沒有自立門戶、揭竿而起的反王，即便是後來出現了降而復叛的吳三桂之流，打著反清復明的旗號，妄圖自做皇帝，也因為缺少足夠的政治軍事能力及人格魅力，而終告失敗。

無論人言明朝毀在哪個皇帝之手，都說明這個王朝該亡，但是本國士人卻無力亡之，是內憂外患終結了這個王朝，內部農民起義軍和外來部落軍做了這個王朝的掘墓人。而明朝士大夫只能以投降農民軍和部落軍來另謀生路。當然，那種紛紛「投誠」，也莫不是劣化種子的一種消極反抗。

先秦時代，執掌中國的，主要是貴族與士人。而先秦之後，以野蠻人嬴政統一中國、無賴劉邦坐穩江山為標誌，拉開了流氓與士大夫共治天下的兩千年封建君主專制大幕。而這兩千年間，由於士大夫失去尚武精神與能力，所以在天下大亂時，中國士人失去了主宰國家命運的能力，被迫為流氓服務，被流氓要挾，主導中國的，成了擁兵的流氓。從漢高祖到明朝二祖皇帝，都是流氓人物的最高代表，他們以流氓人格拉低中國士人乃至全民性格達到登峰造極。嚴格地說，中國先秦時代，實行的是封建制度，而秦後，實行的是君主專制。

明朝二祖皇帝，透過兩盤很大的棋局，把士人變成小草、螞蟻，如此他們再也無法造次。蚍蜉撼樹，自不量力。而這些淪為家臣的士大夫，也自甘如此。殊不知，他們乃至一個民族的希望，就在蚍蜉撼樹。後來的二十世紀新型士人孫黃，就用行動告訴那些熱衷權術、玩士人於股掌間的祖皇帝們：別惹螞蟻！

撫今追昔，世界範圍內的近代民權崛起是大勢所趨，具體表現為君退民進，菁英代議。而

第十六章　再無狂士，朱明臣子皆妾身

中國近代封建王朝的情況卻是反其道而行之，君權高度集中，民權無從談起，士人菁英階層權力也大大縮水，從與君分治退為御用小工。

這是士大夫的劫難，更是整個民族的悲哀。古人云：亡國必先亡士。而筆者要說，種族貴在良種，亡士即無良種。歷史的教訓，不可不記。華夏民族需行真正的良種培育，士林繁茂，方可在世界之林中傲然屹立，居於不敗之地。

大明帝局
被閹割的王朝，士大夫的奴化

作　　者：程萬軍
發 行 人：黃振庭
出 版 者：崧燁文化事業有限公司
發 行 者：崧燁文化事業有限公司
E-mail：sonbookservice@gmail.com
粉 絲 頁：https://www.facebook.com/sonbookss/
網　　址：https://sonbook.net/
地　　址：台北市中正區重慶南路一段六十一號八樓 815 室
Rm. 815, 8F., No.61, Sec. 1, Chongqing S. Rd., Zhongzheng Dist., Taipei City 100, Taiwan
電　　話：(02) 2370-3310
傳　　真：(02) 2388-1990
印　　刷：京峯彩色印刷有限公司（京峰數位）
律師顧問：廣華律師事務所 張珮琦律師

定　　價：450 元
發行日期：2022 年 03 月第一版
◎本書以 POD 印製

國家圖書館出版品預行編目資料

大明帝局：被閹割的王朝，士大夫的奴化 / 程萬軍著 . -- 第一版 . -- 臺北市：崧燁文化事業有限公司，2022.03
　面；　公分
POD 版
ISBN 978-626-332-148-9(平裝)
1.CST: 明史 2.CST: 通俗史話
626　　111002321

電子書購買

臉書